abair

faclan!

gaidhlig-beurla

Gaelic - English

beurla gaidhlig

English - Gaelic

í.a.r.r.

Mingulay Publications

© Mingulay Publications
29 Waterloo Street
Glasgow
Scotland

First published 1979

ISBN 0 906675 00 6

Printed and bound by
The Scolar Press Ilkley West Yorkshire

ROIMH—RADH Introduction

This pocket dictionary is intended for the learner of Gaelic. In a book of this size it is impossible to hope to include all of the common words and concepts of modern Gaelic, nor is it possible to give as many examples of usage as we would have liked. In the end our choice has had to be arbitrary, based on our combined experience as teacher and learner. Our aim is threefold: first, to provide an extensive list of Gaelic words whose descriptions both in the Gaelic–English and English–Gaelic sections are sufficiently detailed to enable the learner familiar with the basic grammar of the language to identify and use them immediately. Secondly, we hope that the book will go some way to bridging the huge gap between the many very useful word lists at the back of course books and Dwelly's indispensable Gaelic–English dictionary—a gap which for many learners is very time-consuming and even discouraging. Thirdly, we hope to stimulate composition and conversation by providing a reasonably large English–Gaelic section.

Experience has taught us that explicit detail is vital for learners, and so we feel justified in giving the spelling of Gaelic words in full and in duplicating the principal parts of nouns, verbs and adjectives in both sections of the dictionary. Furthermore, the many forms of the definite article ("the") have always appeared to us a serious hurdle for learners; we have, therefore, deviated from the practice of all previous dictionaries and have included it in italics with each noun in order to reinforce the rules and assist recall.

We regret that considerations of space have made it necessary to omit proper names and place names, but, since these are readily available elsewhere, we felt it preferable to sacrifice them in the interests of basic vocabulary. We have, however, included a short Appendix on irregular verbs.

Suas leis a' Ghàidhlig.

LIST OF ABBREVIATIONS

Please read the following abbreviations and notes before using the dictionary

+	followed by	infin.	infinitive
abbr.	abbreviation	interr.	interrogative
acc.	accusative	intrans.	intransitive
adj.	adjective	irr.	irregular
adv.	adverb	lit.	literally
alt.	alternative	m.	masculine noun
App.	Appendix	n.	noun
art.	article	neg.	negative
asp.	aspiration of following word	nom.	nominative case
		pl.	plural
coll.	collective noun	p.p.	past participle
comp.	comparative	prep.	preposition
cond.t.	conditional tense	pres.t.	present tense
conj.	conjunction	pron.	pronoun
contr.	contraction	p.t.	past tense
dat.	dative case	rel.	relative
dep.	dependent	sing.	singular
f.	feminine noun	sp.	spelling
fut.	future tense	trans.	transitive
gen.	genitive case	v.	verb
imp.	imperative	voc.	vocative case
indep.	independent		

NOTES

PARTS OF SPEECH The part of speech of each entry in the dictionary is indicated as follows: **dean, a'deanamh (v.)** i.e. **verb**; **without (prep.)** i.e. preposition. Nouns, however, are identifiable by the inclusion of gender **(m)** or **(f)** after the Gaelic entry.

ASPIRATION When a Gaelic word is followed by the abbreviation (+ **asp.**), this indicates that the following word (unless it begins with **sg, sm, sn, sp, st, l, n, r** or a **vowel**) is aspirated:

    e.g. **mu** (+ **asp.**): **mu shia uairean**, about six o'clock;

       gle (+ **asp.**): **glé mhath**, very good.

NOUNS Four forms of each noun along with its gender are usually given:

    e.g. **balach (nom. sing.)** boy, a boy: *am* **balach (nom. sing.)** the boy, *a*'**bhalaich (gen. sing.)** of the boy, *na* **balaich (nom. pl.)** the boys (m).

  OR e.g. **caileag (nom. sing.)** girl, a girl: *a*'**chaileag (nom. sing.)** the girl, *na* **caileige (gen. sing.)** of the girl, *na* **caileagan (nom. pl.)** the girls (f).

If any of the above forms of a word are not shown, they are not usually used in Gaelic. Other irregularities will be dealt with as they occur.

To find the **indefinite** form of the genitive singular and nominative plural one simply omits the **article** (shown in italics) and the letter **h** if it is the second letter of the noun:

    e.g. *a*'**bhalaich**, of the boy, becomes **balaich**, of a boy;

      na h – **uinneige**, of the window, becomes **uinneige**, of a window;

      na **caileagan** the girls becomes **caileagan** girls.

VERBS Two forms of the verb are given:

(1) the second person singular imperative.

(2) the preposition **a'** or **ag** (at) followed by the verbal noun:

    e.g. **ceannaich** buy!, **a'ceannach** buying (Lit. at buying).

      òl drink!, **ag òl** drinking. (Lit. at drinking).

We make reference in the text to the independent and dependent forms of the verb. The independent form refers to the simple, positive form of the verb:

e.g. **tha (mi)** I am;
bha (mi) I was;
cheannaich (mi) I bought;
òlaidh (mi) I shall drink.

The dependent form means the form of the verb which follows the particles **an (am), cha, gun,** and **nach:**

e.g. **am bheil (mi)?** am (I)?;
cha robh (mi) (I) was not;
gun do cheannaich (mi) that (I) bought;
nach òl (mi) that (I) will not drink.

ADJECTIVES Two forms of the adjective are usually given:

(1) the simple positive form.

(2) the comparative form preceded by the particle *nas*. When the comparative form is not shown it is usually not used. The particle *nas* is included because it is usually used with the comparative form:

e.g. **Tha Iain nas motha na Seumas** John is bigger than James.

PREPOSITIONS

(1) when a preposition is followed by the simple nominative/accusative form of a noun no case is indicated:

e.g. **eadar, seach.**

When, however, a preposition is followed by the genitive or dative cases these will be indicated:

e.g. **airson** (+ gen.);
air (+ dat.)

(2) some prepositions are followed by both aspiration and a genitive or dative case:

e.g. **do** (+ asp + dat): **do chaileig** to a girl;
thar (+ asp + gen): **thar chuain** over an ocean.

(3) Gaelic idiom demands that certain verbs and adjectives be followed by a particular preposition. These are indicated in brackets after the word in question:

e.g. **tadhail, a'tadhal (air)** (v.) visit: **Thadhail mi air Mairi** I visited Mary.

freagarrach, *nas* **freagarraiche (do)** (adj.) suitable (for): **Tha an leabhar seo freagarrach do chloinn** This book is suitable for children.

GAIDHLIG-BEURLA

GAELIC–ENGLISH

A

a (+ no asp.)
 her, its (f.)
a (+ asp.)
 his, its (m.)
a (+ asp.) (prep.)
 to
  e.g. a Bharraidh
    to Barra
a (+ no asp.) (prep.)
 from, out of
  e.g. a Barraidh
    from Barra
a (rel. pron.)
 who, which, that
abair, ag radh (Irr. v. See App: abair)
 say
abair (grunn)!
 what a (crowd)!
ris an abrar
 which is called
abhag: *an abhag, na h*-abhaige, *na h*-abhagan (f.)
 terrier
abhainn: *an abhainn, na h*-aibhne, *na h*-aibhnichean (f.)
 river
àbhaist: *an àbhaist, na h*-àbhaiste (f.)
 custom
is àbhaist dhomh (+ v. n.)
 I am accustomed, I am usually
  e.g. Is abhaist dhomh fuireach an seo
    I usually stay here
   Is abhaist dhomh sin a dheanamh
    I usually do that

mar is àbhaist
 as usual
àbhaisteach *nas* àbhaistiche (adj.),
 usual
aca (See agam)
 at them
acair: *an t-*acair, *an* acair, *na h*-acraichean (m.)
 anchor
acarsaid: *an* acarsaid, *na h*-acarsaid, *na h*-acarsaidean (f.)
 anchorage, harbour
acfhuinn: *an* acfhuinn, *na h*-acfhuinne, *na h*-acfhuinnean (f.)
 harness
ach (conj.)
 but
achadh: *an t-*achadh, *an* achaidh, *na h*-achaidhean (m.)
 field
achd: *an t-*achd, *an* achda, *na h*-achdan (m.)
 act (of law)
achlais: *an* achlais, *na h*-achlaise, *na h*-achlaisean (f.)
 arm-pit
fo m'achlais
 under my arm
acras: *an t-*acras, *an* acrais (m.)
 hunger
ad: *an* ad, *na h*-aide, *na h*-adan (f.)
 hat
a dh' (form of a before a vowel)
 to
a dh'aindeoin (prep.)
 despite, in spite of
adhartas: *an t-*adhartas, *an* adhartais, *na h*-adhartasan (m.)
 progress

1

adhlaic, ag adhlacadh (v.)
  bury
adhradh: *an t*-adhradh, *an* adhraidh, *na h*-adhraidhean (m.)
  worship
agair, ag agairt (v.)
  claim
agam (prep. pron. from **aig**)
  agad — at you (sing.)
  aige — at him, it (m.)
  aice — at her, it (f.)
  againn — at us
  agaibh — at you (pl.)
  aca — at them
  — at me
aghaidh: *an* aghaidh, *na h*-aghaidhe, *na h*-aghaidhean (f.)
  face
an aghaidh (+ gen.) (prep.)
  against
agus (conj.)
  and
aibidil: *an* aibidil, *na h*-aibidile, *na h*-aibidilean (f.)
  alphabet
aice (See **agam**)
  at her, it (f.)
aidich, ag aideachadh (v.)
  admit, confess
aig (+ dat.) (prep.)
  at
aige (See **agam**)
  at him, it (m.)
aigeannach, *nas* aigeannaiche (adj.)
  lively
aighearach, *nas* aighearaiche (adj.)
  gay
aigne: *an* aigne, *na h*-aigne, *na h*-aignidhean (f.)
  spirit
àile: *an* àile, *na h*-àile (f.)
  air
àilleagan: *an t*-àilleagan, *an* àilleagain, *na h*-àilleagain (m.)
  jewel
aimhreit: *an* aimhreit, *na h*-aimhreite, *na h*-aimhreitean (f.)
  discord, disturbance, riot

aimsir: *an* aimsir, *na h*-aimsire (f.)
  weather
aineolach, *nas* aineolaiche (adj.)
  ignorant
aingidh, *nas* aingidhe (adj.)
  wicked, vicious
ainm: *an t*-ainm, *an* ainm, *na h*-ainmean (m.)
  name
ainmeil, *nas* ainmeile (adj.)
  famous
ainmich, ag ainmeachadh (v.)
  name
ainneamh, *nas* ainneimhe (adj.)
  rare, unusual
ainnir: *an* ainnir, *na h*-ainnire, *na h*-ainnirean (f.)
  maid
air (+ dat.) (prep.)
  on
air (See **orm**)
  on him, it (m.)
air ais
  back(wards)
airc: *an* airc, *na h*-airce (f.)
  povery, destitution
àirde: *an* àirde, *na h*-àirde, *na h*-àirdean (f.)
  height
aire: *an* aire, *na h*-aire (f.)
  attention
àireamh: *an* àireamh, *na h*-àireimh, *na h*-àireamhan (f.)
  number
airgead (alt. sp. of **airgiod**)
  money
airgiod: *an t*-airgiod, *an* airgid, (m.)
  money
airidh, *nas* airidhe (air) (adj.)
  worthy (of)
àirneis: *an* àirneis, *na h*-àirneise (f.)
  furniture
airson (+ gen.) (prep.)
  for
aisde (See **asam**)
  out of her, it (f.)
aiseag: *an* aiseag, *na h*-aiseige, *na h*-aiseagan (f.)

aiseag
ferry
aisling: *an* **aisling**, *na h*-**aislinge**, *na h*-**aislingean** (f.)
dream
àite: *an t*-**àite**, *an* **àite**, *na h*-**àitean** AND *na h*-**àiteachan** (m.)
place
àite sam bith (m.)
anywhere
àiteachd: *an* **àiteachd**, *na h*-**àiteachd** (f.)
agriculture
aithghearr, *nas* **aithghearra** (adj.)
1 brief, 2 abrupt
a dh'aithghearr (adv.)
soon
aithnich, ag aithneacheadh (v.)
recognise
is aithne dhomh (+ n. nom.)
I know (i.e. a person)
   e.g. Is aithne dhomh a'chaileag seo
      I know this girl
aithreachas: *an t*-**aithreachas**, *an* **aithreachais** (m.)
repentance
aithris: *an* **aithris**, *na h*-**aithrise**, *na h*-**aithrisean** (f.)
report
a reir aithris
according to report
aithris, ag aithris (v.)
tell, narrate, report
aiteamh: *an* **aiteamh**, *na h*-**aiteimh** (f)
thaw
àlainn, *nas* **àlainne** (adj.)
elegant, beautiful, splendid
Alba (nom.), *na h*-**Alba** (gen.)
Scotland
Albannach: *an t*-**Albannach**, *an* **Albannaich**, *na h*-**Albannaich** (m.)
Scot
Albannach, *nas* **Albannaiche** (adj.)
Scottish
allt: *an t*-**allt**, *an* **uillt**, *na h*-**uillt** (m.)
stream
am (before b, f, m, p) (adj.)
their

am: *an t*-**am**, *an* **ama**, *na h*-**amannan** (m.)
time (specific occasion)
bho am gu am
from time to time
amadan: *an t*-**amadan**, *an* **amadain**, *na h*-**amadain** (m.)
fool, idiot
amais, ag amas (v.)
aim
amhach: *an* **amhach**, *na h*-**amhaich**, *na h*-**amhachan** (f.)
neck
amhairc, ag amharc (air) (v.)
look (at)
amharus: *an t*-**amharus**, *an* **amharuis**, *na h*-**amharuis** (m.)
suspicion
amhran (alt. sp. of òran)
song
an (adj.)
their
an deidh (+ gen.) (prep.)
after
anabarrach (adv.)
exceptionally
anail: *an* **anail**, *na h*-**analach** (f.)
breath
leig anail (See leig) (v.)
rest
anart: *an t*-**anart**, *an* **anairt**, *na h*-**anairt** (m.)
linen (sheet)
anmoch, *nas* **anmoiche** (adj.)
late (at night)
(ann) an (am) + dat. (prep.)
in a
   e.g. (ann) am bàta
      in a boat
annam (prep. pron.)
from ann)	in me
annad	in you (sing.)
ann	in him, it (m.)
innte	in her, it (f.)
annainn	in us
annaibh	in you (pl.)
annta	in them

annas: *an t*-**annas**, *an* **annais**, *na*

h-annasan (m.)
  novelty
annasach, *nas* annasaiche (adj.)
  rare, unusual
annlan: *an* t-annlan, *an* annlain, *na* *h*-annlain (m)
  condiment
anns (+ article + dat)
  in (the)
    e.g. anns a' bhàta
      in the boat
an-shocair, *nas* an-shocraiche (adj.)
  uncomfortable
aobhar: *an* t-aobhar, *an* aobhair, *na* *h*-aobharan (m.)
  reason
air an aobhar sin
  therefore, for that reason
aobrann: *an* t-aobrann, *an* aobrainn, *na* *h*-aobrannan (m.)
  ankle
aodach: *an* t-aodach, *an* aodaich (m.)
  clothes, clothing
aodann: *an* t-aodann, *an* aodainn, *na* *h*-aodainnean (m.)
  face
aoibhneas: *an* t-aoibhneas, *an* aoibhneis, *na* *h*-aoibhneasan (m.)
  joy, happiness
aoidheil, *nas* aoidheile (adj.)
  cheerful, hospitable
aois: *an* aois, *na* *h*-aoise, *na* *h*-aoisean (f.)
  age
aon (adj.)
  one, same
a *h*-aon (n.)
  one
as aonais (+ gen.) (prep.)
  without
aonar (n.)
  alone
    e.g. tha mi 'nam aonar
      I am alone
aonaran: *an* t-aonaran, *an* aonarain, *na* *h*-aonaranan (m.)
  hermit, recluse
aonaranach, *nas* aonaranaiche (adj.)
  lonely, solitary, alone
aosda, *nas* aosda (adj.)
  aged
aontaich, ag aontachadh (le) (v.)
  agree (with)
ar (adj.)
  our
ar leam (defective v.) (See leam)
  I think, I thought (Lit. me thinks)
àraich, ag àrachadh (v.)
  rear (e.g. a family)
àraidh (adv.)
  special, particular
gu *h*-araidh (adv.)
  especially
aran: *an* t-aran, *an* arain (m.)
  bread
arbhar: *an* t-arbhar, *an* arbhair (m.)
  corn
àrc: *an* àrc, *na* *h*-àirce, *na* *h*-àrcan (f.)
  cork
àrd, *nas* àirde (adj.)
  high
An Ard-Sheanadh (nom. sing.) An Ard Sheanaidh (gen. sing.) (m.)
  The General Assembly
àrd-ùrlar: *an* t-àrd-ùrlar; *an* àrd-ùrlair, *na* *h*-àrd-ùrlaran (m.)
  stage (theatre)
argumaid: *an* argumaid, *na* *h*-argumaide, *na* *h*-argumaidean (f.)
  argument
arm: *an* t-arm, *an* airm, *na* *h*-airm (m.)
  army
arsa (p.t. of defective v. used only after direct speech)
  said
àrsaidheachd: *an* t-àrsaidheachd, *an* àrsaidheachd (m.)
  archaeology
as (+ art.) (prep.)
  from out of (the)
    e.g. as a' bhàta
      out of the boat
asam (prep. pron.)
  from as   out of me
  asad   out of you (sing.)
  as   out of him, it (m.)

aisde   out of her, it (f.)
asainn   out of us
asaibh   out of you (pl.)
asda   out of them

as deidh (+ gen.) (prep.)
   after
asgaidh: *an* asgaidh, *na h-*asgaidh (f.)
   present
an asgaidh (adv.)
   free (Lit. in a gift)
a staigh (adv.)
   in(side)
astar: *an t-*astar, *an* astair, *na h-*astair (m.)
   distance, speed
a steach
   into, inwards (motion)
      e.g. tha e a' dol a steach do'n tigh
      he is going into the house
at, ag at (v.)
   swell
ath (precedes n. + asp.) (adj.)
   next, following
athair: *an t-*athair, *an* athar, *na h-*aithrichean (m.)
   father
an Ath-Leasachadh (nom. sing.)
an Ath-Leasachaidh (gen. sing.) (m.)
   the Reformation
atharraich, ag atharrachadh (v.)
   change

B

bac, a' bacadh (v.)
   hinder, obstruct
bacach, *nas* bacaiche (adj.)
   lame, crippled
bad: *am* bad, *a'* bhaid, *na* baid (m.)
   1 clump, tuft, 2 spot, place
anns a' bhad
   on the spot
badhar: *am* badhar, *a'* bhadhair (m.)
   wares, goods
bagair, a' bagradh AND a' bagairt (air) (v.)
   threaten
bàgh: *am* bàgh, *a'* bhàigh, *na* bàigh AND *na* bàghan (m.)
   bay
baile: *am* baile, *a'* bhaile, *na* bailtean (m.)
   town
baile beag: *am* baile beag, *a'* bhaile bhig, *na* bailtean beaga (m.)
   village
baile: *am* baile mór, *a'* bhaile mhóir, *na* bailtean móra (m.)
   city, town
bainne: *am* bainne, *a'* bhainne (m.)
   milk
baisteadh: *am* baisteadh, *a'* bhaistidh (m.)
   baptism
balach: *am* balach, *a'* bhalaich, *na* balaich (m.)
   boy, lad
balachan: *am* balachan, *a'* bhalachain, *na* balachain (m.)
   little boy
balbh, *nas* bailbhe (adj.)
   dumb
ball: *am* ball, *a'* bhuill, *na* buill (m.)
   1 ball, 2 member
ball-coise (m.) (See ball)
   football
Ball Parlamaide (m.) (See ball)
   Member of Parliament
air ball
   immediately
balla: *am* balla, *a'* bhalla, *na* ballachan (m.)
   wall
bàn, *nas* bàine (adj.)
   white, fair
banail, *nas* banaile (adj.)
   feminine, womanly
banais: *a'* bhanais, *na* bainnse, *na* bainnsean (f.)
   wedding
banaltrum: *a'* bhanaltrum, *na* banaltruim, *na* banaltruim (f.)
   nurse
banca: *am* banca, *a'* bhanca, *na*

banca

bancan (m.)
  bank (for money)
bancharaid: *a' bhancharaid, na* **banchàirdean** (f.)
  female friend
ban-mhaighstir (f.) (See **maighstir**)
  Mrs., mistress
bann: *am bann, a' bhanna, na* **bannan** (m.)
  hinge
banntrach: *a' bhanntrach, na* **banntraiche, na banntraichean** (f.)
  1 widow 2 widower (when m.)
banrigh: *a' bhanrigh, na* **banrighe,** *na* **banrighean** (f.)
  queen
baoit: *a' bhaoit, na* **baoite** (f.)
  bait
barail: *a' bharail, na* **baralach, na barailean** (f.)
  opinion
bàrd: *am bàrd, a' bhàird, na* **bàird** (m.)
  poet, bard
bàrdachd: *a' bhàrdachd, na* **bàrdachd** (f.)
  poetry
bàrr: *am bàrr, a' bharra, na* **barran** (m.)
  1 top (e.g. of a hill), 2 cream
barrachd (m.)
  more
a bharrachd
  in addition
a bharrachd air (sin)
  in addition to (that)
barrantas: *am barrantas, a' bharrantais* (m.)
  1 pledge, 2 authority
bàs: *am bàs, a' bhàis* (m.)
  death
bas: *a' bhas, na boise, na* **basan** (f.)
  palm (of hand)
bàsaich, a' bàsachadh (v.)
  die
bascaid: *a' bhascaid, na bascaide, na* **bascaidean** (f.)
  basket

bean-uasal

bàta: *am bàta, a' bhàta, na* **bàtaichean** (m.)
  boat
bàt-aiseige (m.) (See **bàta**)
  ferry boat
bàt-iasgaich (m.) (See **bàta**)
  fishing boat
bàta-smùid (m.) (See **bàta**)
  steamer
bata: *am bata, a' bhata, na* **bataichean** (m.)
  walking stick
batal: *am batal, a' bhatail, na* **batail** (m.)
  battle
bàth, a' bàthadh (v.)
  drown
bathais: *a' bhathais, na bathais, na* **bathaisean** (f.)
  forehead
beachd: *am beachd, a' bheachd, na* **beachdan** (m.)
  1 opinion, 2 idea
beachdaich, a' beachdachadh (v.)
  consider, criticise
beag, *nas* **lugha** (adj.)
  small, little
beagan (m.) (+ gen. when followed by sing. n.; + asp. + gen. when followed by pl. n.)
  a little, a few
beagan is beagan
  little by little
bealach: *am bealach, a' bhealaich, na* **bealaichean** (m.)
  pass (mountain)
bean, *a' bhean, na* **mnà**, *a'* **mhnaoi** (dat. sing.) *na* **mnathan** (nom. pl.) *nam* **ban** (gen. pl.) (f. irr.)
  wife, woman
bean na bainnse (f.) (See **bean**)
  bride
bean-taighe (f.) (See **bean**)
  housewife
bean-teagaisg (f.) (See **bean**)
  teacher (female)
bean-uasal (f.) (See **bean**)
  lady

beannachd: *a'* **bheannachd,** *na*
beannachd, *na* **beannachdan (f.)**
  blessing
gabh beannachd (le)
  take farewell (of)
beannachd leat (sing.); **beannachd leibh** (pl.)
  goodbye, farewell
beannaich, a' beannachadh (v.)
  bless
beannaichte (p.p. of beannaich)
  blessed
beàrn: *a'* **bheàrn,** *na* **beàrna,** *na* **beàrnan (f.)**
  gap
beàrnan-bride: *am* **beàrnan-bride,** *a'* **bheàrnain-bride,** *na* **beàrnanan-bride (m.)**
  dandelion
beairt: *a'* **bheairt,** *na* **beairte,** *na* **beairtean (f.)**
  loom
beartach, *nas* **beartaiche (adj.)**
  wealthy
beartas: *am* **beartas,** *a'* **bheartais (m.)**
  wealth
beatha: *a'* **bheatha,** *na* **beatha,** *na* **beathannan (f.)**
  life
'se do bheatha (sing.); **'se ur beatha** (pl.)
  you are welcome
beathach: *am* **beathach,** *a'* **bheathaich,** *na* **beathaichean (m.)**
  beast, animal
beiceir: *am* **beiceir,** *a'* **bheiceir,** *na* **beiceirean (m.)**
  baker
beinn: *a'* **bheinn,** *na* **beinne,** *na* **beanntan (f.)**
  mountain
beir, a' breith (Irr. v. See App: beir)
  bear
beir, a' breith (air) (v.)
  take hold of, catch
béist: *a'* **bhéist,** *na* **béiste,** *na* **béistean (f.)**
  beast

beith: *a'* **bheith,** *na* **beithe,** *na* **beithean (f.)**
  birch (tree)
beò (adj.)
  alive
ri m' bheò
  as long as I live
beò-shlàinte: *a'* **bheò-shlàinte,** *na* **beò-shlàinte (f.)**
  livelihood
beothaich, a' beothachadh (v.)
  enliven
beòthail, *nas* **beòthaile (adj.)**
  lively
beuc, a' beucail (v.)
  roar
beud: *am* **beud,** *a'* **bheud,** *na* **beudan (m.)**
  loss, harm
beul: *am* **beul,** *a'* **bhèoil,** *na* **bèoil (m.)**
  mouth
beul-aithris: *a'* **bheul-aithris,** *na* **beul-aithris (f.)**
  oral tradition, folk-lore
beulaibh: *am* **beulaibh,** *a'* **bheulaibh (m.)**
  front
air beulaibh (+ gen.)
  in front
air mo bheulaibh
  in front of me
beum: *am* **beum,** *a'* **bheuma,** *na* **beumannan (m.)**
  blow
Beurla: *a'* **Bheurla,** *na* **Beurla (f.)**
  English (language)
beus: *a'* **bheus,** *na* **beusa,** *na* **beusan (f.)**
  virtue
bha
  was, were
bheir (fut. t. See App.: thoir)
  will give, will take, will bring
bhiodh (Alt. sp. of bhitheadh)
  would be
bhios (Alt. sp. of bhitheas)
  will be (after **a** = which, who)
a bhith
  to be

bhitheas (rel. fut. of bi)
will be (after **a** = which, who)
bhitheadh (cond. t. of bi)
would be
bhitheamaid (cond. t. of bi)
we would be
bhithinn (cond. t. of bi)
I would be
bho (+ asp. + dat.) (prep.)
from
bho'n (conj.) (+ indep. form of v.; + rel. fut.)
since (time and reason)
air a bhò'n dé
the day before yesterday
a bhos (adv.)
here, on this side
thall 's a bhos
here and there
bhuam
(prep. pron. from
  bho   from me
  bhuat   from you (sing.)
  bhuaithe from him, from it (m.)
  bhuaipe from her, from it (f.)
  bhuainn from us
  bhuaibh from you (pl.)
  bhuapa from them
bhur (adj.)
your (pl.)
biadh: *am* biadh, *a'* bhidh (m.)
food
biadh, a' biadhadh (v.)
feed
bian: *am* bian, *a'* bhéin, *na* béin (m.)
hide (on an animal)
biast: *a'* bhiast, *na* beiste, *na* beistean (f.)
beast
bile: *a'* bhile, *na* bile, *na* bilean (f.)
lip
air bilean an t-sluaigh
on the lips of the people
bileag: *a'* bhileag, *na* bileig, *na* bileagan (f.)
ticket
binn, *nas* binne (adj.)
melodious, sweet (of a tune)
Biobull: *am* Biobull, *a'* Bhiobuill (m.)
Bible
biodag: *a'* bhiodag, *na* biodaige, *na* biodagan (f.)
dirk, dagger
biolair: *a'* bhiolair, *na* biolaire, *na* biolairean (f.)
water-cress
biorach, *nas* bioraiche (adj.)
sharp, pointed
birlinn: *a'* bhirlinn, *na* birlinne, *na* birlinnean (f.)
galley
biseagal: *am* biseagal, *a'* bhiseagail, *na* biseagalan (m.)
bicycle
bitheadh
would be
(am) bitheantas
generally, habitually
bith-eòlas: *am* bith-eòlas, *a'* bhith-eòlais (m.)
biology
bithibh (pl. imp.)
be!
bithidh
will be
bhithinn (cond. t. of bi)
I would be
blàr: *am* blàr, *a'* bhlàir, *na* blàran (m.)
battle (field), moor
blas: *am* blas, *a'* bhlais (m.)
1 taste, 2 accent
blasda, *nas* blasda (adj.)
tasty
blàth: *am* blàth, *a'* bhlàith, *na* blàthan (m.)
blossom, bloom
blàth, *nas* blàithe (adj.)
warm
blàthach: *a'* bhlàthach, *na* blàthaiche (f.)
buttermilk
blàths: *am* blaths, *a'* bhlàiths (m.)
warmth
bleith, a' bleith (v.)
grind, wear away

bliadhna: *a'* bhliadhna, *na* bliadhna, *na* bliadhnachan (f.)
year
am bliadhna
this year
Bliadhn' Ur (f.)
New Year
Bliadhna Mhath Ur dhut!
A good New Year to you!
blian, a' blianadh (v.)
to sunbathe, bask (in the sun)
bleoghainn, a' bleoghann (v.)
milk
bò: *a'* bhò, *na* bà, *a'*bhoin (dat. sing.) *na* bà (nom. pl.) (f. irr.)
cow
bòcan: *am* bòcan, *a'* bhòcain, *na* bòcain (m.)
ghost
bochd, *nas* bochda (adj.)
poor
bochdainn: *a'* bhochdainn, *na* bochdainne (f.)
poverty
bocsa: *am* bocsa, *a'* bhocsa, *na* bocsaichean (m.)
box
bocsa-ciùil (m.) (See bocsa)
accordion
bodach: *am* bodach, *a'* bhodaich, *na* bodaich (m.)
old man
bodach-rocais (m.) (See bodach)
scarecrow
bodhar, *nas* bodhaire (adj.)
deaf
bog, *nas* buige (adj.)
soft
bogha: *am* bogha, *a'* bhogha, *na* boghachan (m.)
1 bow, 2 reef
bogha-froise (m.) (See bogha)
rainbow
bogaich, a' bogachadh (v.)
to steep (e.g. in water)
boglach: *am* boglach, *a'* bhoglaich, *na* boglaichean (m.)
bog

bòid: *a'* bhòid, *na* bòide, *na* bòidean (f.)
oath
boidheach, *nas* boidhche (adj.)
pretty
boile: *a'* bhoile, *na* boile (f.)
1 rage, madness, 2 excitement
boinne: *am* boinne, *a'* bhoinne, *na* boinnean (m.)
drop
boireannach: *am* boireannach, *a'* bhoireannaich, *na* boireannaich (m.)
woman
boirionn (adj.)
female, feminine
bonaid: *a'* bhonaid, *na* bonaide, *na* bonaidean (f.)
bonnet
bonn: *am* bonn, *a'* bhuinn, *na* buinn (m.)
1 bottom, 2 sole of foot, 3 coin, medal
bonn-airgid (m.) (See bonn)
silver medal
bonn-òir (m.) (See bonn)
gold medal
bonnach: *am* bonnach, *a'* bhonnaich, *na* bonnaich (m.)
bun, bannock
borb, *nas* buirbe (adj.)
cruel, fierce
bòrd: *am* bòrd, *a'* bhùird, *na* bùird (m.)
table
bòrd-dubh: *am* bòrd-dubh, *a'* bhùird-dhuibh, *na* bùird-dhubha (m.)
blackboard
Bord Leasachaidh na Gaidhealtachd agus nan Eilean (m.)
The Highlands and Islands Development Board
bothan: *am* bothan, *a'* bhothain, *na* bothain (m.)
hut
botul: *am* botul, *a'* bhotuil, *na* botuil (m.)
bottle
bracaist: *a'* bhracaist, *na* bracaiste,

na bracaistean (f)
  breakfast
bradan: *am* bradan, *a'* bhradain, *na* bradain (m.)
  salmon
bragail, *nas* bragaile (adj.)
  over-confident, boastful
bras, *nas* braise (adj)
  1 swift, 2 quick-tempered
brat: *am* brat, *a'* bhrata, *na* bratan (m.)
  carpet
bratach: *a'* bhratach, *na* brataiche, *na* brataichan (f.)
  banner
(gu) brath (adv.)
  forever
bràthair: *am* bràthair, *a'* bhràthar, *na* bràithrean (m.)
  brother
bràthair-athar (m.) (See brathair)
  uncle (paternal)
bràthair-cèile (m.) (See bràthair)
  brother in law
bràthair-màthar (m.) (See brathair)
  uncle (maternal)
breab: *am* breab, *a'* bhreaba, *na* breaban (m.)
  kick
breab, a' breabadh (v.)
  kick
breabadair: *am* breabadair, *a'* bhreabadair, *na* breabadairean (m.)
  1 weaver, 2 daddy long legs
breac: *am* breac, *a'* bhric, *na* bric (m.)
  trout
breac, *nas* brice (adj.)
  speckled
breacan: *am* breacan, *a'* bhreacain, *na* breacannan (m.)
  1 tartan, 2 plaid
breacan-beithe (m.) (See breacan)
  chaffinch
breagha (briagha), *nas* breagha (briagha) (adj.)
  beautiful, fine (of weather)
Breatannach (adj.)
  Britis'ı

Breatannach: *am* Breatannach, *a'* Bhreatannaich, *na* Breatannaich (m.)
  Briton
breislich: *a'* bhreislich, *na* breislich (f.)
  panic, delirium
a' breith (See beir)
  bearing
breith: *a'* bhreith, *na* breithe (f.)
  1 birth, 2 judgment, sentence
breitheamh: *am* breitheamh, *a'* bhreitheimh, *na* breitheamhan (m.)
  judge
breitheanas: *am* breitheanas, *a'* bhreitheanais, *na* breitheanasan (f.)
  judgment, sentence
breug: *a'* bhreug, *na* breige, *na* breugan (f.)
  lie, untruth
briagha, *nas* briagha (adj)
  lovely, beautiful, fine (of weather)
briathar: *am* briathar, *a'* bhriathair, *na* briathran (m.)
  word
briathrail, *nas* briathraile (adj.)
  talkative, wordy
brigh: *a'* bhrigh, *na* brighe (f.)
  substance (e.g. of an argument)
briogais: *a'* bhriogais, *na* briogaise, *na* briogaisean (f.)
  trousers
briosgaid: *a'* bhriosgaid, *na* briosgaide, *na* briosgaidean (f)
  biscuit
bris, a' briseadh (v.)
  to break
briseadh-cridhe: *am* briseadh-cridhe, *a'* bhrisidh-cridhe, *na* brisidhean-cridhe (m.)
  heartbreak
briste (p.p. of bris)
  broken
broc: *am* broc, *a'* bhruic, *na* bruic (m.)
  badger
brochan: *am* brochan, *a'* bhrochain (m.)
  porridge, gruel
bròg: *a'* bhròg, *na* bròige, *na* brògan (f.)
  shoe

broilleach: *am* broilleach, *a'* bhroillich, *na* broillichean (m.)
    chest, breast
am broinn (+ gen.) (prep.)
    inside
brònach, *nas* brònaiche (adj.)
    sad
brosnaich, **a' brosnachadh** (v.)
    encourage
brot: *am* brot, *a'* bhrota (m.)
    broth, soup
brù: *a'* bhrù, *na* bronn *a'* bhroinn (dat. sing.) *na* brùthan (nom. pl.) (f.) (irr.)
    belly, stomach
bruach: *a'* bhruach, *na* bruaiche, *na* bruachan (f.)
    bank (of a river)
bruadair, a' bruadar (v.)
    dream
bruadar: *am* bruadar, *a'* bhruadair, *na* bruadaran (m.)
    dream
bruich, a' bruich (v.)
    boil, cook
bruidhinn, a' bruidhinn (ri) (v.)
    speak, talk (to)
bu (+ asp.) (p.t. of is)
    was, were
buachaille: *am* buachaille, *a'* bhuachaille, *na* buachaillean (m.)
    cow-herd, shepherd
buadh: *a'* bhuadh, *na* buaidh, *na* buadhan (f.)
    1 virtue, 2 faculty, talent
buadhmhor, *nas* buadhmhoire (adj.)
    triumphant
buaidh: *a'* bhuaidh, *na* buaidhe, *na* buaidhean (f.)
    1 success, victory, 2 effect
buail, a' bualadh (v.)
    hit, strike
buaile: *a'* bhuaile, *na* buaile, *na* builtean (f.)
    fold (for sheep or cattle)
buain, a' buain (v.)
    reap
buain: *a'* bhuain, *na* buana (f.)
    harvest
buaireadh: *am* buaireadh, *a'* bhuairidh, *na* buairidhean (m.)
    1 disturbance, 2 temptation
buan, *nas* buaine (adj.)
    durable, long lasting
buannachd: *a'* bhuannachd, *na* buannachd (f.)
    profit
buannaich, a' buannachd (v.)
    profit, win
buidhe, *nas* buidhe (adj.)
    yellow
buidheann: *a'* bhuidheann, *na* buidhne, *na* buidhnean (f.)
    group
buidheann-cluich (f.)
    play-group
bùidseir: *am* bùidseir, *a'* bhùidseir, *na* bùidseirean (m.)
    butcher
buil: *a'* bhuil, *na* buile (f.)
    consequence, effect
thoir gu buil (See **thoir**)
    bring to fruition
buileach (adv.)
    completely, quite
buill (See **ball**)
    balls, members
buille: *a'* bhuille, *na* buille, *na* buillean (f.)
    blow
buin, a' buntainn (do) (v.)
    belong (to)
buinteanas: *am* buinteanas, *a'* bhuinteanais (m.)
    relevance
bùird (See **bòrd**)
    tables
bun: *am* bun, *a'* bhuin *na* buin AND *na* bunan (m.)
    1 root, 2 bottom, base
bun os cionn
    upside down
bunait: *a'* bhunait, *na* bunaite, *na* bunaitean (f.)
    basis, foundation
buntàta: *am* buntàta, *a'* bhuntàta (no

buntàta   **calma**

plural) (m.)
   potato(es)
bùrn: *am* bùrn, *a'* bhùirn (m.)
   water (fresh)
bùth: *a'* bhùth, *na* bùtha, *na* bùthan (f.)
   shop

C

cabhag: *a'* chabhag, *na* cabhaige (f.)
   hurry
tha cabhag orm
   I am in a hurry
cabhagach, *nas* cabhagaiche (adj.)
   hurried
cabhsair: *an* cabhsair, *a'* chabhsair, *na* cabhsairean (m.)
   pavement
càch (pron.)
   the rest, the others
cadal: *an* cadal, *a'* chadail, (m.)
   sleep
cagailt: *an* cagailt, *a'* chagailt, *na* cagailtean (m.)
   fireplace
cagainn, *a'* cagnadh (v.)
   chew
cagair, *a'* cagair (v.)
   whisper
cagar: *an* cagar, *a'* chagair, *na* cagairean (m.)
   1 whisper, 2 darling
caibidil: *a'* chaibidil, *na* caibidile, *na* caibidilean (f.)
   chapter
caidil, *a'* cadal (v.)
   sleep
cail (f.) (used after neg. & interr. v.)
   anything
      e.g. "De tha seo?"
          "What is this?"
      "Chaneil cail"
          "It isn't anything"
          (i.e. nothing)
cailc: *a'* chailc, *na* cailce, *na* cailcean (f.)
   chalk
caileag: *a'* chaileag, *na* caileige, *na* caileagan (f.)
   girl
caill, *a'* call (v.)
   lose
cailleach: *a'* chailleach, *na* cailliche, *na* cailleachan (f.)
   old woman
càin, *a'* càineadh (v.)
   decry, revile
cainnt: *a'* chainnt, *na* cainnte, *na* cainntean (f.)
   speech
càirdeach, *nas* càirdiche (do) (adj.)
   related (to)
càirdeas: *an* càirdeas, *a'* chàirdeis (m.)
   relationship
càirdeil, *nas* càirdeile (ri) (adj.)
   friendly (with)
cairteal: *an* cairteal, *a'* chairteil, *na* cairtealan (m.)
   quarter
càise: *an* càise, *a'* chàise, *na* càisean (m.)
   cheese
a' Chàisg, *na* Càisge, *na* Càisgean (f.)
   Easter
caisteal: *an* caisteal, *a'* chaisteil, *na* caistealan (m.)
   castle
càite (an)? (+ dep. form of v.) (adv.)
   where?
caith, *a'* caitheamh (v.)
   spend (money and time)
càl: *an* càl, *a'* chàil (m.)
   cabbage
caladh: *an* caladh, *a'* chalaidh, *na* calaidhean (m.)
   harbour
call: *an* call, *a'* challa, *na* callaidhean (m.)
   loss
calltainn: *a'* challtainn, *na* calltainne, *na* calltainn (f.)
   hazel
calma, *nas* calma (adj.)
   hardy

calman: *an* calman, *a'* chalmain, *na* calmain (m.)
  dove
calpa: *an* calpa, *a'* chalpa, *na* calpannan (m.)
  calf (of leg)
caman: *an* caman, *a'* chamain, *na* camain (m.)
  shinty stick
camhanaich: *a'* chamhanaich, *na* camhanaiche (f.)
  dawn
can, *a'* cantainn (v.) (p.t. obsolete)
  say
canach: *an* canach, *a'* chanaich (m.)
  bog cotton
cànain: *a'* chànain, *na* cànaine, *na* cànainean (f.)
  language
caochail, *a'* caochladh (v.)
  1 change, 2 die
caochladh: *an* caochladh, *a'* chaochlaidh, *na* caochlaidhean (m.)
  variety
    e.g. caochladh dhaoine
      a variety of people
caog, *a'* caogadh (v.)
  wink
caogach, *nas* caogaiche (adj.)
  squint-eyed
caoin, *a'* caoineadh (v.)
  weep (for)
caol, *nas* caoile (adj.)
  narrow, thin
caora: *a'* chaora, *na* caorach, *na* caoraich, *nan* caorach (gen. pl.) (f.)
  sheep
caorann: *a'* chaorann, *na* caorainne, *na* caorainn (f.)
  rowan
càr: *an* càr, *a'* chàir, *na* càraichean (m.)
  car
car: *an* car, *a'* chuir, *na* cuir AND *na* caran (m.)
  twist, turn, job
cuir car (v.) (See cuir)
  twist, turn

car (+ acc.) (prep.)
  for, during
    e.g. car tiota
      for a moment
car (adv.)
  quite, somewhat
    e.g. car fliuch
      quite wet
carach, *nas* caraiche (adj.)
  cunning
caraich, *a'* carachadh (v.)
  move
caraid: *an* caraid, *a'* charaid, *na* càirdean (m.)
  friend
càraid: *a'* chàraid, *na* càraide, *na* càraidean (f.)
  pair
car-a-mhuiltean: *an* car-a-mhuiltean, *a'* chuir-a-mhuiltean, *na* cuir-a-mhuiltean (m.)
  somersault
carbad: *an* carbad, *a'* charbaid, *na* carbadan (m.)
  coach
càrn: *an* càrn, *a'* chùirn, *na* cùirn (m.)
  cairn
carraig: *a'* charraig, *na* carraige, *na* carraigean (f.)
  cliff
carson (a)? (+ ind. form of v.; + rel. fut.) (adv.)
  why?
cas: *a'* chas, *na* coise, *na* casan (f.)
  foot, leg
cas, *nas* caise (adj.)
  steep
casad: *an* casad, *a'* chasaid (m.)
  cough
casadaich, *a'* casadaich (v.)
  cough
cat: *an* cat, *a'* chait, *na* cait (m.)
  cat
cathair: *a'* chathair, *na* cathrach, *na* cathraichean (f.)
  chair
cead: *an* cead, *a'* chead (m.)
  permission

cead-coimhead (m.) (See cead)
  T.V. licence
cead-dol-thairis: *an* cead-dol-thairis, *a'* chead-dol-thairis (m.)
  passport
cead-rathaid charaichean (m.) (See cead)
  vehicle licence
ceadaich, a' ceadachadh (v.)
  allow
ceadha: *an* ceadha, *a'* cheadha, *na* ceadhachan (m.)
  pier
cèaird: *a'* chèaird, *na* cèairde, *na* cèairdean (f.)
  trade
cealla: *an* cealla, *a'* chealla, *na* ceallan (m.)
  cell (biological)
ceangail, a' ceangal (v.)
  tie
ceann: *an* ceann, *a'* chinn, *na* cinn (m.)
  1 head, 2 end
an ceann (+ gen.)
  in (the end of) a
  e.g. an ceann greise
        in a short time
air a cheann thall
  in the end
ceannaich, a' ceannach (v.)
  buy
ceannard: *an* ceannard, *a'* cheannaird, *na* ceannardan (m.)
  leader
ceannsaich, a' ceannsachadh (v.)
  subdue, tame
ceann-suidhe: *an* ceann-suidhe, *a'* chinn-suidhe, *na* cinn-suidhe (m.)
  president
ceann-uidhe: *an* ceann-uidhe, *a'* chinn-uidhe, *na* cinn-uidhe (m.)
  destination
ceap: *an* ceap, *a'* chip, *na* cip (m.)
  cap
cearc: *a'* chearc, *na* circe, *na* cearcan (f.)
  hen
cèard: *an* cèard, *a'* chèaird, *na* ceàrdan (m.)
  tinker
ceàrn: *an* ceàrn, *a'* cheàrnaidh, *na* ceàrnaidhean (m.)
  district
ceàrr, *nas* cearra (adj.)
  1 wrong, 2 left (hand side)
ceart, *nas* cearta (adj.)
  right, fair, just
an ceartair (adv.)
  in a moment, in a short time
ceartas: *an* ceartas, *a'* cheartais (m.)
  justice
ceasnaich, a' ceasnachadh (v.)
  question
ceathramh (adj.)
  fourth
ceathrar (n.)
  four persons
céile: *an* céile (*a'* chéile (f.)) *a'* chéile (*na* céile (f.)) (m. and f.)
  spouse
le cheile
  with each other, together
ceilidh: *a'* cheilidh, *na* ceilidhe, *na* ceilidhean (f.)
  concert
céin, *nas* céine (adj.)
  foreign, remote
ceimiceachd: *an* ceimiceachd, *a'* cheimiceachd (m.)
  chemistry
céis: *a'* chéis, *na* céise, *na* céisean (f.)
  envelope
ceist: *a'* cheist, *na* ceiste, *na* ceistean (f.)
  question, problem
cuir ceist (air) (See cuir)
  put a question to, question
an Céitean, *a'* Chéitein (m.)
  May
ceithir (adj.)
  four
a ceithir (n.)
  four
ceò: *an* ceò, *a'* cheò (m.)
  mist, smoke
ceòl: *an* ceòl, *a'* chiùil, *na* ciùil (m.)

ceòl

  music
ceud (+ asp.) (adj.)
  first
    e.g. **a cheud fhear**
        the first man
ceud (+ sing. n.) (adj.)
  hundred
ceudna (adj.)
  same
mar an ceudna
  likewise
ceum: *an* ceum, *a'* cheuma, *na* ceuman (m.)
  step
chaidh (p.t. See App.: **rach**)
  went
a chaoidh (adv.)
  ever (of future time)
cheana (adv.)
  already
chi (v.) (fut. See App.: **faic**)
  will see
a chionn 's gu (+ dep. form of v.) adv.)
  because, since
cho (adv.)
  so
cho . . . ri
  as . . . as
    e.g. **cho mór ri Seumas**
        as big as James
fa chomhair (prep. pron.)
  opposite, before him, it (m.)
fa chomhair (+ gen.) (prep.)
  opposite to
chon (+ art. + gen.) (prep.)
  to (the), as far as (the)
air chor-eigin
  some . . . or other
    e.g. **fear air chor-eigin**
        someone or other
chuala (p.t. See App.: **cluinn**)
  heard
a chum (+ infin.)
  in order to, for the purpose of
    e.g. **a chum fiodh a thional**
        in order to gather wood
chun (+ art. + gen.) (prep.)

ciste

  to (the), as far as (the)
chunnaic (p.t. See App.: **faic**)
  saw
cia mheud (+ sing.)
  how many?
    e.g. **Cia mheud craobh a tha air an eilean?**
        How many trees are on the island?
ciad (alt. sp. of **ceud**)
  1 hundred, 2 first
ciall: *a'* chiall, *na* céille (f.)
  sense
ciallaich, a' ciallachadh (v.)
  mean
cian *nas* céine (adj.)
  distant
cianail, *nas* cianaile (adj.)
  sorrowful, sad
cianalas: *an* cianalas, *a'* chianalais (m.)
  home-sickness
cidhe: *an* cidhe, *a'* chidhe, *na* cidhean (m.)
  quay
cinneadh: *an* cinneadh, *a'* chinnidh, *na* cinnidhean (m.)
  surname
cinnt: *a'* chinnt, *na* cinnte (f.)
  certainty
cinnteach, *nas* cinntiche (adj.)
  sure, certain
ciobair: *an* ciobair, *a'* chiobair, *na* ciobairean (m.)
  shepherd
Ciod air bith (a)? (pron.)
  whatever?
    e.g. **Ciod air bith a chunnaic e?**
        Whatever did he see?
cion: *an* cion, *a'* chion (m.)
  lack
ciontach, *nas* ciontaiche (adj.)
  guilty
ciotach, *nas* ciotaiche (adj.)
  left handed; sinister
cir: *a'* chir, *na* cire, *na* cirean (f.)
  comb
ciste: *a'* chiste, *na* ciste, *na* cisteachan (f.)

ciste
chest

ciùin, *nas* **ciùine** (adj.)
calm

clach: *a'* **chlach,** *na* **cloiche,** *na* **clachan** (f.)
stone

clachair: *an* **clachair,** *a'* **chlachair,** *na* **clachairean** (m.)
stonemason

cladach: *an* **cladach,** *a'* **chladaich,** *na* **cladaichean** (m.)
shore

cladh: *an* **cladh,** *a'* **chlaidh,** *na* **cladhan** (m.)
graveyard

cladhaich, a' cladhach (v.)
dig

clag: *an* **clag,** *a'* **chluig,** *na* **clagan** (m.)
bell

claidheamh: *an* **claidheamh,** *a'* **chlaidheimh,** *na* **claidhmhnean** (m.)
sword

claigionn: *an* **claigionn,** *a'* **chlaiginn,** *na* **claignean** (m.)
skull

àrd mo chlaiginn
at the top of my voice

clann: *a'* **chlann,** *na* **cloinne** (f. coll.)
children

clàr: *an* **clàr,** *a'* **chlàir,** *na* **clàran** (m.)
record, disc

clàrsach: *a'* **chlàrsach,** *na* **clàrsaiche,** *na* **clàrsaichean** (f.)
harp

clàrsair: *an* **clàrsair,** *a'* **chlàrsair,** *na* **clàrsairean** (m.)
harpist

cleachd, a' cleachdadh (v.)
use

cleachdadh: *an* **cleachdadh,** *a'* **chleachdaidh,** *na* **cleachdaidhean** (m.)
custom

cleasachd: *a'* **chleasachd,** *na* **cleasachd** (f.)
exercising, sport, play

cléireach: *an* **cléireach,** *a'* **chléirich,** *na* **cleirich** (m.)
clerk

cleoc: *an* **cleoc,** *a'* **chleoca,** *na* **cleocannan** (m.)
cloak

clì, *nas* **clìthe** (adj.)
left (hand side)

cliabh: *an* **cliabh,** *a'* **chléibh,** *na* **cléibh** (m.)
1 rib cage, 2 creel, basket

clisg, a' clisgeadh (v.)
start (through fear)

cliù: *an* **cliù,** *a'* **chliù** (m.)
fame, renown, reputation

cliùiteach, *nas* **cliùitiche** (adj.)
famous

clò: *an* **clò,** *a'* **chlò,** *na* **clòthan** (m.)
tweed

clo: *an* **clo,** *a'* **chlodha,** *na* **clodhan** (m.)
print, printing press

cuir (ann) an clò (v.)
print
e.g. **Chuir e leabhar an clò**
He printed a book

clò-bhualadair: *an* **clò-bhualadair,** *a'* **chlò-bhualadair,** *na* **clò-bhualadairean** (m.)
printer

clò-sgrìobhadair (m.) (See **sgrìobhadair**)
typewriter

clobha: *an* **clobha,** *a'* **chlobha,** *na* **clobhaichean** (m.)
tongs

clogaid: *a'* **chlogaid,** *na* **clogaide,** *na* **clogaidean** (f.)
helmet

cloimh: *a'* **chloimh,** *na* **cloimhe** (f.)
wool

cluas: *a'* **chluas,** *na* **cluaise,** *na* **cluasan** (f.)
ear

cluasag: *a'* **chluasag,** *na* **cluasaige,** *na* **cluasagan** (f.)
pillow

cluich, a' cluich (v.)
play

cluicheadair: *an* **cluicheadair,** *a'* **chluicheadair,** *na* **clucheadairean** (m.)
player

cluinn

cluinn, *a'* **cluinntinn** (Irr. v. See App.: cluinn)
hear

cnàimh: *an* **cnàimh,** *a'* **chnàimh,** *na* **cnàmhan (m.)**
bone

cnap-starradh: *an* **cnap-starradh,** *a'* **chnap-starraidh,** *na* **cnap-starraidh (m.)**
obstruction, obstacle

cnatan: *an* **cnatan,** *a'* **chnatain,** *na* **cnatain (m.)**
cold

cnò: *a'* **chnò,** *na* **cnòtha,** *nà* **cnothan (f.)**
nut

cnoc: *an* **cnoc,** *a'* **chnuic,** *na* **cnocan (m.)**
hillock

cnog, *a'* **cnogadh (v.)**
knock

có?
who? (Interr.)

có air bith (a)? (pron.)
whoever?

có leis (a)?
whose?
e.g. Có leis a tha an leabhar?
Whose is the book?

cobhar: *an* **cobhar,** *a'* **chobhair (m.)**
foam

cobhair: *a'* **chobhair,** *na* **cobhrach (f.)**
assistance

còcaire: *an* **còcaire,** *a'* **chòcaire,** *na* **còcairean (m.)**
cook

co-cheangailte (ri)
connected (with) attached (to)

co-chomunn: *an* **co-chomunn,** *a'* **cho-chomuinn,** *na* **co-chomuinn (m.)**
co-operative, partnership

co-dhiù (adv.)
1 however, anyway, 2 whether

co-dhùnadh: *an* **co-dhùnadh,** *a'* **cho-dhùnaidh,** *na* **co-dhùnaidh (m.)**
conclusion

co-fharpais: *a'* **cho-fharpais,** *na* **co-fharpaise,** *na* **co-fharpaisean (f.)**
competition

coinneamh

cogadh: *an* **cogadh,** *a'* **chogaidh,** *na* **cogaidhean (m.)**
war

coibhneil, *nas* **coibhneile (ri) (adj.)**
kind (to)

cóig (adj.)
five

a cóig (n.)
five

cóigeamh (adj.)
fifth

cóignear (n.)
five people

coigreach: *an* **coigreach,** *a'* **choigrich,** *na* **coigrich (m.)**
stranger

coileach: *an* **coileach,** *a'* **choilich,** *na* **coilich (m.)**
cockerel

coille: *a'* **choille,** *na* **coille,** *na* **coilltean (f.)**
forest

an coimeas ri
in comparison with

coimheach, *nas* **coimhiche (adj.)**
strange, foreign

coimhid, *a'* **coimhead (air) (v.)**
look (at)

coimhearsnachd: *a'* **coimhearsnachd,** *na* **coimhearsnachd (f.)**
neighbourhood, vicinity

coimhlionta, *nas* **coimhlionta (adj.)**
complete

coimhthional: *an* **coimhthional,** *a'* **choimhthionail,** *na* **coimhthionail (m.)**
congregation

coineanach: *an* **coineanach,** *a'* **choineanaich,** *na* **coineanaich (m.)**
rabbit

còinneach: *a'* **chòinneach,** *na* **còinniche (f.)**
moss

coinneal: *a'* **choinneal,** *na* **coinnle,** *na* **coinnlean (f.)**
candle

coinneamh: *a'* **choinneamh,** *na* **coinneimh,** *na* **coinneamhan (f.)**
meeting

mu choinneamh

mu choinneamh (+ gen.) (prep.)
  opposite
coinnich, a' coinneachadh (ri) (v.)
  meet
còir: a' chòir, na còrach, na còraichean (m.)
  right, justice
còir, nas còire (adj.)
  1 decent, 2 kind
is còir dhomh AND bu choir dhomh (+ verbal n.)
  I ought
    e.g. Bu choir dhomh fàgail
      I ought to leave
    Bu choir dhomh aran a cheannach
      I ought to buy bread
coirce: an coirce, a' choirce (m.)
  oats
coire: a' choire, na coire, na coireannan (f.)
  fault
coire: an coire, a' choire, na coireachan (m.)
  kettle
coireach, nas coiriche (ri) (adj.)
  at fault, guilty (of)
an cois (+ gen.) (prep.)
  near
coisich, a' coiseachd (v.)
  walk
coisinn, a' cosnadh (v.)
  earn
còisir: a' chòisir, na còisire, na còisearan (f.)
  choir
colaisde: a' cholaisde, na colaisde, na colaisdean (f.)
  college
colladeug (contr. of ceithir-latha-deug)
  a fortnight
coltach, nas coltaiche ri (adj.)
  like, similar to
coltas: an coltas, a' choltais (m.)
  likeness; likelihood
a reir coltais
  in all likelihood
coma (adj.)
  indifferent
is coma leam (+ n. nom.)
  I am indifferent to
Tha mi coma co-dhiù!
  I couldn't care less!
comasach, nas comasaiche (adj.)
  able, possible
comhachag: a' chomhachag, na comhachaig, na comhachagan (f.)
  barn-owl
comhairle: a' chomhairle, na comhairle, na comhairlean (f.)
  1 advice, counsel, 2 council
comhairle sgìreil (f.)
  district council
comharradh: an comharradh, a' chomharraidh, na comharraidhean (u.)
  1 sign, 2 mark (i.e. exam)
comhartaich a' comhartaich (v.)
  bark
comhfhurtail, nas comhfhurtaile (adj.)
  comfortable
còmhla (adv.)
  together
còmhla ri + dat. (prep.)
  (together) with
comhlan: an comhlan, a' chomhlain, na comhlain (m.)
  band, troop, group
comhlan-ciùil (m.)
  band (musical), dance band
an còmhnaidh (adv.)
  always
comhnard: an comhnard, a' chòmhnaird, na còmhnardan (m.)
  plain
còmhnard, nas còmhnairde (adj.)
  level
còmhradh: an còmhradh, a' chòmhraidh, na còmhraidhean (m.)
  conversation, discussion
companach: an companach, a' chompanaich, na companaich (m.)
  companion
comunn: an comunn, a' chomuinn, na comuinn (m.)
  association, club, committee
comunn ionadail (m.) (See comunn)

comunn ionadail   **air crith**

comunn ionadail
  community council
comunn soisealta (m.) (See comunn)
  social committee
connrag: *a'* chonnrag, *na* connraige, *na* connragan (f.)
  consonant
còntraigh: *a'* chòntraigh, *na* còntraighe, *na* còntraighean (f.)
  neap-tide
còrd, a' còrdadh (ri) (v.)
  please
   e.g. Tha sin a' còrdadh rium
          That is pleasing to me
          i.e. I like that
corp: *an* corp, *a'* chuirp, *na* cuirp (m.)
  body
corr is (+ n. nom.)
  more than
corrach, *nas* corraiche (adj.)
  uneven
corrag: *a'* chorrag, *na* corraige, *na* corragan (f.)
  finger
cosg, a' cosg (v.)
  1 spend, cost, 2 waste (time)
cosgail, *nas* cosgaile (adj.)
  expensive
co-shamhladh: *an* co-shamhladh, *a'* cho-shamhlaidh, *na* co-shamhlaidhean (m.)
  parable
cosnadh: *an* cosnadh, *a'* chosnaidh, *na* cosnaidhean (m.)
  job, employment
còta: *an* còta, *a'* chòta, *na* còtaichean (m.)
  coat
cothrom: *an* cothrom, *a'* chothruim, *na* cothroman (m.)
  opportunity
cràbhach, *nas* cràbhaiche
  1 religious, 2 pious
craiceann: *an* craiceann, *a'* chraicinn, *na* craicinn (m.)
  skin
crann: *an* crann, *a'* chroinn, *na* croinn (m.)
  1 plough, 2 mast

crann-ola (m.) (See crann)
  oil rig
crann-sgaoilidh (m.) (See crann)
  transmitter
crann-tara (m.) (See crann)
  fiery cross
craobh: *a'* chraobh, *na* craoibhe, *na* craobhan (f.)
  tree
craobh-sgaoileadh: *an* craobh-sgaoileadh, *a'* chraobh-sgaoilidh (m.)
  broadcasting
crath, a' crathadh (v.)
  shake
Mo chreach!
  Good heavens! Alas!
creag: *a'* chreag, *na* creige, *na* creagan (f.)
  rock
creid, a' creidsinn (v.)
  1 believe, 2 suppose
creideamh: *an* creideamh, *a'* chreidimh, *na* creideamhan (m.)
  creed, belief
creutair: *an* creutair, *a'* chreutair, *na* creutairean (m.)
  creature
criadh: *an* criadh, *a'* chriadha (m.)
  clay
cridhe: *an* cridhe, *a'* chridhe, *na* cridheachan (m.)
  heart
cridheil: *nas* cridheile (adj)
  hearty, cheerful
crìoch: *a'* chrìoch, *na* crìche, *na* crìochan (f.)
  end, limit, border
crìochnaich, a' crìochnachadh (v.)
  end, finish
Criosdaidh: *an* Crìosdaidh, *a'* Chrìosdaidh *na* Crìosdaidhean (m.)
  Christian
Crìosdail, *nas* Crìosdaile (adj.)
  Christian
crith, a' crith (v.)
  shiver, shake
air crith

air crith
shivering, shaking

croch, a' crochadh (air) (v.)
1 hang, 2 depend (on)

crodh: *an* crodh, *a'* chruidh (m.)
cattle

croit: *a'* chroit, *na* croite, *na* croitean (f.)
croft

croitear: *an* croitear, *a'* chroiteir, *na* croitearan (m.)
crofter

crom, a' cromadh (v.)
bend

cron: *an* cron, *a'* chroin (m.)
1 harm, 2 defeat

crosda, *nas* crosda (adj.)
bad tempered

crotal: *an* crotal, *a'* chrotail (m.)
lichen

cruach: *a'* chruach, *na* cruaiche, *na* cruachan (f.)
stack

cruaidh, *nas* cruaidhe (adj.)
hard

crùbach, *nas* crùbaiche (adj.)
lame

crùbag: *a'* chrùbag, *na* crùbaige, *na* crùbagan (f.)
crab

cruinn, *nas* cruinne (adj.)
round, circular

cruinnich, a' cruinneachadh (v. trans. & intrans.)
collect, gather, assemble

crùn: *an* crùn, *a'* chrùin, *na* crùin (m.)
crown

cruthaich, a' cruthachadh (v.)
create

cù: *an* cù, *a'* choin, *na* coin (nom. pl.), *nan* con (gen. pl.) (m. irr.)
dog

cuairt: *a'* chuairt, *na* cuairte, *na* cuairtean (f.)
trip

air chuairt
on a trip, on tour

cuan: *an* cuan, *a'* chuain, *na* cuantan (m.)
ocean

cùbaid: *a'* chùbaid, *na* cùbaide, *na* cùbaidean (f.)
pulpit

cudthromach, *nas* cudthromaiche (adj.)
important

cuibhle: *a'* chuibhle, *na* cuibhle, *na* cuibhleachan (f.)
wheel

cuibhrionn: *an* cuibhrionn, *a'* chuibhrinn, *na* cuibhrinnean (m.)
allotment, portion

cuid: *a'* chuid, *na* codach (f.)
portion

cuide ri (+ dat.)
along with

cuideachd: *a'* chuideachd, *na* cuideachdan (f.)
company, society

cuideachadh: *an* cuideachadh, *a'* chuideachaidh (m.)
help (n.)

cuideachd (adv.)
also

cuideigin (pron.)
someone

cuidich, a' cuideachadh (v.)
help

cuileag: *a'* chuileag, *na* cuileige, *na* cuileagan (f.)
fly

cuilean: *an* cuilean, *a'* chuilein, *na* cuileanan (m.)
puppy

cuimhne: *a'* chuimhne, *na* cuimhne (f.)
memory

cuine (a)? (interr.) (+ indep. form of v.; + rel. fut.)
when?

cuinneag: *a'* chuinneag, *na* cuinneige, *na* cuinneagan (f.)
bucket

cuip: *a'* chuip, *na* cuipe, *na* cuipean (f.)
whip

cuir, a' cur (v.)
put

cuir fios air (See cuir)
send for

cuir roimh (v.)
   decide
     e.g. chuir mi romham
        I decided

cuireadh: *an* cuireadh, *a'* chuiridh, *na* cuiridhean (m.)
   invitation

cùirt: *a'* chùirt, *na* cùirte, *na* cùirtean (f.)
   court

cùirtear: *an* cùirtear, *a'* chùirteir, *na* cùirtearan (m.)
   curtain

cùis: *a'* chuis, *na* cùise, *na* cuisean (f.)
   affair

cùl: *an* cùl, *a'* chùil, *na* cùil (m.)
   back

air cùlaibh (+ gen.) (prep.)
   behind

cùm, a' cumail (v.)
   keep

cumadh: *an* cumadh, *a'* chumaidh, *na* cumaidhean (m.)
   shape

cuman: *an* cuman, *a'* chumain, *na* cumain (m.)
   pail

cumanta, *nas* cumanta (adj.)
   common

cumhachd: *a'* chumhachd, *na* cumhachd, *na* cumhachdan (f.)
   power

cumhang, *nas* cumhainge (adj.)
   narrow

cunbhalach, *nas* cunbhalaiche (adj.)
   constant, steady

cungaidh: *a'* chungaidh, *na* cungaidhe, *na* cungaidhean (f.)
   medicine, drug

cunnart: *an* cunnart, *a'* chunnairt, *na* cunnartan (m.)
   danger

cunnartach, *nas* cunnartaiche (adj.)
   dangerous

cùnntas: *an* cùnntas, *a'* chùnntais, *na* cùnntais AND *na* cunntaisean (m.)
   1 counting, arithmetic, 2 account

cupa: *an* cupa, *a'* chupa, *na* cupannan (m.)
   cup

cùram: *an* cùram, *a'* chùraim (m.)
   care

cùramach, *nas* cùramaiche (adj.)
   careful

currac: *an* currac, *a'* churraic, *na* curracan (m.)
   bonnet

curran: *an* curran, *a'* churrain, *na* currain (m.)
   carrot

cur-seachad: *an* cur-seachad, *a'* chuir-seachad (m.)
   pastime(s), leisure

cus (adv.)
   too much

cuspair: *an* cuspair, *a'* chuspair, *na* cuspairean (m.)
   subject

cuthag: *a'* chuthag, *na* cuthaige, *na* cuthagan (f.)
   cuckoo

D

dà (+ asp. + sing. n.)
   two
     e.g. dà fhear
        two men

a dhà (n.)
   two

dachaidh: *an* dachaidh, *na* dachaidh, *na* dachaidhean (f.)
   home

dhachaidh (adv.)
   home(wards)

da-chànanach, *nas* da-chànanaiche (adj.)
   bilingual

dad (m.) (used after neg. & interr. v.)
   anything

daga: *an* daga, *an* daige, *na* dagaichean (m.)
   pistol

dail: *an* dail, *an* dail, *na* dailean (m.)
   meadow

dàil: *an* dàil, *na* dàlach, *na* dàilean (f.)

dàil
   delay
dàimh: *an* dàimh, *an* dàimh, *na* dàimhean (m.)
   relationship (i.e. family)
daingeann, *nas* daingne (adj.)
   firm
dall, *nas* doille (adj.)
   blind
damh: *an* damh, *an* daimh, *na* daimh (m.)
   stag
damhan-allaidh: *an* damhan-allaidh, *an* damhain-allaidh, *na* damhain-allaidh (m.)
   spider
an **Dàmhar**, *an* Dàmhair (m.)
   October
dàn: *an* dàn, *an* dàin, *na* dàin (m.)
   poem, song
danns, a' dannsadh (v.)
   dance
daolag: *an* daolag, *na* daolaig, *na* daolagan (f.)
   beetle
daonda, *nas* daonda (adj.)
   human, humane
daonnan (adv.)
   always
daor, *nas* daoire (adj.)
   dear
daorach: *an* daorach, *na* daoraich (f.)
   intoxication
dara (darna) (adj.)
   second
darach: *an* darach, *na* daraich, *na* daraich (m.)
   oak (tree)
da-riribh
   indeed
dath: *an* dath, *an* datha, *na* dathan (m.)
   colour
dé? (pron.)
   what?
an dé (adv.)
   yesterday
de (asp. f.w. + dat.)
   of
deach(aidh) (dep. form of p.t. of rach See App.: rach)
   went
deagh (precedes n. + asp.) (adj.)
   good
   e.g. deagh charaid
      good friend
dealachadh: *an* dealachadh, *an* dealachaidh, *na* dealachaidhean (m.)
   parting, separation
dealaich, a' dealachadh (v.)
   part
dealan: *an* dealan, *an* dealain (m.)
   electricity
dealanach: *an* dealanach, *an* dealanaich (m.)
   lightning
dealasach, *nas* dealasaiche (adj.)
   eager, diligent, enthusiastic
dealbh: *an* dealbh, *na* deilbhe, *na* dealbhan (f.)
   picture
dealbh-chluich: *an* dealbh-chluich, *an* deilbh-chluich, *na* dealbhan-cluiche (m.)
   play (theatre)
dealraich, a' dealrachadh (v.)
   shine
deamhais: *an* deamhais, *na* deamhaise, *na* deamhaisean (f.)
   shears
dean, a' deanamh (Irr. v. See App.: dean)
   do, make
deanntag: *an* deanntag, *na* deanntaige, *na* deanntagan (f.)
   nettle
deante (p.p.) (See dean)
   done, made
dearbh, a' dearbhadh (v.)
   prove
dearg, *nas* deirge (adj.)
   red
dearmad, a' dearmad (v.)
   neglect
dearmad: *an* dearmad, *an* dearmaid, *na* dearmadan (m.)
   neglect, omission
deàrrs, a' deàrrsadh (v.)
   shine

deàrrsanta, *nas* deàrrsanta (adj.)
  shining
deas, *nas* deise (adj.)
  1 south, 2 right (hand side)
mu dheas
  in the south
deasaich, a' deasachadh (v.)
  prepare
deich (adj.)
  ten
a deich (n.)
  ten
deicheamh (adj.)
  tenth
deichnear (n.)
  ten people
déideadh: *an* déideadh, *an* déididh (m.)
  toothache
an deidh (+ gen.) (prep.)
  after
deidheadh (dep. form cond. t. See App.: rach)
  would go
déidheil, *nas* déidheile (air) (adj.)
  fond (of), keen (on)
deidhinn (dep. form of cond. t. See App.: rach)
  I would go
deigh: *an* deigh, *na* deighe (f.)
  ice
deirc: *an* deirc, *na* deirce, *na* deircean (f.)
  charity
deireadh: *an* deireadh, *an* deiridh, *na* deiridhean (m.)
  end
air dheireadh (+ gen.) (prep.)
  behind
mu dheireadh thall
  at long last, finally
deireannach, *nas* deireannaiche (adj.)
  last
deise: *an* deise, *na* deise, *na* deiseachan (f.)
  suit
deisealaich, a' deisealachadh (v.)
  prepare, get ready
deiseil, *nas* deiseile (adj.)
  ready
deireadh, *an* deireadh, *an* deiridh (m.)
  end
deoch: *an* deoch, *na* dibhe, *na* deochan (f.)
  drink
deònach, *nas* deònaiche (adj.)
  willing
deuchainn: *an* deuchainn, *na* deuchainne, *na* deuchainnean (f.)
  test, exam
deur: *an* deur, *na* deura, *na* deuran (f.)
  tear
dheidheadh (cond. t. See App.: rach)
  would go
dheidhinn (cond. t. See App.: rach)
  I would go
mu dheidhinn (+ gen.) (prep.)
  about, concerning
dh' fheumadh (p.t. of feumaidh)
  would have to
dhiom (prep. pron.
  from de)   of, off me
  dhiot   of, off you (sing.)
  dheth   of, off him, it (m.)
  dhith   of, off her, it (f.)
  dhinn   of, off us
  dhibh   of, off you (pl.)
  dhiubh   of, off them
dhomh (prep. pron.
  from do)   to me
  dhuit   to you (sing.)
  dha   to him, it (m.)
  dhi   to her, it (f.)
  dhuinn   to us
  dhuibh   to you
  dhaibh   to them
Di-Domhnaich (m.)
  Sunday
Di-Luain (m.)
  Monday
bho Dhi-Luain gu Di-haoine
  from Monday to Friday
Di-Mairt (m.)
  Tuesday
Di-Ciadaoin (m.)
  Wednesday
Diardaoin (m.)

Diardaoin
    Thursday
Di-Haoine (m.)
    Friday
Di-Sathurna (m.)
    Saturday
dia: *an* dia, *an* dé *na* diathan (m.)
    god
diamhair, *nas* diamhaire (adj.)
    1 private, 2 mysterious
dian, *nas* déine (adj.)
    keen, eager
dìchioll: *an* dìchioll, *an* dìchill (m.)
    diligence, utmost
        e.g. Rinn mi mo dhìchioll
            I did my utmost
dìchiollach, *nas* dìchiollaiche (adj.)
    diligent, industrious
difir: *an* difir, *an* difir, *na* difirean (m.)
    difference
dìg: *an* dìg, *na* dìge, *na* dìgean (f.)
    ditch
dìleab: *an* dìleab, *na* dìleib, *na* dìleibean (f.)
    legacy
dìleas, *nas* dìlse (adj.)
    faithful
dìnnear: *an* dìnnear, *na* dìnnearach, *na* dìnnearan (f.)
    dinner
diollaid: *an* diollaid, *na* diollaide, *na* diollaidean (f.)
    saddle
diombach, *nas* diombaiche (adj.)
    annoyed
diomhain, *nas* diomhaine (adj.)
    idle
diomhair, *nas* diomhaire (adj.)
    secret
diochuimhnich, a' diochuimhneachadh (v.)
    forget
dìon, a' dìon (v.)
    protect, defend
dìonach, *nas* dìonaiche (adj.)
    waterproof
dìreach, *nas* dìriche (adj.)
    straight
dìreach (adv.)

dòchas

    exactly
dìreach sin
    just so
dìrich, a' dìreadh (v.)
    climb
dìth: *an* dìth, *na* dìth (f.)
    need, lack
a dhìth air (v.)
    need
        e.g. Tha biadh a dhìth air Mairi
            Mary needs food (Lit. Food is lacking on Mary)
dìthean: *an* dìthean: *an* dìthein, *na* dìtheanan (m.)
    flower
dithis (n.)
    two people
diùid, *nas* diùide (adj.)
    shy
an diugh
    today
diùlt, a' diùltadh (v.)
    refuse, deny
dleasdanas: *an* dleasdanas, *an* dleasdanais, *na* dleasdasan (m.)
    duty
dlùth, *nas* dlùithe (adj.)
    near
do (+ asp.) (adj.)
    your (sing.)
do (+ asp. + dat.) (prep.)
    to (a)
dóbhran: *an* dóbhran, *an* dóbhrain, *na* dobhrain (m.)
    otter
is dòcha gu (+ dep. form of v.)
    it is probable, it is likely
        e.g. Is dòcha gu bheil thu ceart
            You are probably right
dòchas: *an* dòchas, *an* dòchais, *na* dòchais (m.)
    hope
tha mi an dòchas gu (+ dep. form of v.)
    I hope that (Lit. I am in hope)
        e.g. Tha mi an dòchas gu bheil thu deiseil
            I hope that you are ready

do dh'

do dh' (form of do before a vowel or fh.)
  to
dòigh: *an* dòigh, *na* dòighe, *na* dòighean (f.)
  way, method
dòigh-beatha (f.) (See dòigh)
  way of life, lifestyle
dòigh-labhairt (f.) (See dòigh)
  pronunciation
dòigheil, *nas* dòigheile (adj.)
  orderly
doineann: *an* doineann, *na* doininne, *na* doineannan (f.)
  storm
doirbh, *nas* doirbhe (adj.)
  difficult
doire: *an* doire, *na* doire, *na* doireachan (f.)
  grove, copse
doirt, a' dortadh
  pour, spill, shed
dol fodha na gréine
  sunset
dolaidh: *an* dolaidh, *na* dolaidhe (f.)
  harm, injury
domhain, *nas* doimhne (adj.)
  deep
do'n (+ asp. + dat.)
  to the
dona, *nas* miosa (adj.)
  bad
donn, *nas* duinne (adj.)
  brown
dorcha, *nas* duirche (adj.)
  dark
dorchadas: *an* dorchadas, *an* dorchadais (m.)
  darkness
dòrn: *an* dòrn, *an* dùirn, *na* dùirn (m.)
  fist
dorus: *an* dorus, *an* doruis, *na* dorsan (m.)
  door
dotair: *an* dotair, *an* dotair, *na* dotairean (m.)
  doctor

dualchas

dragh: *an* dragh, *an* dragha, *na* draghan (m.)
  annoyance
cuir dragh air + dat. (v.)
  annoy
    e.g. Chuir an cat dragh air a' chù
      The cat annoyed the dog
an dràsda
  now
dreach: *an* dreach, *an* dreacha, *na* dreachan (m.)
  1 appearance, 2 complexion
dreasair: *an* dreasair, *an* dreasair, *na* dreasairean (m.)
  dresser
dreathan-donn: *an* dreathan-donn, *na* dreathain-duinn, *na* dreathain-donna (f.)
  wren
dreuchd: *an* dreuchd, *an* dreuchd (f.)
  business, duty, profession
dreuchdail, *nas* dreuchdaile (adj.)
  professional, official
driamlach: *an* driamlach, *an* driamlaich, *na* driamlaich (m.)
  fishing line
dripeil, *nas* dripeile (adj.)
  busy
driùchd: *an* driùchd, *an* driùchda, *na* driùchdan (m.)
  dew
druid: *an* druid, *na* druid, *na* druidean (f.)
  starling
droch, *nas* miosa (precedes n. + asp.) (adj.)
  bad
drochaid: *an* drochaid, *na* drochaide, *na* drochaidean (f.)
  bridge
druim: *an* druim, *an* droma, *na* dromannan (m.)
  back, ridge
duais: *an* duais, *na* duaise, *na* duaisean (f.)
  prize
dualchas: *an* dualchas, *an* dualchais (m.)
  culture, heritage

dubh

dubh, *nas* **duibhe (adj.)**
black

dubhach, *nas* **dubhaiche (adj.)**
sad

dubhan: *an* **dubhan,** *an* **dubhain,** *na* **dubhain (m.)**
hook

dubhar: *an* **dubhar,** *an* **dubhair,** *na* **dubhair (m.)**
shade

dùbhlan: *an* **dùbhlan,** *an* **dùbhlain,** *na* **dùbhlain (m.)**
challenge

an **Dùdlachd,** *an* **Dùdlachd (m.)**
December

tha mi an dùil (gu + indep. form of v.)
I expect

duilgheadas: *an* **duilgheadas,** *an* **duilgheadais, (m.)**
sadness, difficulty

duilich, *nas* **duilghe (adj.)**
1 sad, 2 difficult

duilleach: *an* **duilleach,** *na* **duillich (f.)**
foliage

duilleag: *an* **duilleag,** *na* **duilleige,** *na* **duilleagan (f.)**
1 leaf, 2 page

dùin, a' **dùnadh (v.)**
close, shut

duine: *an* **duine,** *an* **duine,** *na* **daoine (m.)**
man

dùisg, a' **dùsgadh (v.)**
waken

dùmhail, *nas* **dùmhaile (adj.)**
thick, dense

dùmhlaich, a' **dùmhlachadh (v.)**
thicken

dùn: *an* **dùn,** *an* **dùin,** *na* **dùin (m.)**
fort

dùr, *nas* **dùire (adj.)**
stubborn

dùrachd: *an* **dùrachd,** *na* **dùrachd,** *na* **dùrachdan (f.)**
wish

leis gach deagh dhurachd
with every good wish
(subscription to a letter)

eagal

dùrachdach, *nas* **dùrachdaiche (adj.)**
sincere

dùraig, a' **dùraigeadh (v.)**
1 wish, 2 dare

duslach: *an* **duslach,** *na* **duslaich (f.)**
dust

dùthaich: *an* **dùthaich,** *na* **dùthcha,** *na* **dùthchannan (f.)**
country

dùthchas: *an* **dùthchas,** *an* **dùthchais (m.)**
nationality

E

e (pron.)
1 he 2 him, it (m.) (direct object)

each: *an* **t-each,** *an* **eich,** *na* **h-eich (m.)**
horse

eachdraidh: *an* **eachdraidh,** *an* **h-eachdraidh,** *na* **h-eachdraidhean (f.)**
history

eadar (+ acc.) (prep.)
between

eadarainn (prep.
pron. from eadar) between us
eadaraibh between you (pl.)
eatorra between them

eadardhealachadh: *an* **t-eadardhealachadh,** *an* **eadardhealachaidh,** *na* **h-eadardhealaichidhean (m.)**
difference

eadardhealaichte, *nas* **eadardhealaichte (adj.)**
different

eadartheangaich, ag **eadartheangachadh (v.)**
translate

eadhon (adv.)
even

eadradh: *an* **t-eadradh,** *an* **eadraidh,** *na* **h-eadraidhean (m.)**
milking time

eag: *an* **eag,** *na* **h-eige,** *na* **h-eagan (f.)**
groove

eagal: *an* **t-eagal,** *an* **eagail (m.)**

eagal
  fear
eaglais: *an* eaglais, *na* h-eaglaise, *na* h-eaglaisean (f.)
  church
Eaglais na h-Alba (f.)
  Church of Scotland
An Eaglais Chaitliceach (f.)
  The Catholic Church
An Eaglais Easbuigeach (f.)
  The Episcopal Church
An Eaglais Shaor (f.)
  The Free Church
eala: *an* eala, *na* h-eala, *na* h-ealachan (f.)
  swan
ealaidh, ag ealadh (v.)
  crawl
ealanta, *nas* ealanta (adj.)
  expert
ealdhain: *an* ealdhain, *na* h-ealdhaine, *na* h-ealdhainean (f.)
  art, science
eallach: *an* t-eallach, *an* eallaich, *na* h-eallaich (m.)
  load
eanchainn: *an* eanchainn, *na* h-eanchainn, *na* h-eanchainnean (f.)
  brain
eangarra, *nas* eangarra (adj.)
  bad tempered
ear: *an* ear (f.)
  east
an earar (adv.)
  the day after tomorrow
earb: *an* earb, *na* h-earba, *na* h-earban (f.)
  roe deer
earball: *an* t-earball, *an* earbaill, *na* h-earbaill (m.)
  tail
earbsa: *an* earbsa, *na* h-earbsa (f.)
  confidence
earrach: *an* t-earrach, *an* earraich, *na* h-earraich (m.)
  spring
earrann: *an* earrann, *na* h-earrainn, *na* h-earrannan (f.)
  portion, section, unit

eireag

eas: *an* eas, *na* h-easa, *na* h-easan (f.)
  waterfall
easag: *an* easag, *na* h-easaige, *na* h-easagan (f.)
  pheasant
easaontachd: *an* easaontachd, *na* h-easaontachd (f.)
  disagreement, discord
easbuig: *an* t-easbuig, *an* easbuig, *na* h-easbuigean (m.)
  bishop
easgaidh, *nas* easgaidhe (adj.)
  1 energetic, 2 obliging
easgann: *an* easgann, *na* h-easgainn, *na* h-easgannan (f.)
  eel
eathar: *an* eathar, *na* h-eathar, *na* h-eathraichean (f.)
  small boat
eatorra (See eadarainn)
  between them
éibhinn, *nas* éibhinne (adj.)
  happy, funny
eibhleag: *an* eibhleag, *na* h-eibhleige, *na* h-eibhleagan (f.)
  ember
eideadh: *an* t-eideadh, *an* eididh (m.)
  dress
eifeachdach, *nas* eifichdiche (adj.)
  effective
éigh, ag igéheach (v.)
  shout
eiginn: *an* eiginn, *na* h-eiginn (f.)
  difficulty, distress, crisis
eile (adj.)
  other, else
eilean: *an* t-eilean, *an* eilein, *na* h-eileanan (m.)
  island
eilid: *an* eilid, *na* h-eilde, *na* h-eildean (f.)
  hind
eilthireach: *an* t-eilthireach, *an* eilthirich, *na* h-eilthirich (m.)
  emigrant
eireachdail, *nas* eireachdaile (adj.)
  beautiful, handsome
eireag: *an* eireag, *na* h-eireige, *na*

eireag

h-eireagan (f.)
  pullet
éirich, ag éirigh (v.)
  arise
éisd, ag éisdeachd (ri) (v.)
  listen (to)
eisimpleir: *an t-*eisimpleir, *an* eisimpleir, *na h-*eisimpleirean (m.)
  example
eòlach, *nas* eòlaiche (air) (adj.)
  aware (of), acquainted (with)
eòlas: *an t-*eòlas, *an* eòlais (m.)
  knowledge
eòrna: *an* eòrna, *na h-*eòrna (f.)
  barley
eubh, ag eubhachd (v.)
  shout
euchd: *an* euchd, *na h-*euchd, *na h-*euchdan (f.)
  feat, exploit
eu-coltach, *nas* eu-coltaiche (ri) (adj.)
  dissimilar (to)
eucoir: *an* eucoir, *na h-*eucorach, *na h-*eucoirean (f.)
  injustice, wrong
eu-comasach, *nas* eu-comasaiche (adj.)
  incapable, impossible
is eudar dhomh (+ verbal n.)
  I must, I have to
    e.g. **Is eudar dhomh coiseachd dhachaidh**
      I must walk home
    Is eudar dhomh sin a dheanamh
      I must do that
m' eudail (f.) (voc.)
  my darling (of a child)
as eugmhais (+ gen.) (prep.)
  without
eun: *an t-*eun, *an* eoin, *na h-*eoin (m.)
  bird
eunlaith: *an* eunlaith, *na h-*eunlaithe (f.)
  bird-flock

F

fàbharach, *nas* fàbharaiche (adj.)
  favourable

faigh

faca (dep. form of p.t. See App.: **faic**)
  saw
facal: *am* facal, *an* fhacail, *na* faclan (m.)
  word
faclair: *am* faclair, *an* fhaclair, *na* faclairean (m.)
  vocabulary, dictionary
fad: *am* fad, *an* fhaid (m.)
  length
fad air falbh
  far away
fad an latha (See **fad**)
  all day long
fad na h-oidhche
  all night long
fad as
  afar off
fad an t-samhraidh
  all summer long
fad na tìde
  all the time
air fad
  altogether, completely
    e.g. **an Alba air fad**
      in all Scotland
am fad (adv.)
  in length
de cho fad 's a . . . (+ indep. form of v.)
  how long?
fada, *nas* fhaide (adj.)
  long, far
fadalach, *nas* fadalaiche (adj.)
  late (for an appointment)
fàg, a' fàgail (v.)
  leave
faic, a' faicinn (Irr. v. See App.: **faic**)
  see
faicilleach, *nas* faicilliche (adj.)
  careful
fàidh: *am* fàidh, *an* fhàidh, *na* fàidhean (m.)
  prophet
faigh, a' faighinn AND a' faotainn (Irr. v. See App.: **faigh**)
  get, find

28

faighnich, a' faighneachd (de) (v.)
ask (a question)
e.g. **Dh fhaighnich e de Mhàiri an robh i deiseil**
He asked Mary if she was ready

fàile: *am* **fàile,** *an* **fhàile,** *na* **fàilean** (m.)
scent, smell

faileas: *am* **faileas,** *an* **fhaileis,** *na* **faileasan** (m.)
shadow

fàilte: *an* **fhàilte,** *na* **fàilte,** *na* **fàiltean** (f.)
welcome

faing: *an* **fhaing,** *na* **fainge,** *na* **faingean** (f.)
fank

fàinne: *am* **fàinne,** *an* **fhàinne,** *na* **fàinnean** (m.)
ring

fairge: *an* **fhairge,** *na* **fairge,** *na* **fairgean** (f.)
sea

fairich, a' faireachdainn (v.)
feel

faisg air (+ dat.) (prep.)
near

faisg, *nas* **fhaisge (adj.)**
near

fàl: *am* **fàl,** *an* **fhàil,** *na* **fàil** (m.)
grass edge

falach-fead (m.)
hide and seek

falaich, a' falach (v.)
hide

falamh, *nas* **falaimhe (adj.)**
empty

falamhaich, a' falamhachadh (v.)
empty

falbh, a' falbh (v.)
go

air falbh
away

fallain, *nas* **fallaine (adj.)**
healthy

fallus: *am* **fallus,** *an* **fhalluis** (m.)
sweat

falt: *am* **falt,** *an* **fhuilt** (m.)
hair

famh: *am* **famh,** *an* **fhaimh,** *na* **famhan** (m.)
mole

famhair: *am* **famhair,** *an* **fhamhair,** *na* **famhairean** (m.)
giant

fan, a' fantainn (v.)
remain, stay

fann, *nas* **fainne (adj.)**
weak

faobhar: *am* **faobhar,** *an* **fhaobhair,** *na* **faobharan** (m.)
sharpness

faochadh: *am* **faochadh,** *an* **fhaochaidh** (m.)
relief

faodaidh (+ v.n.) (defective v.)
may (be allowed to)
e.g. **Faodaidh tu seinn**
You may sing
Faodaidh tu sin a dheanamh
You may do that

chan fhaod (+ v.n.)
may not

faoileag: *an* **fhaoileag,** *na* **faoileige,** *na* **faoileagan** (f.)
seagull

am **Faoilteach,** *an* **Fhaoiltich** (m.)
January

faoin, *nas* **faoine (adj.)**
silly

faotainn (See faigh)
getting, finding

far an (+ dep. form of v.) (adv.)
where (not a question)

faradh: *am* **faradh,** *an* **fharaidh,** *na* **faraidhean** (m.)
fare

fàradh: *am* **fàradh,** *an* **fhàraidh,** *na* **fàraidhean** (m.)
ladder

faramach, *nas* **faramaiche (adj.)**
noisy

farmad: *am* **farmad,** *an* **fharmaid** (m.)
envy

gabh farmad ri (+ dat.) (v.) (See

gabh farmad   **féith**

gabh)
: envy (v.)

farsaing, *nas* **farsainge** (adj.)
: wide

fàs, a' fàs (v.)
: grow

fàsach: *an* fhàsach, *na* fàsaich, *na* fàsaichean (f.)
: desert

fasan: *am* fasan, *an* fhasain, *na* fasanan (m.)
: fashion

fasanta, *nas* **fasanta** (adj.)
: fashionable

fasdaidh, a' fasdadh (v.)
: hire

fasgach, *nas* **fasgaiche** (adj.)
: sheltered

fasgadh: *am* fasgadh, *an* fhasgaidh, *na* fasgaidhean (m.)
: shelter

feadaireachd: *an* fheadaireachd, *na* feadaireachd (m.)
: whistling

feadan: *am* feadan, *an* fheadain, *na* feadain (m.)
: chanter

air feadh (+ gen.) (prep.)
: throughout

feadhainn: *an* fheadhainn, *na* feadhna (f.)
: some (people or hings)

feadhainn ... feadhainn eile
: some ... others ...

fealla-dha (f.)
: joking, playing the fool

feallsanach: *am* feallsanach, *an* fheallsanaich, *na* feallsanaich (m.)
: philosopher

feallsanachd: *an* fheallsanachd, *na* feallsanachd (f.)
: philosophy

feamainn: *an* fheamainn, *na* feamann (f.)
: sea-weed

feannag: *an* fheannag, *na* feannaige, *na* feannagan (f.)
: 1 crow, 2 lazy bed

feanntag: *an* fheanntag, *na* feanntaige, *na* feanntagan (f.)
: nettle

fear: *am* fear, *an* fhir, *na* fir (m.)
: person, one thing (m.)

fear na bainnse (m.) (See fear)
: bridegroom

fear na cathrach (m.) (See fear)
: chairman

fear-deasachaidh (m.) (See fear)
: editor

fear-gnothaich (m.) (See fear)
: business man

fear-labhairt (m.) (See fear)
: spokesman

fear-lagha: (m.) (See fear)
: lawyer

fear-stiuiridh (m.) (See fear)
: director

fear-teagaisg (m.) (See fear)
: teacher (male)

fear mu seach
: one (m.) at a time

fearann: *am* fearann, *an* fhearainn, *na* fearainn (m.)
: land

fearg: *an* fhearg, *na* feirge, *na* feargan (f.)
: anger

am feasd (adv.)
: forever, ever

feasgar: *am* feasgar, *an* fheasgair, *na* feasgairean (m.)
: evening

feath: *am* feath, *an* fheatha (m.)
: calm (weather)

féileadh: *am* féileadh, *an* fhéilidh, *na* féilidhean (m.)
: kilt

féill: *an* fhéill, *na* féille, *na* féilltean (f.)
: market

féin-riaghladh: *am* féin-riaghladh, *an* fhéin-riaghlaidh (m.)
: self government, independence (political)

féith: *an* fhéith, *na* féithe, *na* féithean (f.)
: sinew

feith, a' feitheamh (ri) (v.)
   wait (for)
feòil: *an* fheòil, *na* feòla (f.)
   meat
feòrag: *an* fheòrag, *na* feòraige, *na* feòragan (f.)
   squirrel
feòraich, a' feòrach (de) (v.)
   enquire (of), ask.
feuch, a' feuchainn (v.)
   try
Feuch!
   Look! Behold!
feuch ri (+ dat.) (v.)
   compete with
feum: *am* feum, *an* fheuma, *na* feuman (m.)
   need, use
feumach, *nas* feumaiche (adj.)
   needy
feumach, *nas* feumaiche air (adj.)
   in need of
      e.g. feumach air biadh
         in need of food
feumaidh (+ verbal n.) (defect. v.)
   must, have to
      e.g. **Feumaidh mi falbh**
         I must go
      Feumaidh mi biadh a cheannach
         I must buy food
feumail, *nas* feumaile (adj.)
   useful, necessary
feur: *am* feur, *an* fheòir (m.)
   grass
feuraich, a' feurach (v.)
   graze
feusag: *an* fheusag, *na* feusaige, *na* feusagan (f.)
   beard
fhathast (adv.)
   yet
fhein (pron.) (used after n. & pron.)
   self, selves
is (fh)eudar dhomh (See eudar)
   I must
fhuair (p.t. See App.: faigh)
   got

fiabhrus: *am* fiabhrus, *an* fiabhruis, *na* fiabhrusan (m.)
   fever
fiacail: *an* fhiacail, *na* fiacla, *na* fiaclan (f.)
   tooth
fiach: *am* fiach, *an* fhéich, *na* fiachan (m.)
   value, worth
fiadh: *am* fiadh, *an* fhéidh, *na* féidh (m.)
   deer
fiadhaich, *nas* fiadhaiche (adj.)
   wild
fialaidh, *nas* fialaidhe (adj.)
   generous
fianais: *an* fhianais, *na* fianais, *na* fianaisean (f.)
   witness, testimony
fichead (+ sing. n.) (adj.)
   twenty
ficheadamh (adj.)
   twentieth
fidheall: *an* fhidheall, *na* fìdhle, *na* fìdhlean (f.)
   fiddle
figh, a' fighe (v.)
   knit
fileanta, *nas* fileanta (adj.)
   fluent
fiodh: *am* fiodh, *an* fhiodha, *na* fiodhan (m.)
   timber
fion: *am* fion, *an* fhiona, *na* fionan (m.)
   wine
fionnar, *nas* fionnaire (adj.)
   cool
fior, *nas* fiora (adj.)
   true, genuine
fios: *am* fios, *an* fhiosa, *na* fiosan (m.)
   1 knowledge, 2 news
tha fios agam air (+ dat.)
   I know
fiosaiche: *am* fiosaiche, *an* fhiosaiche, *na* fiosaichean (m.)
   prophet
fiosrach, *nas* fiosraiche (adj.)
   informed

fiosrachadh

fiosrachadh: *am* fiosrachadh, *an* fhiosrachaidh (m.)
   information
fìrinn: *an* fhìrinn, *na* fìrinne (f.)
   truth
fitheach: *am* fitheach, *an* fhithich, *na* fithich (m.)
   raven
fiù (adv.)
   even
fliuch, *nas* fliche (adj.)
   wet
flùr: *am* flùr, *an* fhlùir, *na* flùraichean (m.)
   1 flower, 2 flour
fo (+ asp. + dat.) (prep.)
   under
fodar: *am* fodar, *an* fhodair (m.)
   fodder
fodha (adv.)
   under
rach fodha (See App.: rach) (v.)
   sink (intrans.)
fodham (prep. pron. from fo)
   fodham   under me
   fodhad   under you (sing.)
   fodha   under him, it (m.)
   foidhpe   under her. it (f.)
   fodhainn under us
   fodhaibh under you (pl.)
   fodhpa   under them
foghainn, a' foghnadh (v.)
   suffice
foghlum: *am* foghlum, *an* fhoghluim (m.)
   education
foghar: *am* foghar, *an* fhoghair, *na* fogharan (m.)
   autumn
foghluimte, *nas* foghluimte (adj.)
   learned
foghnan: *am* foghnan, *an* fhoghnain, *na* foghnanan (m.)
   thistle
foidhpe (See fodham)
   under her, it (f.)
foighidneach, *nas* foighidniche (adj.)
   patient

freagairt

foighidinn: *an* fhoighidinn, *na* foighidinn (f)
   patience
foighnich, a' foighneachd (de) (v)
   ask (a question)
foill: *an* fhoill, *na* foille, *na* foilltean (f.)
   trick
foillseachadh: *am* foillseachadh, *an* fhoillseachaidh, *na* foillseachaidh (m.)
   publication
foillsich, a' foillseachadh (v.)
   publish
foillseachair: *am* foillseachair, *an* fhoillseachair, *na* foillseachairean (m.)
   publisher
fòirneart: *am* fòirneart, *an* fhòirneirt (m)
   oppression, violence
fois: *an* fhois, *na* foise (f.)
   peace, tranquility
am follais (adv.)
   clear, evident (Lit. in clearness)
   e.g. Thig e am follais
         It will come to light
follaiseach, *nas* follaisiche (adj.)
   obvious
fonn: *am* fonn, *an* fhuinn, *na* fuinn (m.)
   tune
fonnmhor, *nas* fonnmhoire (adj.)
   melodious
fosgail, a' fosgladh (v.)
   open
fosgailte (p.p.)
   open(ed)
fraoch: *am* fraoch, *an* fhraoich (m.)
   heather
fradharc: *am* fradharc, *an* fhradhairc (m.)
   1 view, 2 eye-sight
fras: *an* fhras, *na* froise, *na* frasan (f.)
   shower
freiceadan: *am* freiceadan, *an* fhreiceadain, *na* freiceadanan (m.)
   guard
freagair, a' freagairt (v.)
   answer
freagairt: *an* fhreagairt, *na* freagairte,

freagairt

na freagairtean (f.)
answer

freagarrach, *nas* freagarraiche (do) (adj.)
suitable (for)

freumh: *am* freumh, *an* fhreumha, *na* freumhaichean (m.)
root

fritheil, a' frithealadh (v.)
serve

frithealadh: *am* frithealadh, *an* fhrithealaidh, *na* fhrithealaidh (m.)
attention, service

frith-rathad: *am* frith-rathad, *an* fhrith-rathaid, *na* frith-rathaidean (m.)
path, track

fròg: *an* fhròg, *na* fròige, *na* frògan (f.)
cranny, hole

fuachd: *am* fuachd, *an* fhuachd, *na* fuachdan (m.)
cold

fuadaich, a' fuadach (v. trans.)
disperse, expel

fuaigheil, a' fuaigheal (v.)
sew

fuaim: *am* fuaim, *an* fhuaime, *na* fuaimean (m.)
noise, sound

fuaimreag: *an* fhuaimreag, *na* fuaimreige, *na* fuaimreagan (f.)
vowel

fuar, *nas* fuaire (adj.)
cold

fuasgail, a' fuasgladh (v.)
1 untie, 2 solve

fuath: *am* fuath, *an* fhuatha (m.)
hatred

fuireachail, *nas* fuireachaile (adj.)
attentive, observant

fuirich, a' fuireach (v.)
stay

fuirich a' fuireach ri (v.)
wait for

fuil: *an* fhuil, *na* fala (f.)
blood

fuiling, a' fulang (v.)
suffer

gàirneileachd

furasda, *nas* furasda AND *nas* fhasa (adj.)
easy

furtachd: *an* fhurtachd, *na* furtachd (f.)
comfort

G

gabh, a' gabhail (v.)
1 take, 2 go

gàbhadh: *an* gàbhadh, a' ghàbhaidh, *na* gàbhaidhean (m.)
danger

gabhaltach, *nas* gabhaltaiche (adj.)
infectious

gach (precedes n.)
each

Gaidhlig: a' Ghaidhlig, *na* Gaidhlige (f.)
Gaelic

Gaidhealach, *nas* Gaidhealaiche (adj.)
Highland

a' Ghaidhealtachd, *na* Gaidhealtachd (gen.) (f.)
the Highlands

gaillean: a' ghaillean, *na* gaillinn, *na* gailleannan (f.)
storm

gainmheach: a' ghainmheach, *na* gainmhich (f.)
sand

gainne: a' ghainne, *na* gainne (f.)
shortage, scarcity

gainnead: a' ghainnead, *na* gainneid (f.)
shortage, scarcity

gàirdean: *an* gàirdean, a' ghàirdein, *na* gàirdeanan (m.)
arm

gàir, a' gàireachdainn (v.)
laugh (v.)

gàire: *an* gàire, a' ghàire, *na* gàirean (m.)
laugh (m.)

dean gàire (See dean)
laugh (v.)

gàirneileachd: a' ghàirneileachd, *na*

33

gàirneileachd (f.)
    gardening
gaisge: *a'* ghaisge, *na* gaisge (f.)
    bravery
gaisgeach: *an* gaisgeach, *a'* ghaisgich, *na* gaisgich (m.)
    hero
galar: *an* galar, *a'* ghalair, *na* galaran (m.)
    disease
Gall: *an* Gall, *a'* Ghoill, *na* Goill (m.)
    Lowlander (of Scotland)
gallda, *nas* gallda (adj.)
    lowland
a' Ghalldachd, *na* Galldachd (gen.) (f.)
    the Lowlands
gamhainn: *an* gamhainn, *a'* ghamhna, *na* gamhna (m.)
    stirk
gamhlas: *an* gamhlas, *a'* ghamhlais (m.)
    hatred
gann, *nas* gainne (adj.)
    scarce
gaol: *an* gaol, *a'* ghaoil (m.)
    love
gaoth: *a'* ghaoth, *na* gaoithe, *na* gaothan (f.)
    wind
gàradh: *an* gàradh, *a'* ghàraidh, *na* gàraidhean (m.)
    garden
garbh, *nas* gairbhe (adj.)
    rough
garg, *nas* gairge (adj.)
    savage, fierce
gas: *an* gas, *a'* ghais (m.)
    gas
gasda, *nas* gasda (adj.)
    handsome, beautiful, fine
gath: *an* gath, *a'* ghatha, *na* gathan (m.)
    1 sting, 2 ray of sunlight
geadh: *an* geadh, *a'* gheòidh, *na* geòidh (m.)
    goose
geal, *nas* gile (adj.)
    white

gealach: *a'* ghealach, *na* gealaich (f.)
    moon
geall, a' gealltainn (v.)
    promise
geall: *an* geall, *a'* ghill, *na* gill (m.)
    promise
gealltanach, *nas* gealltanaiche (adj.)
    promising
gealtach, *nas* gealtaiche (adj.)
    cowardly
gealtair: *an* gealtair, *a'* ghealtair, *na* gealtairean (m.)
    coward
geamair: *an* geamair, *a'* gheamair, *na* geamairean (m.)
    gamekeeper
geamhradh: *an* geamhradh, *a'* gheamhraidh, *na* geamhraidhean (m.)
    winter
geansaidh: *an* geansaidh, *a'* gheansaidh, *na* geansaidhean (m.)
    jersey
gearain, a' gearan (v.)
    complain
geàrr, a' gheàrr *na* gearra, *na* gearran (f.)
    hare
geàrr, a' gearradh (v.)
    cut
geàrr, *nas* giorra (adj.)
    short
an Gearran, *a'* Ghearrain (m.)
    February
geata: *a'* gheata, *na* geata, *na* geataichean (f.)
    gate
géill, a' géilleadh (v.)
    yield
gèola: *a'* ghèola, *na* gèola, *na* gèolaidhean (f.)
    yawl, small boat
geug: *a'* gheug, *na* geige, *na* geugan (f.)
    branch
geur, *nas* geura (adj.)
    sharp
geur-chuiseach, *nas* geur-chuisiche (adj.)
    shrewd, quick-witted

ge b'e air bith (a)
  what(so)ever
ge b'e co (a)
  who(so)ever
ge b'e uair (a)
  whenever
ged a (+ indep. form of v.) (adv.)
  although
gheibh (f.t. See App.: **faigh**)
  will get
a' Ghiblinn, *na* **Giblinne** (f.)
  April
gidheadh (adv.)
  however
gille: *an* **gille**, *a'* **ghille**, *na* **gillean** (m.)
  boy
gin (pron.) (used after neg. & interr. v.)
  anything
ginealach: *an* **ginealach**, *a'* **ghinealaich**, *na* **ginealaich** (m.)
  generation
giomach: *an* **giomach**, *a'* **ghiomaich**, *na* **giomaich** (m.)
  lobster
gionach, *nas* **gionaiche** (adj.)
  greedy
giorraich, *a'* **giorrachadh** (v.)
  shorten, abbreviate, abridge
giùlan: *an* **giùlan**, *a'* **ghiùlain**, *na* **giùlanan** (m.)
  transport
giùlain, *a'* **giùlain** (v.)
  carry
giuthas: *an* **giuthas**, *a'* **ghiuthais**, *na* **giuthais** (m.)
  pine
glac, *a'* **glacadh** (v.)
  catch
glaiste (p.p. of **glas**)
  locked
glag: *an* **glag**, *a'* **ghlaig**, *na* **glaigean** (m.)
  rattle
glan, *nas* **glaine** (adj.)
  clean
glan, *a'* **glanadh** (v.)
  clean
glaodh, *a'* **glaodhaich** (v.)
  shout
glas, *a'* **glasadh** (v.)
  lock
glé (+ asp.)
  very
gleann: *an* **gleann**, *a'* **ghlinne**, *na* **glinn** AND *na* **gleantann** (m.)
  glen
gléidh, *a'* **gléidheadh** (v.)
  keep
gleus, *a'* **gleusadh** (v.)
  tune (e.g. a musical instrument)
gleusda, *nas* **gleusda** (adj.)
  quick witted
glic, *nas* **glice** (adj.)
  wise
gliocas: *an* **gliocas**, *a'* **ghliocais** (m.)
  wisdom
gloine: *a'* **ghloine**, *na* **gloine**, *na* **gloineachan** (f.)
  glass
gluais, *a'* **gluasad** (v.)
  move
glumag: *a'* **ghlumag**, *na* **glumaige**, *na* **glumagan** (f.)
  pool
glùn: *a'* **ghlùn**, *na* **glùine**, *na* **glùinean** (f.)
  knee
gnìomhach, *nas* **gnìomhaiche** (adj.)
  industrious
gnìomhachas: *an* **gnìomhachas**, *a'* **ghnìomhachais** (m.)
  1 activity, 2 industry (factories etc.)
gnog, *a'* **gnogadh** (v.)
  knock
gnogadh: *an* **gnogadh**, *a'* **ghnogaidh**, *na* **gnogaidhean** (m.)
  knocking
gnothach: *an* **gnothach**, *a'* **ghnothaich**, *na* **gnothaichean** (m.)
  business, matter
dean an gnothach (See App.: **rach**)
  be enough
    e.g. **Cha dean sin an gnothach**
      That will not be enough
      (Lit. That will not do the matter)

35

gob: *an* gob, *a'* ghuib, *na* guib (m.)
  beak
gobha: *an* gobha, *a'* ghobha, *na* goibhnean (m.)
  blacksmith
gobhar: *a'* ghobhar, *na* goibhre, *na* goibhrean (f.)
  goat
gobhlachan, *an* gobhlachan, *a'* ghobhlachain, *na* gobhlachain (m.)
  dipper (bird)
goid, a' goid (air) (v.)
  steal (from)
goil, a' goil (v.)
  boil
goileach, *nas* goiliche (adj.)
  boiling
goireasach, *nas* goireasaiche (adj.)
  convenient
goirid, *nas* giorra (adj.)
  short
goirt, *nas* goirte (adj.)
  sore
gòrach, *nas* gòraiche (adj.)
  foolish
gòraiche: *a'* ghòraiche, *na* gòraiche (f.)
  foolishness
gorm, *nas* guirme (adj.)
  blue
grad, *nas* graide (adj.)
  sudden
gràdh: *an* gràdh, *a'* ghràidh (m.)
  love
gràdhach, *nas* gràdhaiche (adj.)
  loving
gràdhaich, a' gràdhachadh (v.)
  love
gràin: *a'* ghràin, *na* gràine (f.)
  hate
gràineag: *a'* ghràineag, *na* gràineig, *na* gràineagan (f.)
  hedgehog
gràmair: *an* gràmair, *a'* ghràmair, *na* gràmairean (m.)
  grammar
gràn: *an* gràn, *a'* ghràin, *na* gràinean (m.)
  grain

grannda, *nas* grannda (adj.)
  ugly
greannach, *nas* greannaiche (adj.)
  wild
greas, a' greasadh (v.)
  hurry
greas ort! (sing.); greas oirbh! (pl.)
  hurry up
greigh: *a'* ghreigh, *na* greighe, *na* greighean (f.)
  herd
greim: *an* greim, *a'* ghreime, *na* greimean (m.)
  1 grip, 2 bite
greimich, a' greimeachadh (v.)
  grasp
greis: *a'* ghreis, *na* greise, *na* greisean (f.)
  while
airson greis
  for a while
greusaiche: *an* greusaiche, *a'* ghreusaiche, *na* greusaichean (m.)
  shoemaker
grian: *a'* ghrian, *na* gréine (f.)
  sun
grianach, *nas* grianaiche (adj.)
  sunny
grinn, *nas* grinne (adj.)
  neat, pretty
grinneal: *an* grinneal, *a'* ghrinneil (m.)
  gravel
griuthach: *a'* ghriuthach, *na* griuthaiche (f.)
  measles
grod, *nas* groide (adj.)
  rotten
gruag: *a'* ghruag, *na* gruaige, *na* gruagan (f.)
  hair
gruagach: *a'* ghruagach, *na* gruagaiche, *na* gruagaichean (f.)
  maiden
gruaidh: *a'* ghruaidh, *na* gruaidhe, *na* gruaidhean (f.)
  cheek
gruaim: *a'* ghruaim, *na* gruaime (f.)
  gloom

gruamach, *nas* gruamaiche (adj.)
gloomy

grùnn: *an* grùnn, *a'* ghrùinn (m.)
crowd

grùnnd: *an* grùnnd, *a'* ghrùnnd, *na* grunnan (m.)
bottom (of the sea)

gruth: *an* gruth, *a'* ghrutha (m.)
crowdy

gu (prep.)
to (a)

gu (before indirect speech) (conj.)
that

gual: *an* gual, *a'* ghuail (m.)
coal

gualann: *a'* ghualann, *na* guailne, *na* guailnean (f.)
shoulder

gucag: *a'* ghucag, *na* gucaige, *na* gucagan (f.)
bubble

gu dearbh
indeed

guga: *an* guga, *a'* ghuga, *na* gugaichean (m.)
gannet

guilbneach: *an* guilbneach, *a'* ghuilbnich, *na* guilbnich (m.)
curlew

guineach, *nas* guiniche (adj.)
keen

gunna: *an* gunna, *a'* ghunna, *na* gunnaichean (m.)
gun

gu léir (adv.)
completely, absolutely

gu leòr (adv.)
1 plenty, 2 enough

gun (before indirect speech) (conj.)
that

gun (+ asp.) (prep.)
without

gunna: *an* gunna, *a'* ghunna, *na* gunnaichean (m.)
gun

gu ruige (prep.)
to, as far as

guth: *an* guth, *a'* ghutha, *na* guthan (m.)
voice

I

i (pro.)
1 she, 2 her, it (f.) (direct object)

iad (pro.)
1 they, 2 them (direct object)

iall: *an* iall, *na* h-éille, *na* h-iallan (f.)
thong

ialtag: *an* ialtag, *na* h-ialtaige, *na* h-ialtagan (f.)
bat

iar: *an* iar (f.)
west

iargalt, *nas* iargalta (adj.)
surly

iarmailt: *an* iarmailt, *na* h-iarmailte (f.)
sky, heavens

iarnaig, ag iarnaigeadh (v.)
iron

iarr, ag iarraidh (air) (v.)
want, ask for
 e.g. Dh'iarr e airgiod air Màiri
  He asked Mary for money

iarunn: *an t-*iarunn, *an* iaruinn (m.)
iron

iasad: *an t-*iasad, *an* iasaid, *na* h-iasadan (m.)
loan

iasg: *an t-*iasg, *an* éisg, *na* h-éisg (m.)
fish

iasgaich, ag iasgach (v.)
fish

iasgair: *an t-*iasgair, *an* iasgair, *na* h-iasgairean (m.)
fisherman

idir (adv.)
at all

ifrinn: *an* ifrinn, *na* h-ifrinn, *na* h-ifrinnean (f.)
hell

ìm: *an t-*ìm, *an* ime (m.)
butter

imich

imich, ag imeachd (v.)
depart

impidh: *an* impidh, *na* h-impidhe, *na* h-impidhean (f.)
exhortation

imrich: *an* imrich, *na* h-imriche, *na* h-imrichean (f.)
removal (of residence)

inbheach, *nas* inbhiche (adj.)
mature, adult

ìne: *an* ìne, *na* h-ìne, *na* h-ìnean (f.)
nail (finger, toe)

inneal: *an t-*inneal, *an* inneil, *na* h-innealan (m.)
instrument, engine

innean: *an t-*innean, *an* innein, *na* h-inneanan (m.)
anvil

innis, ag innseadh (do) (v.)
tell (to)

innleadair: *an t-*innleadair, *an* innleadair, *na* h-innleadairean (m.)
engineer

innleadaireachd: *an* innleadaireachd, *na* h-innleadaireachd (f.)
engineering

innte (See annam)
in it, her (f.)

inntinn: *an* inntinn, *na* h-inntinne, *na* h-inntinnean (f.)
mind

inntinneach, *nas* inntinniche (adj.)
interesting

ioc-shlaint: *an* ioc-shlaint, *na* h-iocshlainte, *na* h-iocshlaintean (f.)
cure

iodhlainn: *an* iodhlainn, *na* h-iodhlainne, *na* h-iodhlainnean (f.)
stackyard

iolach: *an t-*iolach, *an* iolaich, *na* h-iolaich (m.)
loud shout

iolair: *an* iolair, *na* h-iolaire, *na* h-iolairean (f.)
eagle

iomacheist: *an* iomacheist, *na* h-iomacheiste, *na* h-iomacheistean (f.)
anxiety, perplexity

ionnsaigh

fo iomacheist
anxious, worried, perplexed
(Lit. under perplexity)

iomadh (+ sing.) (adj.)
many
e.g. iomadh duine
many men (Lit. many a man)

iomagain: *an* iomagain, *na* h-iomagainne, *na* h-iomagainean (f.)
worry, distress

iomain: *an* iomain, *na* h-iomaine (f.)
shinty

iomair, ag iomramh (v.)
row

iomall: *an t-*iomall, *an* iomaill, *na* h-iomallan (m.)
border, periphery

iomallach, *nas* iomallaiche (adj.)
remote, peripheral

iomlaid: *an* iomlaid, *na* h-iomlaide (f.)
change (money)

iomradh: *an t-*iomradh, *an* iomraidh, *na* h-iomraidhean (m.)
report

ionad: *an t-*ionad, *an* ionaid, *na* h-ionadan (m.)
place

iongantach, *nas* iongantaiche (adj.)
surprising

iongnadh: *an t-*iongnadh, *an* iongnaidh, *na* h-iongnaidhean (m.)
surprise, wonder

Tha iongnadh orm
I am surprised

ionmhas: *an t-*ionmhas, *an* ionmhais, *na* h-ionmhasan (m.)
wealth

ionmholta, *nas* ionmholta (adj.)
praiseworthy

ionndrainn: *an* ionndrainn, *na* h-ionndrainne (f.)
longing

ionndrainn, ag ionndrainn (v.)
long for

ionnsaich, ag ionnsachadh (v.)
learn

ionnsaigh: *an t-*ionnsaigh, *an*

ionnsaigh

ionnsaigh, *na h*-**ionnsaighean (m.)**
  1 attempt, 2 attack
a dh' ionnsaigh (+ gen.) (prep.)
  to, towards
gam ionnsaigh
  (prep. pron. from
  a dh'ionnsaigh)

gad ionnsaigh	to(wards) me
	to(wards) you (sing.)
ga ionnsaigh	to(wards) him, it (m.)
ga h-ionnsaigh	to(wards) her, it (f.)
gar n-ionnsaigh	to(wards) us
gur n-ionnsaigh	to(wards) you (pl.)
gan ionnsaigh	to(wards) them

iosal, *nas* **isle (adj.)**
  low
ire: *an* **ire**, *na h*-**ire (f.)**
  degree, progress
Ard Ire (f.)
  "Higher" (exam)
Ire Chumanta (f.)
  'O' Grade (exam)
iriosal, *nas* **irisle (adj.)**
  humble
irioslachd: *an* **irioslachd**, *na h*-**irioslachd (f.)**
  humility
iris: *an* **iris**, *na h*-**iris**, *na h*-**irisean (f.)**
  1 record (written), 2 magazine, periodical
is (abbr. of **agus**)
  and
is (v.)
  is, are
isbean: *an t*-**isbean**, *an* **isbein**, *na h*-**isbeanan (m.)**
  sausage
isean: *an t*-**isean**, *an* **isein**, *na h*-**iseannan (m.)**
  chicken
ite: *an* **ite**, *na h*-**ite**, *na h*-**itean (f.)**
  feather
itealan: *an t*-**itealan**, *an* **itealain**, *na h*-**itealain (m.)**
  aeroplane

laimhsich

ith, ag itheadh (v.)
  eat
iuchair: *an* **iuchair**, *na h*-**iuchrach**, *na h*-**iuchraichean (f.)**
  key
an t-**Iuchar**, *an* **Iuchair (m.)**
  July

L

là (m.) (See **latha**)
  day
Là a' Bhreitheanais (m.)
  the Day of Judgment
Là na Cruinne (m.)
  the last day
Là-na-Sàbaid (m.)
  Sunday, on Sunday
labhair, a' labhairt (v.)
  speak
lach: *an* **lach**, *na* **lacha**, *na* **lachan (f.)**
  wild duck
lag, *nas* **laige (adj.)**
  weak, feeble
lag-chuiseach, *nas* **lag-chuisiche (adj.)**
  unenterprising
lagan: *an* **lagan**, *an* **lagain**, *na* **laganan (m.)**
  little hollow, little dell
lagh: *an* **lagh**, *an* **lagha**, *na* **laghannan (m.)**
  law
laghach, *nas* **laghaiche (adj.)**
  nice, pretty
laghail, *nas* **laghaile (adj.)**
  legal
làidir, *nas* **làidire** AND *nas* **treasa (adj.)**
  strong
Laidionn (nom.), Laidinn (gen.) (f.)
  Latin
laigh, a' laighe (v.)
  lie (down)
laigse: *an* **laigse**, *na* **laigse**, *na* **laigsean (f.)**
  weakness
laimhsich, a' laimhseachadh (v.)

laimhsich

handle
laimrig: *an* laimrig, *na* laimrige, *na* laimrigean (f.)
   harbour
laimrig-adhair (f.) (See laimrig)
   airport
làir: *an* làir, *na* làire, *na* làirean (f.)
   mare
laithean (See latha)
   days
làmh: *an* làmh, *na* laimhe, *na* làmhan (f.)
   hand
làmh an uachdair
   the upper hand
os laimh (adv.)
   in hand
làmh-sgrìobhaidh (m.) (See làmh)
   handwriting
lampa: *an* lampa, *na* lampa, *na* lampaichean (f.)
   lamp
làn, *nas* làine, (de)
   full (of)
lann: *an* lann, *na* loinne, *na* lannan (f.)
   blade
langanaich: *an* langanaich, *an* langanaich (m.)
   roaring (of deer)
lannaireach, *nas* lannairiche (adj.)
   shining, glittering
lann-leabhraichean: *an* lann-leabhraichean, *na* lainn-leabhraichean, *na* lainn-leabhraichean (f.)
   library
laoch: *an* laoch, *an* laoich, *na* laoich (m.)
   hero, warrior
laochan: *an* laochan, *an* laochain, *na* laochain (m. dim.)
   little hero
laogh: *an* laogh, *an* laoigh, *na* laoigh (m.)
   calf (animal)
laoidh: *an* laoidh, *na* laoidhe, *na* laoidhean (f.)
   hymn

leabhar-iùil

lapach, *nas* lapaiche (adj.)
   awkward, halting
làr: *an* làr, *an* làir, *na* làran (m.)
   floor
làrach, *an* làrach, *na* làraiche, *na* làraichean (f.)
   1 site, 2 ruin
làraidh: *an* làraidh, *na* làraidh, *na* làraidhean (f.)
   lorry
larnamhaireach (adv.)
   the following day
las, a' lasadh (v.)
   light
lasair: *an* lasair, *na* lasrach, *na* lasraichean (f.)
   flame
lasrach, *nas* lasraiche (adj.)
   ablaze
latha: *an* latha, *an* latha, *na* làithean (m.)
   day
latha a bha siud
   once upon a time
Latha na Sàbaid (m.)
   1 Sunday, Sabbath, 2 on Sunday
latha saor (m.)
   holiday
làithean saora (m.) (See latha)
   holidays
làthair: *an* làthair, *na* làthaire (f.)
   presence
an làthair
   present (Lit. in presence)
an làthair (+ gen.) (prep.)
   in the presence of
le (+ dat.)
   1 with (a), 2 by (a) (of an author)
leis (+ art. + dat.)
   1 with (the), 2 by (the) (of an author)
leabag: *an* leabag, *na* leabaige, *na* leabagan (f.)
   flounder
leabhar: *an* leabhar, *an* leabhair, *na* leabhraichean (m.)
   book
leabhar-iùil (m.)

40

leabhar-iùil
  guide book

leac: *an* leac, *na* lice, *na* leacan (f.)
  stone (slab)

leag, a' leagail (v.)
  knock down, fell (i.e. trees)

leam (prep. pron. from le)
leat	with me
leis	with you (sing.)
leatha	with him, it (m.)
leinn	with her, it (f.)
leibh	with us
leotha	with you (pl.)
	with them

leamhan: *an* leamhan, *an* leamhain, *na*

leamhain (m.)
  elm

lean, a' leantainn (v.)
  follow

leanabh: *an* leanabh, *an* leanaibh, *na*

leanaban (m.)
  child

an Leanabh Naomh (m.)
  the Holy Child

leann: *an* leann, *an* leanna, *na*

leanntan (m.)
  beer

leannan: *an* leannan, *na* leannain, *na*

leannanan (f.)
  sweetheart

leabaidh: *an* leabaidh, *na* leapa, *na*

leapannan (f.)
  bed

leas: *an* leas, *an* leas (m.)
  benefit

leig leas (+ infin.) (See **leig**)
  need (i.e. have to)
    e.g. Cha leig thu leas a dhol do'n sgoil
      You need not go to school

leasaich, a' leasachadh (v.)
  repair; improve

leat (See **leam**)
  with you (sing.)

leatha (See **leam**)
  with her, with it (f.)

leathann, *nas* leatha (adj.)
  broad

leasan: *an* leasan, *an* leasain, *na*

leasain (m.)
  lesson

leathad: *an* leathad, *an* leathaid, *na*

leathaidean (m.)
  hillside, slope

leibh (See **leam**)
  with you (pl.)

leig, a' leigeil (le) (v.)
  allow
    e.g. Cha leig e le Mairi sin a dheanamh
      He will not let Mary do that

leig air
  pretend
    e.g. leig sinn oirnn
      we pretended

leig anail (v.)
  rest
    e.g. leig mi m' anail
      I rested

leig air dhearmad (v.)
  neglect
    e.g. Leig e an obair air dhearmad
      he neglected the work

leig leas (v.) (See **leas**)
  need (i.e. have to)

leigheas: *an* leigheas, *an* leighis, *na*

leigheasan (m.)
  cure

léine: *an* léine, *na* léine, *na* léintean (f.)
  shirt

leinn (See **leam**)
  with us

gu léir (adv.)
  completely
    a h-uile duine gu léir
      absolutely everyone

léirsinn: *an* léirsinn, *na* léirsinn (f.)
  eyesight

leis (+ **art.** + **n.**; before **gach**)
  1 with (the) 2 with him, it (m.)

leis cho mór agus a
  considering how much

leisg: *an* leisg, *na* leisge (f.)
  laziness

leisg, *nas* leisge (adj.)
  lazy

leisgeul

leisgeul: *an* leisgeul, *an* leisgeil, *na* leisgeulan (m.)
  apology, excuse

a leithid (de)
  so many, so much, such
  (Lit. the like of)

leòmhann: *an* leòmhann, *an* leòmhainn, *na* leòmhainn (m.)
  lion

leòn, a' leon (v.)
  wound

leònte (p.p.) (See leon)
  wounded

gu leòr
  1 plenty, 2 enough

leotha (See leam)
  with them

leth: *an* leth, *na* leth (f.)
  half

air leth
  1 especially, 2 separately

fa leth
  individually

gu leth (used after the noun)
  and a half
      e.g. tri troighean gu leth
          three and a half feet

leth uair: *an* leth uair, *na* leth uarach, *na* leth uairean (f.)
  half hour

leth uair an deidh (deich)
  half past (ten)

leth-bhreac: *an* leth-bhreac, *an* leth-bhric, *na* leth-bhric (m.)
  copy, duplicate

lethcheann: *an* lethcheann, *an* lethchinn, *na* lethchinn (m.)
  cheek (of the face)

leth cheud (+ sing. n.)
  fifty

leth-chuairt: *an* leth-chuairt, *na* leth-chuairt, *na* leth-chuairtean (f.)
  semi-circle

as leth (+ gen.) (prep.)
  on behalf of

leud: *an* leud, *an* leòid, *na* leudan (m.)
  breadth

leudaich, a' leudachadh (v.)
  enlarge

liùdhag

leugh, a' leughadh (v.)
  read

leum, a' leum (v.)
  jump

leum: *an* leum, *na* leuma, *na* leuman (f.)
  jump

leus: *an* leus, *an* leòis (m.)
  light

lianag: *an* lianag, *na* lianaige, *na* lianagan (f.)
  meadow

liath, *nas* léithe (adj.)
  grey

liath dhearg (adj.)
  pink

liath ghorm (adj.)
  light blue

lighiche: *an* lighiche, *an* lighiche, *na* lighichean (m.)
  physician

linn: *an* linn, *an* lìnn, *na* linntean (m.)
  century
      e.g. an t-ochdamh linn deug
          the 18th century

linne: *an* linne, *na* linne, *na* linneachan, AND *na* linntean (f.)
  pool

liomh, a' liomhadh (v.)
  polish

lion: *an* lion, *na* lìn, *na* lìn, AND *na* liontan (f.)
  fishing net

lion, a' lionadh (v.)
  fill

lionmhor, *nas* lionmhoire (adj.)
  plentiful, numerous

lite: *an* lite, *na* lite (f.)
  porridge

litir: *an* litir, *na* litreach, *na* litrichean (f.)
  letter

litreachas: *an* litreachas, *an* litreachais (m.)
  literature

liùdhag: *an* liùdhag, *na* liùdhaige, *na* liùdhagan (f.)
  doll

42

liuthad

liuthad (+ n. sing.)
  many (a)
loch: *an* loch, *an* locha, *na* lochan (m.)
  loch
lòchran: *an* lòchran, *an* lòchrain, *na* lòchrain (m.)
  lantern
loine: *an* loine, *na* loine, *na* loineachan (f.)
  line
lòinidh: *an* lòinidh, *na* lòinidh (f.)
  rheumatism
loisg, a' losgadh (v.)
  burn; fire (a gun)
lom, *nas* luime (adj.)
  bare
loma lan (de) (adj.)
  1 burn, 2 fire (a gun)
lòn: *an* lòn, *an* lòin (m.)
  food, provisions
lòn: *an* lòn, *an* lòin, *na* lòintean (m.)
  meadow
lon-dubh: *an* lon-dubh, *an* loin-duibh, *na* loin-dhubha (m.)
  blackbird
long: *an* long, *na* luinge, *na* longan (f.)
  ship
long-cogaidh (f.) (See long)
  warship
lorg: *an* lorg, *na* luirge, *na* lorgan (f.)
  track, trace
lorg, a' lorg (v.)
  search out, find
lòsan: *an* lòsan, *an* lòsain, *na* lòsain (m.)
  (window) pane
losgann: *an* losgann, *an* losgainn, *na* losgannan (m.)
  toad, frog
leòn, a' leòn (v.)
  wound
lot: *an* lot, *an* lota, *na* lotan (m.)
  wound
lot, a' lotadh (v.)
  wound
luach: *an* luach, *an* luach (m.)
  value
luachair: *an* luachair, *na* luachrach (f.)
  rushes

luchd-ealain

luachmhor, *nas* luachmhoire (adj.)
  valuable
luadhadh: *an* luadhadh, *an* luadhaidh, *na* luadhaidh (m.)
  process of fulling (cloth)
òran-luadhaidh (m.) (See òran)
  waulking song
a luaidh & mo luaidh (voc.)
  my darling
luaidh, a' luaidh (v.)
  praise
luaidh, a' luadhadh (v.)
  full (cloth)
luasgannach, *nas* luasgannaiche (adj.)
  tossing (of waves)
luath, *nas* luaithe (adj.)
  quick, fast
cho luath 's a (+ indep. form of v.)
  as soon as
    e.g. cho luath 's a bha mi deiseil
      as soon as I was ready
luathas: *an* luathas, *an* luathais (m.)
  speed
luaithre: *an* luaithre, *na* luaithre (f.)
  ashes, dust
lùb: *an* lùb, *na* luib, *na* lùban (f.)
  bend
lùb, a' lùbadh (v.)
  bend, stoop
lùbach, *nas* lùbaiche (adj.)
  twisting, bending
luch: *an* luch, *na* lucha, *na* luchan (f.)
  mouse
lùchairt: *an* lùchairt, *an* lùchairte, *na* lùchairtean (f.)
  palace
luchd: *an* luchd, *an* luchda, *na* luchdan (m.)
  load, cargo
luchd: *an* luchd, *an* luchd (m.)
  (usually precedes another noun)
  people
luchd-altruim (m.)
  nurses, nursing profession
luchd-ciùil (m.)
  musicians
luchd-ealain (m.)

luchd-ealain   maith

    artists
luchd-èisdeachd (m.)
    listeners
luchd-lagha
    lawyers, legal profession
luchd-leughaidh (m.)
    readers, readership
luchd-obrach (m.)
    workers, work force
luchd-riaghlaidh (m.)
    rulers, government
luchd-tòrachd (m.)
    pursuers
luchd-turuis (m.)
    tourists
luideag: *an* **luideag,** *na* **luideige,** *na* **luideagan (f.)**
    rag
an **Lùnasdal,** *an* **Lùnasdail (m.)**
    August
lus: *an* **lus,** *an* **luis,** *na* **lusan (m.)**
    plant, vegetable
lùths: *an* **lùths,** *an* **lùiths (m.)**
    strength, power

M

m' (abbr. of **mo**) (+ asp.)
    my
ma (+ indep. form of v. in pres.t.; + rel. fut.)
    if
mac: *am* **mac,** *a'* **mhic,** *na* **mic (m.)**
    son
a h-uile mac mathar
    every Tom, Dick and Harry
    (Lit. every mother's son)
mac-meanma (m.) (See **mac**)
    imagination
mac-talla (m.) (See **mac**)
    echo
a mach (adv.)
    out (involving motion)
machair: *a'* **mhachair,** *na* **machrach,** *na* **machraichean (f.)**
    low lying, fertile plain
a' Mhachair Ghallda (f.)

    The Lowlands (of Scotland)
madadh: *am* **madadh,** *a'* **mhadaidh,** *na* **madaidh (m.)**
    dog
madadh-allaidh (m.) (See **madadh**)
    wolf
madadh-ruadh (m.) (See **madadh**)
    fox
madainn: *a'* **mhadainn,** *na* **maidne,** *na* **madainnean (f.)**
    morning
maide: *am* **maide,** *a'* **mhaide,** *na* **maidean (m.)**
    stick
maigheach: *a'* **mhaigheach,** *na* **maighiche,** *na* **maighichean (f.)**
    hare
Màigh: *a'* **Mhàigh,** *na* **Màighe (f.)**
    May
maighdean: *a'* **mhaighdean,** *na* **maighdinne,** *na* **maighdeanan (f.)**
    maiden
maighstir: *am* **maighstir,** *a'* **mhaighstir,** *na* **maighstirean (m.)**
    master, Mr.
maighstir-sgoile (m.) (See **maighstir**)
    schoolmaster
màileid: *a'* **mhàileid,** *na* **màileide,** *na* **màileidean (f.)**
    bag
maille: *a'* **mhaille,** *na* **maille (f.)**
    delay
maille ri (prep.)
    together with
mair, a' mairsinn (v.)
    exist, last
nach maireann
    (the) late
        e.g. **Ailean Domhnullach nach maireann**
            the late Alan MacDonald
am maireach (adv.)
    tomorrow
maise: *a'* **mhaise,** *na* **maise (f.)**
    beauty
maiseach, *nas* **maisiche (adj.)**
    beautiful
maith, a' mathadh (v.)

maith

forgive

maitheanas: *am* **maitheanais,** *a'* **mhaitheanais** (m.)
pardon, forgiveness

maitheas: *am* **maitheas,** *a'* **mhaitheis** (m.)
goodness

màl: *am* **màl,** *a'* **mhàil,** *na* **màil** (m.)
rent, tax

mala: *a'* **mhala,** *na* **mala,** *na* **malaidhean** (f.)
eye-brow

malairt: *a'* **mhalairt,** *na* **malairt,** *na* **malairtean** (f.)
business, commerce

mallaich, *a'* **mallachadh** (v.)
curse

mall, *nas* **maille** (adj.)
slow

manach: *am* **manach,** *a'* **mhanaich,** *na* **manaich** (m.)
monk

mànran: *am* **mànran,** *a'* **mhànrain,** *na* **mànranan** (m.)
loving talk

maol, *nas* **maoile** (adj.)
bald

maor: *am* **maor,** *a'* **mhaoir,** *na* **maoir** (m.)
official

maorach: *am* **maorach,** *a'* **mhaoraich,** (m. coll.)
shell-fish

mar (adv. & conj.)
as, like, how

mar gu (+ dep. cond. form of v.)
as if

mar is trice
usually

mar sin
thus, like that

agus mar sin air adhart
and so on

mar tha
already

mar thachair
as it happened

marag: *a'* **mharag,** *na* **maraig,** *na* **maragan** (f.)
pudding

marag dhubh (f.)
black pudding

maraiche: *am* **maraiche,** *a'* **mharaiche,** *na* **maraichean** (m.)
sailor, seaman

marbh, *a'* **marbhadh** (v.)
kill

marbh, *nas* **mairbhe** (adj.)
dead

marcaiche: *am* **marcaiche,** *a'* **mharcaiche,** *na* **marcaichean** (m.)
horseman, rider

mart: *am* **mart,** *a'* **mhairt,** *na* **mairt** (m.)
cow

am **Màrt,** *a'* **Mhàirt** (m.)
March

ma's (ma + is)
if . . . is!are

ma's e do thoil e
please (sing.)

ma's e bhur toil e
please (pl.)

màs: *am* **màs,** *a'* **mhàis,** *na* **màsan** (m.)
bottom (anatomical)

màta (adv.)
then (not time)

math: *am* **math,** *a'* **mhaith** (m.)
goodness; produce

is math leam (n. nom.)
I like

math, *nas* **fheàrr** (adj.)
good

gu math (adv.)
well

gu math (adv.)
very, quite
e.g. **gu math laidir**
quite (very) strong

's math a dh' fhaoidte (+ gu + dependent form of v.)
perhaps
e.g. **'s math a dh' fhaoidte gun robh mi ceàrr**
perhaps I was wrong

's mathaid (+ gu + dep. form of v.)
perhaps
e.g. 's mathaid gu bheil thu ceart
perhaps you are right

màthair: *a'* mhàthair, *na* màthar, *na* màthraichean (f.)
mother

màthaireil (adj.)
mother (adj.)
e.g. canain mhathaireil
mother tongue

mathan: *am* mathan, *a'* mhathain, *na* mathanan (m.)
bear

meadhon: *am* meadhon, *a'* mheadhoin, *na* meadhonan (m.)
middle

meadhon-latha (m.)
mid-day

meadhon-oidhche (m.)
midnight

meadhonach, *nas* meadhonaiche (adj.)
1 central, 2 mediocre, middling

meal, a' mealtainn (v.)
enjoy

meala-naidheachd ort (sing.) **oirbh**
meala-naidheachd oirbh (pl.)
congratulations!

meall: *am* meall, *a'* mhill, *na* meallan (m.)
lump, hill

meall, a' mealladh (v.)
deceive

meanbh, *nas* meanbha (adj.)
little

meanbh-chuileag: *a'* mheanbh-chuileag, *na* meanbh-chuileig, *na* meanbh-chuileagan (f.)
midge

meang: *a'* mheang, *na* meanga, *na* meangan (f.)
fault

meanglan: *am* meanglan, *a'* mheanglain, *na* meanglanan (m.)
branch

mearachd: *a'* mhearachd, *na* mearachd, *na* mearachdan (f.)
mistake

meas: *am* meas, *a'* mheasa, *na* measan (m.)
fruit

meas: *am* meas, *a'* mheas (m.)
regard, respect

meas, a' measadh (v.)
regard, respect

measail, *nas* measaile (adj.)
respected, esteemed

measail air (+ dat.)
fond of

am measg (+ gen.) (prep.)
among

measgaich, a' measgachadh (v.)
mix

meata, *nas* meata (adj.)
cowardly, timid

meirle: *a'* mheirle, *na* meirle (f.)
theft

meirleach: *am* meirleach, *a'* mheirlich, *na* meirlich (m.)
thief

meud: *am* meud, *a'* mheud (m.)
size

cia mheud? (See cia)
how many?

meudaich, a' meudachadh (v.)
enlarge, augment

meur: *a'* mheur, *na* meòir, *na* meòir (f.)
1 finger, 2 branch

a mhàin (adv.)
only

fo mhisg
drunk

a mhòin dé
the day before yesterday

mi
1 I, 2 me (direct object)

mi
prefix (+ asp.) which negatives the adjective with which it is compounded
e.g. mi-thoilichte
unhappy

miag, a' miagail (v.)
mew

mial-chù (m.) (See cù)
greyhound, deerhound

mial-eòlas: *am* mial-eòlas, *a'* mhial-eòlais (m.)
 zoology
miann: *am* miann, *a'* mhiann, *na* miannan (m.)
 desire, intention
is miann (leam) (+ n. nom.)
 I like
mic (See mac)
 of a son, sons
mi-cheartas: *am* mi-cheartas, *a'* mhi-cheartais (m.)
 injustice
mi-chliu: *am* mi-chliu, *a'* mhi-chliu (m)
 infamy
mi-chomhfhurtail, *nas* mi-chomhfhurtaile (adj.)
 uncomfortable
mi-fhortan: *am* mi-fhortan, *a'* mhi-fhortain, *na* mi-fhortanan (m.)
 misfortune
mil: *a'* mhil, *na* meala (f.)
 honey
mile: *a'* mhile, *na* mile, *na* miltean (f.)
 mile
mile: *a'* mhile, *na* mile, *na* miltean (f.) (usually in sing.)
 thousand
  e.g. deich mile
   ten thousand
  mile fear
   a thousand people
milis, *nas* milse (adj.)
 sweet
mill, a' milleadh (v.)
 spoil, destroy
millteach, *nas* milltiche (adj.)
 destructive
milsean: *am* milsean, *a'* mhilsein (m.)
 sweets, dessert
mi-mhodhal, *nas* mi-mhodhaile (adj.)
 rude, ill-mannered
min: *a'* mhin, *na* mine (f.)
 meal (for hens)
min-choirce (f.)
 oatmeal
min, *nas* mine (adj.)
 smooth, gentle

(is) minic
 (it is) often
  e.g. Is minic a thachras a leithid sin
   It is often that that sort of thing will happen
mìnich, a' mìneachadh (v.)
 explain
minig (adj.) (See minic)
 frequent, often
ministear: *am* ministear, *a'* mhinisteir, *na* ministearan (m.)
 minister
mi-nadurrach, *nas* mi-nadurraiche (adj.)
 unnatural
mionaid: *a'* mhionaid, *na* mionaide, *na* mionaidean (f.)
 minute
mionaideach, *nas* mionaideiche (adj.)
 1 minute, 2 precise, detailed
mionn: *am* mionn, *a'* mhionna, *na* mionnan (m.)
 oath, curse
mionnaich, a' mionnachadh (v.)
 swear, curse
miorbhaileach, *nas* miorbhailiche (adj.)
 miraculous, marvellous
mios: *am* mios, *a'* mhios, *na* miosan (m.)
 month
mios nam pog (m.)
 (the) honeymoon
miotag: *a'* mhiotag, *na* miotaige, *na* miotagan (f.)
 glove
mir: *am* mìr, *a'* mhìre, *na* mìrean (m.)
 piece, morsel
mir, a' mire (v.)
 frollick, flirt
mire: *a'* mhire, *na* mire (f.)
 mirth
mi-rùn: *am* mi-rùn, *a'* mhi-rùin (m.)
 malice, spite
is misde (2nd comparative of dona)
 is/are the worse of
mise
 I, me (emphatic)

misgeach, *nas* misgiche (adj.)
  drunk
mi-shealbhach, *nas* mi-shealbhaiche (adj.)
  unfortunate
misneach: *a'* mhisneach, *na* misnich (f.)
  courage, encouragement
misneachail, *nas* misneachaile (adj.)
  encouraging
misnich, a' misneachadh (v.)
  encourage
mi-stolda, *nas* mi-stolda (adj.)
  restless, ill-behaved
mi-thaingeil, *nas* mi-thaingeile (adj.)
  ungrateful
mi-thoilichte, *nas* mi-thoilichte (adj.)
  unhappy
mo (+ asp.) (adj.)
  my
moch (adv.)
  early
mòd: *am* mòd, *a'* mhòid, *na* mòdan (m.)
  mod, festival
modhail, *nas* modhaile (adj.)
  polite
mòine: *a'* mhòine, *na* mòna (f.)
  peat
mòinteach: *a'* mhòinteach, *na* mòintich, *na* mòintichean (f.)
  moor
monadh: *am* monadh, *a'* mhonaidh, *na* monaidhean (m.)
  moorland
moit: *a'* mhoit, *na* moite (f.)
  pride
moiteil, *nas* moiteile (le) (adj.)
  proud (of)
mol: *am* mol, *a'* mhoil, *na* molan (m.)
  shingle
mol, a' moladh (v.)
  praise, recommend
mór, *nas* motha (adj.)
  big
cha mhór gu (+ dep. form of v.)
  hardly, scarcely
    e.g. Cha mhór gun do rainig mi an taigh
      I scarcely reached the house
cha mhòr nach (+ dep. form of v.)
  almost
    e.g. Cha mhór nach do rainig mi an taigh
      I almost reached the house
morair: *am* mórair, *a'* mhorair, *na* morairean (m.)
  lord, nobleman
móran, mòrain (m.) (+ gen.)
  (genitive plural is aspirated)
  a lot of, much
    e.g. móran Gàidhlige
      a lot of Gaelic
    móran dhaoine
      many men
mór-chuid: *am* mór-chuid, *a'* mhóir-chuid (m.)
  majority
mothaich, a' mothachadh (v.)
  notice
mosach, *nas* mosaiche (adj.)
  nasty, inhospitable
mu (+ asp.) (prep.)
  about, concerning
mu choinneamh (prep.) (+ gen.)
  opposite
mu chuairt (prep.) (+ gen.)
  around, round about
mu dheas
  in the South
mu dheidhinn (+ gen.)
  concerning
mu dheireadh
  1 at last, lastly, 2 last
    e.g. an t-seachdainn mu dheireadh
      last week
mu dheireadh thall (adv.)
  at long last
mu thimcheall (+ gen.)
  1 around, 2 about, concerning
mu thràth
  already
mu thuath
  in the North
muc: *a'* mhuc, *na* muic, *na* mucan (f.)

muc
  pig

muc-mhara (f.) (See muc)
  whale

muc-fhèoil: *a' mhuc-fheòil, na muc-fheòla* (f.)
  ham

a muigh (adv.)
  outside

muilchinn: *am muilchinn, a' mhuilchinn, na muilchinnean* (m.)
  sleeve

muillean: *am muillean, a' mhuillein, na muilleanan* (m.)
  million

muileann: *a' mhuileann, na muilne, na muiltean* (f.)
  mill

muinchill: *am muinchill, a' mhuinchill, na muinchillean* (m.)
  sleeve

muinntir: *a' mhuinntir, na muinntire* (f. coll.)
  people, inhabitants

muir: *a' mhuir, na mara, na marannan* (f.)
  sea

mulad: *am mulad, a' mhulaid, na muladan* (m.)
  sadness

muladach, *nas* muladaiche (adj.)
  sad

mullach: *am mullach, a' mhullaich, na mullaichean* (m.)
  top

mun (+ dep. form of v.) (conj.)
  before

mun chairt air (+ dat.)
  around

mur(a) (+ dep. form of v. in p.t. + pres.t.; + rel. fut.)
  unless, if . . . not

murt: *am murt, a' mhuirt, na muirt* (m.)
  murder

mus (+ dep. form of v.) (conj.)
  before

N

'n (abbrev. of an) (art.)
  the

na (f. gen.) (art.)
  of the

na (art.)
  the (pl.)

na (rel. pron.)
  all that, that which

na (+ imp.)
  do not . . .

na (See nas)
  than

'na (+ asp.)
  in his, in its (m.)

'na
  in her, in its (f.)

nàbaidh: *an nàbaidh, an nàbaidh, na nàbaidhean* (m.)
  neighbour

na bu (+ asp.)
  used before comp. adj. with verb in past tense
    e.g. **Bha Iain na bu bheartaiche na Seumas**
      John was richer than James

nach (+ dep. form of v.) (adv.)
  aren't? isn't? didn't? haven't? etc.
    e.g. **Nach d' fhuair thu an duais?**
      Didn't you get the prize?
    Nacheil thu deiseil?
      Aren't you ready?

nach (+ dep. form of v.) (neg. rel. pron.)
  who, that, which . . . not
    e.g. **Seo am balach nach robh aig an sgoil**
      This is the boy (who, that) was not at school

nach (+ dep. form of v.) (conj.)
  that . . . not (in reported speech)
    e.g. **Thuirt Mairi nach robh i deiseil**
      Mary said **that** she was **not** ready

'nad (+ asp.)
  in your

nàdur: *an* nàdur, *an* nàduir, *na* nàduir (m.)
nature

nàdurrach, *nas* nàdurraiche (adj.)
natural

na h- (art. nom. & dat. pl. before a vowel)
the
e.g. na h-uinneagan
the windows

na h- (art. gen. sing. f. before a vowel)
of the
e.g. na h-uinneige
of the window

naidheachd: *an* naidheachd, *na* naidheachd, *na* naidheachdan (f.)
news

naimhdeas: *an* naimhdeas, *an* naimhdeis (m.)
enmity, hostility

nàire: *an* nàire, *na* nàire (f.)
shame

Mo nàire!
For shame! Disgraceful!

a nall
hither

nam (art. gen. pl. before b, f, m, p)
of the

'nam (+ asp.)
in my

'nam (before b, f, m, p)
in their

nàmh: *an* nàmh, *an* naimh, *na* naimh (m.)
enemy

nàmhaid: *an* nàmhaid, *an* nàmhad, *na* naimhdean (m.)
enemy

nan (gen. pl.)

nan (art. gen. pl.)
of the

'nan
in their

nan, nam (+ dep. form of v. in pres. t. + p.t.; + rel. fut.) (conj.)
if

naoi
nine

naoidheamh (adj.)
ninth

naoinear (n.)
nine (persons)

naomh: *an* naomh, *an* naoimh, *na* naoimh (m.)
saint

naomh, *nas* naoimhe (adj.)
holy

'nar
in our

nàrach, *nas* nàraiche (adj.)
shameful, disgraceful

nàraich, a' nàrachadh (v.)
insult, affront

nas
particle used before comp. form of adj.
e.g. nas motha
bigger

nas (motha) *na*
(bigger) than
e.g. Tha Iain nas motha na Seumas
Iain is bigger than James

nathair: *an* nathair, *na* nathrach, *na* nathraichean (f.)
snake

-ne
emphatic ending for nouns and pronouns
e.g. oirnn-ne
on us

neach: *an* neach (m.)
person
e.g. neach sam bith
anyone

nead: *an* nead, *an* nid, *na* nid (m.)
nest

neadaich, a' neadachadh (v.)
nest

neamh: *an* neamh, *an* neimh, *na* neamhan (m.)
heaven

neapaicin: *an* neapaicin, *na* neapaicine, *na* neapaicinean (f.)
handkerchief

neart: *an* neart, *an* neirt (m.)
strength

bho neart gu neart
from strength to strength

neartaich, a' neartachadh (v.)
strengthen

neartmhor, *nas* neartmhoire (adj.)
powerful, mighty

neas: *an* neas, *na* neasa, *na* neasan (f.)
weasel

neo (alt. sp. no)
or

air neo
otherwise, or else

neo
prefix (+ asp.) which negatives the adjective with which it is compounded
e.g. neo-chiontach
innocent

neo-abhaisteach, *nas* neo-abhaistiche (adj.)
unusual

neo-chiontach, *nas* neo-chiontaiche (adj.)
innocent, not guilty

neo-chomasach, *nas* neo-chomasaiche (adj.)
incapable, impossible

neo-chumanta, *nas* neo-chumanta (adj.)
uncommon, unusual

neo-chùram: *an* neo-chùram, *an* neo-chùraim (m.)
negligence

neo-dhreuchdail, *nas* neo-dhreuchdaile (adj.)
amateur, non-professional

neo-eiseimeileachd: *an* neo-eiseimeileachd, *na* neo-eiseimeileachd (f.)
independence, self-reliance

neo-fhaicsinneach, *nas* neo-fhaicsinniche (adj.)
invisible

neòinean: *an* neòinean, *an* neòinean, *na* neòineanan (m.)
daisy

neònach, *nas* neònaiche (adj.)
strange, amusing

neul: *an* neul, *an* neòil, *na* neòil (m.)
cloud

ni (fut. t. See App.: dean)
will do, will make

ni: *an* ni, *an* ni, *na* nithean (m.)
thing

an Ni Math (m.)
God

nic (contr. of nighean)
(used in female surnames rendered *Mac* in English)
daughter (of)
e.g. Mairi *Nic*Leoid
Mary MacLeod

nigh, a' nigheadh AND a' nighe (v.)
wash

nighean: *an* nighean, *na* nighinne, *na* naigheanan (f.)
daughter

nimheil, *nas* nimheile (adj.)
poisonous

(a) nios (adv.)
up (from below) i.e. motion upwards

(a) nis (adv.)
now

niuclasach, *nas* niuclasaiche (adj.)
nuclear

no (See neo) (conj.)
or

nobhal: *an* nobhal, *an* nobhail, *na* nobhalan (m.)
novel

nochd, a' nochdadh (v.)
1 show 2 appear

an nochd (adv.)
tonight

nodha (See nuadh)
new

an Nollaig, *na* Nollaige (f.)
Christmas

nòs: *an* nòs, *an* nòis, *na* nòsan (m.)
custom, manner

nota: *an* nota, *an* nota, *na* notaichean (m.)
pound note

nuadh, *nas* nuaidhe (adj.)
  new
nuadhaich, a' nuadhachadh (v.)
  renew, renovate
nuallanaich: *an* nuallanaich, *na* nuallanaich (f.)
  howling, lowing
nuair (& an uair) a (+ indep. form of v.; + rel. fut.)
  when (not a question)
nuair sin
  then
(a) nuas (adv.)
  down (from above)
a null (adv.)
  thither, to there
a null 's a nall
  hither and thither
(a) nunn (adv.)
  thither, to the other side
nupair: *an* nupair, *an* nupair, *na* nupairean (m.)
  spanner
'nur
  in your

O

o (bho) (+ asp. + dat.) (prep.)
  from
òb: *an t-*òb, *an* òba, *na h-*òban (m.)
  bay
obair-lann: *an* obair-lann, *na h-*obair-lainn, *na h-*obair-lannan (f.)
  laboratory
òban: *an t-*òban, *an* òbain, *na h-*òbanan (m.)
  little bay
obair: *an* obair, *na h-*obrach, *na h-*oibrichean (f.)
  work
obann, *nas* obainne (adj.)
  sudden, unexpected
obraich, ag obair (v.)
  work
ochd (adj.)
  eight

ochdamh (adj.)
  eighth
ochdnar (n.)
  eight persons
o chionn (adv. & prep.)
  since, ago
o chionn fhada
  a long time ago, for a long time
o chionn ghoirid
  recently, a short time ago
odhar, *nas* uidhre (adj.)
  dun coloured
òg, *nas* òige (adj.)
  young
*an t-*Òg-mhios, *an* Og-mhiosa (m.)
  June
òganach: *an t-*òganach, *an* òganaich, *na h-*òganaich (m.)
  young man
ogha: *an t-*ogha, *an* ogha, *na h-*oghachan AND *na h-*oghaichean (m.)
  grandchild
oibrich, ag obair (v.)
  work
oibriche: *an t-*oibriche, *an* oibriche, *na h-*oibrichean (m.)
  workman
oidhche: *an* oidhche, *na h-*oidhche, *na h-*oidhcheannan (f.)
  night
Oidhche Shamhna (See an t-Samhainn)
  Hallowe'en
oidhirp: *an* oidhirp, *na h-*oidhirpe, *na h-*oidhirpean (f.)
  attempt, effort
oifis a' phuist (f.) (See oifis)
  post-office
oifigear: *an t-*oifigear, *an* oifigir, *na h-*oifigearan (m.)
  officer, official
oifis: *an* oifis, *na h-*oifis, *na h-*oifisean (f.)
  office
òige: *an* òige, *na h-*òige (f. coll.)
  youth (coll. n.)
òigear: *an t-*òigear, *an* òigeir, *na h-*òigearan (m.)
  young man, youth

òigh: *an* òigh, *na h-*òighe, *na h-*òighean (f.)
  maiden
oighre: *an t-*oighre, *an* oighre, *na h-*oighreachan (m.)
  heir
oighreachd: *an* oighreachd, *na h-*oighreachd, *na h-*oighreachdan (f.)
  1 inheritance, 2 estate (property)
òigridh: *an* òigridh, *na h-*òigridhe (f. coll.)
  young people
oileanach: *an t-*oileanach, *an* oileanaich, *na h-*oileanaich (m.)
  student
oileanaich, ag oileanachadh (v.)
  educate, teach
oillteil, *nas* oillteile (adj.)
  horrible, terrible
oilthigh: *an t-*oilthigh, *an* oilthighe, *na h-*oilthighean (m.)
  university
oir (+ indep. form of v.) (conj.)
  because, for
oir: *an* oir, *na h-*oire, *na h-*oirean (f.)
  edge
oirbh (See orm)
  on you (pl.)
oirleach: *an t-*oirleach, *an* oirlich, *na h-*oirlich (m.)
  inch
oirnn (See orm)
  on us
oirre (See orm)
  on her
oirthir: *an* oirthir, *na h-*oirthire, *na h-*oirthirean (f.)
  coast, border
oiseann: *an* oiseann, *na h-*oisinn, *na h-*oisnean (f.)
  corner
oiteag: *an* oiteag, *na h-*oiteige, *na h-*oiteagan (f.)
  gust of wind
oitir: *an* oitir, *na h-*oitire, *na h-*oitirean (f.)
  bank in the sea
òl, ag òl (v.)
  drink
ola: *an* ola, *na h-*ola, *na h-*olaichean (f.)
  oil
olc: *an t-*olc, *an* uilc, *na h-*uilc (m.)
  evil, wickedness
olc, *nas* miosa (adj.)
  bad, evil
ollamh: *an t-*ollamh, *an* ollaimh, *na h-*ollamhan (m.)
  professor
onfhadh: *an t-*onfhadh, *an* onfhaidh, *na h-*onfhaidhean (m.)
  roaring, rage (of the sea)
onoir: *an* onoir, *na h-*onoire, *na h-*onoirean (f.)
  honour, respect
òr: *an t-*òr, *an* òir (m.)
  gold
òraid: *an* òraid, *na h-*òraide, *na h-*òraidean (f.)
  speech, talk, lecture
òran: *an t-*òran, *an* òrain, *na h-*òrain (m.)
  song
òran-luadhaidh (m.) (See òran)
  waulking song
orainsear: *an t-*orainsear, *an* orainseir, *na h-*orainsearan (m.)
  orange
òrd: *an t-*òrd, *an* uird, *na h-*uird (m.)
  hammer
òrdag: *an* òrdag, *na h-*òrdaige, *na h-*òrdagan (f.)
  thumb
òrdugh: *an t-*òrdugh, *an* òrduigh, *na h-*òrduighean (m.)
  1 order, command, 2 arrangement, 3 Eucharist
(ann) an òrdugh
  in order
òrduich, ag òrdachadh (v.)
  order
orm (prep. pron.)
  from air)   on me
  ort   on you (sing.)
  air   on him, it (m.)
  oirre   on her, it (f.)

oirnn — on us
oirbh — on you (pl.)
orra — on them

osag: *an* osag, *na* h-osaig, *na* h-osagan (f.)
breeze, gust

osann: *an* t-osann, *an* osainn, *na* h-osainn (m.)
sigh

os cionn (+ gen.) (prep.)
above

òsdair: *an* t-òsdair, *an* òsdair, *na* h-òsdairean (m.)
hotelier, inkeeper

os iosal (adv.)
secretly

os laimh (adv.)
in hand

ospadal: *an* t-ospadal, *an* ospadail, *na* h-ospadalan (m.)
hospital

othail: *an* othail, *na* h-othaile, *na* h-othailean (f.)
hubbub, confusion

P

pac: *am* pac, *a'* phaic, *na* pacaichean (m.)
pack

paidhir: *a'* phaidhir, *na* paidhreach, *na* paidhirichean (f.)
pair

pàigh, *a'* pàigheadh (v.)
pay

pailt, *nas* pailte (adj.)
numerous, plentiful

pailteas: *am* pailteas, *a'* phailteis (m.)
plenty, abundance

paipear: *am* paipear, *a'* phaipeir, *na* paipearan (m.)
paper

paiper-naidheachd (m.) (See paipear)
newspaper

pàirc: *a'* phàirc, *na* pàirce, *na* pàircean (f.)
park, field

pàisd: *am* pàisd, *a'* phàisde, *na* pàisdean (m.)
child, infant

paisg, *a'* pasgadh (v.)
fold, wrap

pana: *am* pana, *a'* phana, *na* panaichean (m.)
pan

Pàpanach: *am* Pàpanach, *a'* Phàpanaich, *na* Pàpanaich (m.)
Catholic

pàrant: *am* pàrant, *a'* phàrant, *na* pàrantan (m.)
parent

Parlamaid: *a'* Pharlamaid, *na* Parlamaide (f.)
Parliament

Pàrras (nom.) Pàrrais (gen.) (m.)
paradise, heaven

partan: *am* partan, *a'* phartain, *na* partanan (m.)
crab (green)

pasgan: *am* pasgan, *a'* phasgain, *na* pasganan (m.)
parcel

pathadh: *am* pathadh, *a'* phathaidh (m.)
thirst
 e.g. tha am pathadh orm (ort etc.)
 I (you etc.) are thirsty

peacach: *am* peacach, *a'* pheacaich, *na* peacaich (m.)
sinner

peacadh: *am* peacadh, *a'* pheacaidh, *na* peacaidhean (m.)
sin

peacaich, *a'* peacachadh (v.)
sin

peall: *am* peall, *a'* phill, *na* pillean (m.)
hide (shaggy)

peallach, *nas* peallaiche (adj.)
shaggy

peann: *am* peann, *a'* phìnn, *na* pìnn (m.)
pen

peansachadh: *am* peansachadh, *a'* pheansachaidh, *na* peansachaidh (m.)
punishment

peansail: *am* peansail, *a'* pheansail, *na* peansailean (m.)
  pencil
pearsa: *am* pearsa, *a'* phearsa, *na* pearsannan (m.)
  person
pearsanta, *nas* pearsanta (adj.)
  handsome, of good appearance
gu persanta
  personally
peasair: *a'* pheasair, *na* peasrach, *na* peasraichean (f.)
  pea
peata: *am* peata, *a'* pheata, *na* peatachan (m.)
  pet
peile: *am* peile, *a'* pheile, *na* peilichean (m.)
  pail, bucket
peilear: *am* peilear, *a'* pheileir, *na* peilearan (m.)
  bullet
peitean: *am* peitean, *a'* pheitein, *na* peiteanan (m.)
  jersey, waistcoat
peur: *a'* pheur *na* peura *na* peuran (f.)
  pear
pian: *am* pian, *a'* phein, *na* piantan (m.)
  pain
pìob: *a'* phìob, *na* pìoba, *na* pìoban (f.)
  pipe
pìobaire: *am* pìobaire, *a'* phìobaire, *na* pìobairean (m.)
  piper
pìobaireachd: *a'* phìobaireachd, *na* pìobaireachd (f.)
  piping, pipe-music
pìob-mhór: *a'* phìob-mhór, *na* pìoba-móire, *na* pìoban-móra (f.)
  bagpipe
pìos: *am* pìos, *a'* phiosa, *na* pìosan (m.)
  piece, bit
piseach: *a'* phiseach, *na* pisich (f.)
  prosperity, success, improvement
piseag: *a'* phiseag, *na* piseige, *na* piseagan (f.)
  kitten

piuthar: *a'* phiuthar, *na* peathrach, *na* peathraichean (f.)
  sister
piuthar-athar (f.)
  aunt (paternal)
piuthar-chèile (f.)
  sister-in-law
piuthar-màthar (f.)
  aunt (maternal)
plaide: *a'* phlaide, *na* plaide, *na* plaidean (f.)
  blanket
plàigh: *a'* phlàigh, *na* plàighe, *na* plàighean (f.)
  plague
plan: *am* plan, *a'* phlana, *na* planaichean (m.)
  plan
planaid: *a'* phlanaid, *na* planaide, *na* planaidean (f.)
  planet
plaosg: *am* plaosg, *a'* phlaoisg, *na* plaosgan (m.)
  husk, peel
plion: *am* plion, *a'* phlion (m.)
  leer
plosg, *a'* plosgadh (v.)
  1 throb, 2 sigh
plub: *am* plub, *a'* phluba, *na* pluban (m.)
  plop, splosh
plubraich, *nas* plubraiche (adj.)
  gurgling
plumair: *am* plumair, *a'* phlumair, *na* plumairean (m.)
  plumber
poca: *am* poca, *a'* phoca, *na* pocannan (m.)
  sack, pack
pòcaid: *a'* phòcaid, *na* pòcaide, *na* pòcaidean (f.)
  pocket
pòcaid-broillich (f.) (See pocaid)
  breast pocket
pòg, *a'* pògadh (v.)
  kiss
pòg: *a'* phòg, *na* pòige, *na* pògan (f.)
  kiss

poit: *a'* phoit, *na* poite, *na* poitean (f.)
  pot
polasman: *am* polasman, *a'*
pholasmain, *na* polasmanan (m.)
  policeman
politiceach, *nas* politiciche (adj.)
  political
poll: *am* poll, *a'* phuill, *na* puill (m.)
  mud, pool
pònair: *a'* phònair, *na* pònarach (f.)
  (coll. n.)
  beans
pong: *am* pong, *a'* phuing, *na*
pongan (m.)
  note (of music)
pongail, *nas* pongaile (adj.)
  articulate, eloquent
pòr: *am* pòr, *a'* phòir, *na* pòran (m.)
  seed, crop
port: *am* port, *a'* phuirt, *na*
puirt AND *na* portan (m.)
  port
port-adhair (m.) (See port)
  airport
port: *am* port, *a'* phuirt, *na* puirt
AND *na* portan (m.)
  tune
port-a-beul (m.)
  mouth music
pòs, *a'* pòsadh (v.)
  marry
pòsda (p.p. of pòs)
  married
post: *am* post, *a'* phuist, *na* postan (m.)
  post (postal service)
post, *a'* postadh (v.)
  post
posta: *am* posta, *a'* phosta, *na*
postaichean (m.)
  postman
praise: *a'* phraise, *na* praise, *na*
praisean (f.)
  big pot
pràmh: *am* pràmh, *a'* phràimh (m.)
  grief, dejection
fo phràmh
  dejected (Lit. under grief)
preas: *am* preasa, *a'* phreasa, *na*

preasan (m.)
  1 bush, 2 wrinkle
preasa: *am* preasa, *a'* phreasa, *na*
preasachan AND *na* preasan (m.)
  cupboard
preasach, *nas* preasaiche (adj.)
  furrowed, wrinkled
priob, *a'* priobadh (v.)
  wink
priobadh: *am* priobadh, *a'* phriobaidh,
na priobaidhean (m.)
  winking
prioc, *a'* priocadh (v.)
  prick, sting
priomh (adj.) (prefixed to a noun +
asp.)
  prime, chief, first
  e.g. priomh bhaile
    chief town, capital city
priomhair: *am* priomhair, *a'*
phriomhair, *na* priomhairean (m.)
  chief, prime minister
priomh-athair (m.) (See athair)
  forefather
prionnsa: *am* prionnsa, *a'* phrionnsa,
na prionnsachan (m.)
  prince
priosan: *am* priosan, *a'* phriosain, *na*
priosanan (m.)
  prison, jail
priosanach: *am* priosanach, *a'*
phriosanaich, *na* priosanaich (m.)
  prisoner
pris: *a'* phris, *na* prise, *na* prisean (f.)
  price
  e.g. De a' phris a tha e?
    What price is it?
    How much does it cost?
prìseil, *nas* prìseile (adj.)
  valuable, prized, dear
probhaideach, *nas* probhaidiche (adj.)
  profitable
pròis: *a'* phròis, *na* pròise (f.)
  pride, haughtiness
pròiseil, *nas* pròiseile (adj.)
  haughty
pronn, *a'* pronnadh (v.)
  pound, maul

pronnach, *a'* phronnach, *na* pronnaiche (f.)
pulp

pronnasg: *am* pronnasg, *a'* phronnaisg (m.)
sulphur

Pròstanach: *am* Pròstanach, *a'* Phròstanaich, *na* Pròstanaich (m.)
Protestant

pucaid: *a'* phucaid, *na* pucaide, *na* pucaidean (f.)
bucket

pùdar: *am* pùdar, *a'* phùdair (m.)
powder

puinsean: *am* puinsean, *a'* phuinsein, *na* puinseanan (m.)
poison

pùnnd: *am* pùnnd, *a'* phuinnd, *na* puinnd (m.)
pound (weight)

pùnnd Sasunnach (See pùnnd)
pound (sterling)

purpaidh, *nas* purpaidhe (adj.)
purple

put, *a'* putadh (v.)
push, shove

putan: *am* putan, *a'* phutain, *na* putanan (m.)
button

R

rabhadh: *an* rabhadh, *an* rabhaidh, *na* rabhaidh (m.)
warning

racan: *an* racan, *an* racain, *na* racanan (m.)
rake

rach, *a'* dol (Irr. v. See App.: rach)
go

rach + aig + noun + air + infin.
be able
 e.g. Chaidh aig Seumas air a dhol do na buthan
  James was able to go to the shops

rach a dholaidh (See App.: rach)
become spoilt, harmed
 e.g. chaidh mo dholaidh
  I was harmed

rach mu thuath
go north

rach a null thairis (See rach)
go abroad

rachadh (cond. t. of rach)
would go

radan: *an* radan, *an* radain, *na* radain (m.)
rat

rag, *a'* ragadh (v.)
become stiff, numb; chill

rag, *nas* raige (adj.)
stiff

raineach: *an* raineach, *na* rainich, *na* rainich (f.)
fern; bracken (pl.)

rainig (p.t. See App.: ruig)
reached

ràith: *an* ràith, *na* ràithe, *na* ràithean (f.)
season

ràitheachan: *an* ràitheachan, *an* ràitheachain, *na* ràitheachain (m.)
quarterly magazine

ràmh: *an* ràmh, *na* raimh, *na* raimh (m.)
oar

ràn, *a'* rànaich (v.)
cry, roar, shriek

rann: *an* rann, *an* rainn, *na* rannan (m.)
verse (of poetry)

rannsachadh: *an* rannsachadh, *an* rannsachaidh, *na* rannsachaidh (m.)
research, exploring

rannsaich, *a'* rannsachadh (v.)
search, explore

raoir & an raoir (adv.)
last night

raon: *an* raon, *an* raoin, *na* raointean (m.)
field, plain

rapach, *nas* rapaiche (adj.)
filthy, slovenly

rathad: *an* rathad, *an* rathaid, *na*

rathad

rathaidean (m.)
  road
ré (+ gen.) (prep.)
  during
reamhar, *nas* **reamhra** (adj.)
  fat, stout
rédio: *an* rédio, *an* rédio (m.)
  radio
reic, a' reic (v.)
  sell
reiceadair: *an* reiceadair, *an* reiceadair, *na* reiceadairean (m.)
  salesman
réidh, *nas* **réidhe** (adj.)
  level, smooth
a réir (+ gen.) (prep.)
  according to
a réisde (adv.)
  in that case, therefore
reiteachadh: *an* reiteachadh, *an* reiteachaidh, *na* reiteachaidh (m.)
  engagement, betrothal
reothadair: *an* reothadair, *an* reothadair, *na* reothadairean (m.)
  freezer, refrigerator
reothadh: *an* reothadh, *an* reothaidh (m.)
  frost
reothart: *an* reothart, *na* reothairt, *na* reothartan (f.)
  spring-tide
reub, a' reubadh (v.)
  tear, rip
reul: *an* reul, *an* réil, *na* reultan (m.)
  star
reul-eòlas: *an* reul-eòlas, *an* reul-eòlais (m.)
  astronomy
reusanta, *nas* **reusanta** (adj.)
  rational, reasonable
ri (+ dat.)
  to (a)
riadh: *an* riadh, *an* réidh (m.)
  interest (on money)
riaghail, a' riaghladh (v.)
  rule, govern
riaghailt: *an* riaghailt, *na* riaghailte, *na* riaghailtean (f.)
  rule, regulation

rionnach

riaghaltas: *an* riaghaltas, *an* riaghaltais (m.)
  kingdom, government
riaghladh: *an* riaghladh, *an* riaghlaidh, *na* riaghlaidh (m.)
  government
riamh (adv.)
  ever (only of time past)
rian: *an* rian, *an* rian (m.)
  order (arrangement)
as mo rian
  out of my mind, deranged
riaraich, a' riarachadh (v.)
  satisfy
riaraichte (p.p. of riaraich)
  satisfied, satisfactory
riatanach, *nas* **riatanaiche** (adj.)
  necessary
ribhinn: *an* ribhinn, *na* ribhinne, *na* ribhinnean (f.)
  girl, maid (poetic)
ridir: *an* ridir, *an* ridir, *na* ridirean (m.)
  knight
righ: *an* righ, *an* righ, *na* rìghrean (m.)
  king
rinn (p.t. See App.: dean)
  did, made
rinn: *an* rinn, *na* rinne, *na* rinnean (f.)
  promontory, headland
riobach, *nas* **riobaiche** (adj.)
  ragged
riochdaire: *an* riochdaire, *an* riochdaire, *na* riochdairean (m.)
  1 representative, 2 producer (T.V.)
rioghachd: *an* rioghachd, *an* rioghachd, *na* rioghachdan (m.)
  kingdom
rioghaich, a' rioghachadh (v.)
  reign
rioghail, *nas* **rioghaile** (adj.)
  royal, regal
riomhach, *nas* **riomhaiche** (adj.)
  beautiful, elegant
rionnach: *an* rionnach, *an* rionnaich, *na* rionnaich (m.)
  mackerel

rionnag

rionnag: *an* rionnag, *na* rionnaige, *na* rionnagan (f.)
  star

ris (prep.)
  1 to (before article and gach), 2 to him, it (masc.)

ri taobh (+ gen.) (prep.)
  beside

rithe (See rium)
  to her, it (f.)

a rithis(t) (adv.)
  again

rium (prep. pron. from ri)
riut	to me
ris	to you (sing.)
rithe	to him, it (m.)
ruinn	to her, it (f.)
ruibh	to us
riutha	to you (pl.)
	to them

ro (+ asp.) (adv.)
  too

robh (dep. form of bha used after particles)
  was, were

ròcail: *an* ròcail, *na* ròcaile (f.)
  croaking, cawing

ròcais: *an* ròcais, *na* ròcais, *na* ròcaisean (f.)
  crow, rook

roghainn: *an* roghainn, *na* roghainn, *na* roghainnean (f.)
  choice

ròic: *an* ròic, *an* ròic, *na* ròicean (m.)
  banquet, feast

roghnaich, a' roghnachadh (v.)
  choose

roimh (asp. + dat.) (prep.)
  before

roimh-fhios (m.) (See fios)
  foreknowledge

cuir roimh (v.) (See cuir)
  to decide
    e.g. chuir mi romham
      I decided

roimhe (adv.)
  before

rubha

roimh-radh: *an* roimh-radh, *an* roimh-raidh, *na* roimh-radhan (m.)
  preface, introduction (of a book)

roinn, a' roinn (v.)
  divide

roinn: *an* roinn, *na* roinne, *na* roinnean (f.)
  1 share, portion, 2 division, region, department
    e.g. Roinn na Gaidhealtachd
      The Highland Region

romham (prep. pron. from roimh)
romhad	before me
roimhe	before you (sing.)
roimhpe	before him, it (masc.)
romhainn	before her, it (f.)
romhaibh	before us
romhpa	before you (pl.)
	before them

ròn: *an* ròn, *an* ròin, *na* ròin (m.)
  seal (animal)

ròpa: *an* ròpa, *an* ròpa, *na* ròpannan (m.)
  rope

ròs: *an* ròs, *an* ròis, *na* ròsan (m.)
  rose

ros: *an* ros, *an* rois, *na* rosan (m.)
  promontory

rosg: *an* rosg, *an* ruisg, *na* rosgan (m.)
  eyelash

rosg: *an* rosg, *an* roisg, *na* rosgan (m.)
  prose

roth: *an* roth, *an* rotha, *na* rothan (m.)
  wheel

rothair: *an* rothair, *an* rothair, *na* rothairean (m.)
  bicycle

ruadh, *nas* ruaidhe (adj.)
  red, rust-coloured

ruaig: *an* ruaig, *na* ruaige, *na* ruaigean (f.)
  defeat, rout

ruamhair, a' ruamhar (v.)
  dig

rubha: *an* rubha, *an* rubha, *na* rubhan (m.)
  headland, promontory

rud: *an* rud, *an* ruid, *na* rudan (m.)
  thing
rud air chor-eigin (pron.)
  something or other
rudeigin (pron.)
  something
rud sam bith
  anything
rug (p.t. See App.: beir)
  caught, bore
rugadh (p. passive. See App.: beir)
  was born
ruibh (See rium)
  to you (pl.)
ruidhle: *an* ruidhle, *an* ruidhle, *na* ruidhlean (m.)
  reel (dance)
ruig, a' ruigsinn AND a' ruigheachd (v.) (Irr. v. See App. ruig)
  reach, arrive
gu ruige (prep.)
  to, as far as
ruinn (See rium)
  to us
rùisg, a' rùsgadh (v.)
  shear, snip, peel
ruisgte (p. part. of ruisg)
  bare
    e.g. cas-ruisgte
        bare-footed
ruith, a' ruith (v.)
  run
rùm: *an* rùm, *an* rùim, *na* rumannan (m.)
  room
rùm-cadail (m.) (See rum)
  bedroom
rùn: *an* rùn, *an* rùin, *na* rùintean (m.)
  1 secret, 2 intention, 3 love
rùnair: *an* rùnair, *an* rùnair, *na* rùnairean (m.)
  secretary
Rùnair na Stàite (m.) (See rùnair)
  Secretary of State
rùraich, a' rùrach (v.)
  search for

S

's (abbreviation of agus)
  and
's (abbreviation of is)
  is, are
-sa
  emphatic ending for nouns and pronouns
    e.g. thusa
        you (emphatic)
sabaid: *an t-*sabaid, *na* sabaide, *na* sabaidean (f.)
  fight
sabaid, a' sabaid (ri) (v.)
  fight
Sàbaid: *an t-*Sàbaid, *na* Sàbaide, *na* Sàbaidean (f.)
  Sabbath
sàbh: *an* sàbh, *an t-*saibh, *na* saibh AND *na* sàbhan (m.)
  saw
sàbh, a' sàbhadh (v.)
  saw
sàbhail, a' sàbhaladh (v.)
  save
sàbhailte, *nas* sàbhailte (adj.)
  safe, saved
sabhal: *an* sabhal, *an t-*sabhail, *na* saibhlean (m.)
  barn
sabhs: *an* sabhs, *an t-*saibhse, *na* saibhsean (m.)
  sauce, soup
sagart: *an* sagart, *an t-*sagairt, *na* sagairt (m.)
  priest
saighdear: *an* saighdear, *an t-*saighdeir, *na* saighdearan (m.)
  soldier
saighead: *an t-*saighead, *na* saighde, *na* saighdean (f.)
  arrow, dart
sàil: *an t-*sàil, *na* sàile AND *na* sàlach (gen. sing.), *na* sàiltean (f.)
  heel
saillear: *an* saillear, *an t-*sailleir, *na* saillearan (m.)

saillear

salt-cellar
saillte, *nas* **saillte**
  salted, salty
sàl: *an* **sàl**, *an t*-**sàil** (m.)
  salt water, sea
salach, *nas* **salaiche** (adj.)
  dirty
salachar: *an* **salachar**, *an t*-**salachair**, *na* **salacharan** (m.)
  dirt, filth
salaich, **a'** **salachadh** (v.)
  dirty, pollute
salann: *an* **salann**, *an t*-**salainn** (m.)
  salt
salm: *an* **salm**, *an t*-**sailm**, *na* **sailm** (m.)
  psalm
saltraich, **a'** **saltairt** (v.)
  tread
sam bith (used after any noun)
  any
  e.g. **rud sam bith**
    anything
sàmhach, *nas* **sàmhaiche** (adj.)
  quiet, silent
samhail: *an* **samhail**, *an t*-**samhla**, *na* **samhailean** (m.)
  likeness, resemblance
an t-**Samhainn**, *na* **Samhna** (f.)
  November
oidhche Shamhna (f.)
  Hallowe'en
sàmhchair: *an t*-**sàmhchair**, *na* **sàmhchaire** (f.)
  quietness, silence
samhladh: *an* **samhladh**, *an t*-**samhlaidh**, *na* **samhlaidhean** (m.)
  1 simile, metaphor, 2 ghost
samhradh: *an* **samhradh**, *an t*-**samhraidh**, *na* **samhraidhean** (m.)
  summer
-san
  emphatic ending for nouns and pronouns
  e.g. **esan**
    he (emphatic)
sanas: *an* **sanas**, *an t*-**sanais**, *na* **sanasan** (m.)
  notice, warning

sasunnach

sanas-reic (m.) (See **sanas**)
  advertisement
sannt: *an* **sannt**, *an t*-**sannta** (m.)
  greed
sanntach, *nas* **sanntaiche** (adj.)
  greedy
saobh, *nas* **saoibhe** (adj.)
  mad, deranged
saobhaidh: *an* **saobhaidh**, *an t*-**saobhaidh**, *na* **saobhaidhean** (m.)
  den (of animals)
saoghal: *an* **saoghal**, *an t*-**saoghail**, *na* **saoghalan** (m.)
  world
saoil, **a'** **saoilsinn** (v.)
  think
saor: *an* **saor**, *an t*-**saoir**, *na* **saoir** (m.)
  joiner
saor, *nas* **saoire** (adj.)
  1 free (from captivity), 2 cheap
saorsa: *an t*-**saorsa**, *na* **saorsa** (f.)
  freedom, liberty
saothair: *an t*-**saothair**, *na* **saothrach**, *na* **saothraichean** (f.)
  labour, work
saothraich, **a'** **saothrachadh** (v.)
  labour, work
sàr (precedes n. + asp.) (adj.)
  excellent
  e.g. **sàr dhuine**
    an excellent man
sàr (+ asp.) (adv.)
  very
  e.g. **sàr mhath**
    very good
sàraich, **a'** **sàrachadh** (v.)
  vex, harass
an sàs
  1 caught, 2 involved in
sàsaich, **a'** **sàsachadh** (v.)
  satisfy
sàsaichte (p.p. of **sasaich**)
  satisfied
sàsair: *an* **sàsair**, *an t*-**sàsair**, *na* **sàsaran** (m.)
  saucer
Sasunnach: *an* **Sasunnach**, *an t*-**Sasunnaich**, *na* **Sasunnaich** (m.)

Englishman

Sasunnach, *nas* **Sasunnaiche** (adj.)
English

sàth, a' sàthadh (v.)
stab, pierce

-se
emphatic ending for nouns and pronouns
e.g. **sibhse**
you (pl.)

seabhag: *an t-*seabhag, *na* seabhaig, *na* seabhagan (f.)
hawk

seacaid: *an t-*seacaid, *na* seacaide, *na* seacaidean (f.)
jacket

seach (adv.)
1 compared with, in preference to, 2 past, by

seach gu (+ dep. form of verb) (conj.)
since (of reason)

fear mu seach
one at a time

seachad air (+ dat.) (prep.)
past, by
e.g. **Chaidh mi seachad air an taigh**
I went past the house

seachainn, a' seachnadh (v.)
avoid

seachd (adj.)
seven

a seachd (n.)
seven

seachdain: *an t-*seachdain, *na* seachdaine, *na* seachdainean (f.)
week

seachdamh (adj.)
seventh

seachdnar (n.)
seven persons

seadh! (adv.)
yes! uhuh!

seadh: *an* seadh, *an t-*seadha, *na* seadhan (m.)
sense, purpose

seagal: *an* seagal, *an t-*seagail (m.)
rye

sealbh: *an* sealbh, *an t-*sealbh, *na* sealbhan (m.)
1 possession, 2 luck

sealbhach, *nas* sealbhaiche (adj.)
1 prosperous, 2 lucky

sealg: *an t-*sealg, *na* seilge, *na* sealgan (f.)
hunt (n.)

sealgan fala (m.pl.) (See **sealg**)
blood sports

sealg, a' sealg (v.)
hunt

sealgair: *an* sealgair, *an t-*sealgair, *na* sealgairean (m.)
hunter

sealgaireachd: *an t-*sealgaireachd, *na* sealgaireachd (f.)
hunting

seall, a' sealltainn (air) (v.)
look (at)

sealladh: *an* sealladh, *an t-*seallaidh, *na* seallaidhean (m.)
sight, view, scene

sean, *nas* sine (adj.)
old

seanachaidh: *an* seanachaidh, *an t-*seanachaidh, *na* seanachaidhean (m.)
storyteller

seanachas: *an* seanachas, *an t-*seanachais, *na* seanachasan (m.)
tale, conversation

seanagarra, *nas* seanagarra (adj.)
1 old fashioned, 2 wise

seanair: *an* seanair, *an t-*seanair, *na* seanairean (m.)
grandfather

seanalair: *an* seanalair, *an t-*seanalair, *na* seanalairean (m.)
general

seanfhacal: *an* seanfhacal, *an t-*seanfhacail, *na* seanfhaclan (m.)
proverb

seangan: *an* seangan, *an t-*seangain, *na* seangain (m.)
ant

seanmhair: *an t-*seanmhair, *na* seanmhar, *na* seanmhairean (f.)
grandmother

seann (precedes n.; + asp. except when followed by d, t or s)
  old

searbh, *nas* searbha AND nas seirbhe (adj.)
  bitter

searbhadair: *an* searbhadair, *an t-*searbhadair, *na* searbhadairean (m.)
  towel

searbhanta: *an t-*searbhanta, *na* searbhanta, *na* searbhantan (f.)
  servant

searg, a' seargadh (trans. + intrans.)
  dry, wither

searmon: *an* searmon, *an t-*searmoin, *na* searmonan (m.)
  sermon

searmonaich, a' searmonachadh (v.)
  preach

searrach: *an* searrach, *an t-*searraich, *na* searraich (m.)
  foal, colt

searrag: *an t-*searrag, *na* searraige, *na* searragan (f.)
  flask

seas, a' seasamh (v.)
  stand
    e.g. tha mi 'nam sheasamh
         I am standing
         (Lit. I am in my standing)

seasgair, *nas* seasgaire (adj.)
  1 comfortable, snug, 2 weatherproof

seasmhach, *nas* seasmhaiche (adj.)
  lasting, durable

seathair: *an* seathair, *an t-*seathair, *na* seathairean (m.)
  chair

seich: *an t-*seich, *na* seiche, *na* seicheannan (f.)
  hide (of animal)

séid, a' séideadh (v.)
  blow (of the wind)

seilcheag: *an t-*seilcheag, *na* seilcheig, *na* seilcheagan (f.)
  snail, slug

seileach: *an* seileach, *an t-*seilich, *na* seileachan (m.)
  willow

seillean: *an* seillean, *an t-*seillein, *na* seilleanan (m.)
  bee

seillean-dé (m.) (See seillean)
  butterfly

seimh, *nas* seimhe (adj.)
  mild, calm

seinn, a' seinn (v.)
  sing

seinn: *an t-*seinn, *na* seinne (f.)
  singing

seinneadair *an* seinneadair, *an t-*seinneadair, *na* seinneadairean (m.)
  singer

seipeal: *an* seipeal, *an t-*seipeile, *na* seipealan (f.)
  chapel

seirbhis: *an t-*seirbhis, *na* seirbhise, *na* seirbhisean (f.)
  service

seirm, a' seirm (v.)
  ring (e.g. of a bell, telephone)

seisear (m.n.)
  six people

seist: *an* seist, *an t-*seist, *na* seistean (m.)
  chorus (of a song)

seo (pron. & adj.)
  this
    e.g. seo an duine!
         This is the man!
         am baile seo
         this town

(**ann**) **an seo** (adv.)
  here

seòl: *an* seòl, *an t-*siùil, *na* siùil (m.)
  sail

seòl-mara (m.) (See seòl)
  current, tide

seòl, a' seòladh (v.)
  sail

seòladair: *an* seòladair, *an t-*seòladair *na* seòladairean (m.)
  sailor

seòladh: *an* seòladh, *an t-*seòlaidh, *na* seòlaidh (m.)
  address (residence)

seòlta, *nas* seòlta (adj.)

seòlta   sgiorradh

cunning

seòmar: *an* seòmar, *an t-*seòmair, *na* seòmraichean (m.)
   room

seòmar-cadail (m.) (See seòmar)
   bedroom

seòmar-fuirich (m.) (See seòmar)
   waiting room

seòmar-ionnlaid (m.) (See seòmar)
   bathroom

seòmar-suidhe (m.) (See seòmar)
   sitting room

seorsa: *an* seorsa, *an t-*seorsa, *na* seorsachan (m.)
   kind, sort

seud: *an* seud, *an t-*seoid, *na* seudan AND *na* seoid (m.)
   jewel, precious stone

sgadan: *an* sgadan, *an* sgadain, *na* sgadain (m.)
   herring

sgafanta, *nas* sgafanta (adj.)
   diligent, business-like

sgàil: *an* sgàil, *na* sgàile, *na* sgàilean (f.)
   shadow

sgàin, a' sgàineadh (v.)
   burst, split

sgairteil, *nas* sgairteile (adj.)
   brisk, lively

sgamhan: *an* sgamhan, *an* sgamhain, *na* sgamhanan (m.)
   lung

sgaoil, a' sgaoileadh (v.)
   untie, loose, scatter

sgap, a' sgapadh (v.)
   scatter, spread

sgapte (p.p. of sgap)
   scattered

sgarbh: *an* sgarbh, *an* sgairbh, *na* sgairbh (m.)
   cormorant

sgàth: *an* sgàth, *an* sgàtha, *na* sgàthan (m.)
   1 shade, shadow, 2 protection

air sgàth (prep.) (+ gen.)
   for the sake of

sgàthan: *an* sgàthan, *an* sgàthain, *na* sgàthanan (m.)
   mirror

sgeadaich, a' sgeadachadh (v.)
   clothe, dress up

sgealb: *an* sgealb, *na* sgeilbe, *na* sgeilbean (f.)
   chisel

sgeilp: *an* sgeilp, *na* sgeilpe, *na* sgeilpean, AND *na* sgeilpichean (f.)
   shelf

sgeir: *an* sgeir, *na* sgeire, *na* sgeirean (f.)
   skerry, reef

sgeul: *an* sgeul, *na* sgeoil, *na* sgeulan (f.)
   1 story, 2 sign
     e.g. Cha robh sgeul air Iain
           There was no sign of John

sgeulachd: *an* sgeulachd, *na* sgeulachd, *na* sgeulachdan (f.)
   story

sgeulachd ghoirid (f.)
   short story

sgeulaiche: *an* sgeulaiche, *an* sgeulaiche, *na* sgeulaichean (m.)
   storyteller

sgiamhach, *nas* sgiamhaiche (adj.)
   beautiful

sgian: *an* sgian, *na* sgeine, *na* sgianan (f.)
   knife

sgiath: *an* sgiath, *na* sgèithe, *na* sgiathan (f.)
   1 wing, 2 shield (armour)

sgillinn: *an* sgillinn, *na* sgillinne, *na* sgillinnean (f.)
   penny, pence

sgioba: *an* sgioba, *an* sgioba, *na* sgioban (m.)
   crew

sgiobair: *an* sgiobair, *an* sgiobair, *na* sgiobairean (m.)
   skipper

sgiobalta, *nas* sgiobalta (adj.)
   nimble, tidy

sgioblaich, a' sgioblachadh (v.)
   tidy

sgiorradh: *an* sgiorradh, *an* sgiorraidh,

sgiorradh

na sgiorraidhean (m.)
accident

sgiorta: *an* sgiorta, *na* sgiorta, *na* sgiortaichean (f.)
skirt

sgios: *an* sgios, *na* sgios (f.)
fatigue, weariness

sgire: *an* sgire, *na* sgire, *na* sgirean (f.)
parish

sgith, *nas* sgithe (adj.)
tired, weary

sgitheil, *nas* sgitheile (adj.)
tiring

sgleat: *an* sgleat, *na* sgleata, *na* sgleatan (f.)
slate

sgòd: *an* sgòd, *an* sgòid, *na* sgòdan (m.)
piece of cloth

sgoil: *an* sgoil, *na* sgoile, *na* sgoiltean (f.) AND *na* sgoilean
school

sgoilear: *an* sgoilear, *an* sgoileir, *na* sgoilearan (m.)
scholar, pupil

sgoilearachd: *an* sgoilearachd, *na* sgoilearachd (f.)
scholarship, schooling

sgoilt, a' sgoilteadh (v.)
split, cleave

sgoilte (p.p. of sgoilt)
split

sgoinneil, *nas* sgoinneile (adj.)
1 careful, 2 well made, trim

s goltadh: *an* sgoltadh, *an* sgoltaidh, *na* sgoltaidhean (m.)
crack

sgòrnan: *an* sgòrnan, *an* sgòrnain, *na* sgòrnanan (m.)
throat, gullet

sgorr: *an* sgorr, *an* sgorra, *na* sgorran (m.)
pointed rock

sgriachail: *an* sgriachail, *na* sgriachaile, *na* sgriachailean (f.)
screech

sgriob: *an* sgriob, *na* sgrioba, *na* sgrioban (f.)
walk, trip, excursion

sgriob, a' sgriobadh (v.)
scrape

sgriobag: *an* sgriobag, *na* sgriobaig, *na* sgriobagan (f.)
scribble

sgriobh, a' sgriobhadh (v.)
write

sgriobhadair: *an* sgriobhadair, *an* sgriobhadair, *na* sgriobhadairean (m.)
writer

sgriobhaiche: *an* sgriobhaiche, *an* sgriobhaiche, *na* sgriobhaichean (m.)
writer

sgriosail, *nas* sgriosaile (adj.)
pernicious, ruinous

sguab, a' sguabadh (v.)
sweep, brush

sguab: *an* sguab, *na* sguaibe, *na* sguaban (f.)
1 sheaf, 2 broom, brush

sgrùd, a' sgrùdadh (v.)
scrutinise, research

sgrùdadh: *an* sgrùdadh, *an* sgrùdaidh, *na* sgrùdaidhean (m.)
research

sguir, a' sgur (v. intrans.)
stop

shios (adv.)
down below (no movement)

shuas (adv.)
up, above (no movement)

sia (adj.)
six

a sia (noun)
six

siabun: *an* siabun, *an* t-siabuin (m.)
soap

sian: *an* sian, *an* t-sian, *na* siantan (m.)
1 storm, 2 elements (of weather) in pl.

sianar (n.)
six persons

siar (adj.)
west, western

siathamh (adj.)
sixth

sibh (pron.)
you (pl.)
you (sing. polite)
sibhse (pron.)
you (pl. emphatic)
side: *an t*-side, *na* side (f.)
weather
sil, a' sileadh (v.)
drip, pour (of rain)
silidh: *an* silidh, *an t*-silidh (m.)
jam
similear: *an* similear, *an t*-simileir, *na* similearan (m.)
chimney
simplidh, *nas* simplidhe (adj.)
simple
sin (adj. & pron.)
that
 e.g. Am baile sin
  that town
 Sin an duine!
  that is the man!
(ann) an sin (adv.)
there
mar sin (adv.)
thus, so, like that
sin, a' sineadh (v.)
1 stretch, 2 lie at full length
sinn (pron.)
1 we, 2 us (direct object)
sinne (emphatic form of sinn)
we, us
sinnsear: *an* sinnsear, *an t*-sinnsir, *na* sinnsearan (m.)
ancestor, forefather
sinte (p.p. of sin)
stretched
sinteag: *an t*-sinteag, *na* sinteig, *na* sinteagan (f.)
hop, bound, skip
siobhalta, *nas* siobhalta (adj.)
civil, mild (of temperament)
sioda: *an* sioda, *an t*-sioda, *na* siodachan (m.)
silk
siol: *an* siol, *an t*-sil (m.)
1 seed, 2 progeny, descendants
sioman: *an* sioman, *an t*-siomain, *na* siomanan (m.)
straw rope
sion: *an* sion, *an t*-sion, *na* siontan (m.)
something, anything
sionnach: *an* sionnach, *an t*-sionnaich, *na* sionnaich (m.)
fox
sior (adj.)
(always placed before noun or verb + asp.)
continual, perpetual
 e.g. Bha e a' sior fheuchainn
  He was always trying
siorrachd: *an t*-siorrachd, *na* siorrachd, *na* siorrachdan (f.)
county, shire
siorram: *an* siorram, *an t*-siorraim, *na* siorraman (m.)
sheriff
siorramachd: *an t*-siorramachd, *na* siorramachdan (f.)
county, shire
gu siorruidh (adv.)
forever, eternally
sios (adv.)
down (wards)
sir, a' sireadh (v.)
search
sith: *an t*-sith, *na* sithe (f.)
peace
sitheil, *nas* sitheile (adj.)
peaceful
sithiche: *an* sithiche, *an t*-sithiche, *na* sithichean (m.)
fairy
sithionn: *an t*-sithionn, *na* sithne (f.)
venison
sitrich, a' sitrich (v.)
neigh (of a horse)
siubhail, a' siubhal (v.)
travel, roam
siucar: *an* siucar, *an t*-siucair (m.)
sugar
siucairean (m.)
sweets
siud (pron. & adj.)
that
 e.g. Siud am baile

siud

    That is the town
  am baile siud
    that town
(ann) an siud (adv.)
  there
siuthad! (sing.) **siuthadaibh!** (pl.)
(defective v.)
  go on
slàinte: *an t-*slàinte, *na* slàinte (f.)
  health
slàinte mhór!
  good health!
slàn, *nas* **slàine** (adj.)
  healthy
slaod, a' slaodadh (v.)
  drag, pull
slaodach, *nas* slaodaiche (adj.)
  slow
slat: *an t-*slat, *na* slaite, *na* slatan (f.)
  rod
slat-iasgaich (f.) (See slat)
  fishing rod
sleamhnaich, a' sleamhnachadh (v.)
  slide
sleuchd, a' sleuchdadh (v.)
  kneel
sliabh: *an* sliabh, *an t-*sléibh, *na* sléibhtean (m.)
  mountain, slope
sliasaid: *an t-*sliasaid, *na* sléisde, *na* sléisdean (f.)
  thigh
slige: *an t-*slige, *na* slige, *na* sligean (f.)
  shell
sligeanach: *an* sligeanach, *an t-*sligeanaich, *na* sligeanaich (m.)
  tortoise
slighe: *an t-*slighe, *na* slighe, *na* slighean (f.)
  way, route
sliob, a' sliobadh (v.)
  stroke
sliochd: *an* sliochd, *an t-*sliochda (m. coll.)
  offspring, descendants
slisnich, a' slisneadh (v.)
  whittle

smeòrach

sloc: *an* sloc, *an t-*sluic, *na* slocan (m.)
  hollow, pit
sloinneadh: *an* sloinneadh, *an t-*sloinnidh, *na* sloinnidhean (m.)
  patronymic, pedigree
    (method of naming in the
    Highlands, to distinguish
    people with the same
    surname)
  e.g. Fionnlaigh Ailein Sheumais
    Finlay, son of Alan, son of
    James
sluagh: *an* sluagh, *an t-*sluaigh, *na* slòigh (m.)
  people
sluaghairm: *an t-*sluaghairm, *na* sluaghairme, *na* sluaghairmean (f.)
  slogan
sluasaid: *an t-*sluasaid, *na* sluasaide, *na* sluasaidean (f.)
  shovel, spade
slugan: *an* slugan, *an t-*slugain, *na* sluganan (m.)
  throat
sluig, a' slugadh (v.)
  swallow
smachd: *an* smachd, *an* smachd (m.)
  authority
smachdail, *nas* smachdaile (adj.)
  bossy
smal: *an* smal, *an* smail, *na* smail (m.)
  blemish
gun smal
  without spot, spotless
smalan: *an* smalan, *an* smalain, *na* smalain (m.)
  grief, sorrow
smalanach, *nas* smalanaiche (adj.)
  sad, sorrowful
smaoin: *an* smaoin, *na* smaoine, *na* smaointean (f.)
  thought
smaoin(t)ich, a' smaoin(t)eachadh (v.)
  think
smeid, a' smeideadh (ri) (v.)
  wave (to)
smeòrach: *an* smeòrach, *na* smeòraiche, *na* smeòraichean (f.)

smeòrach — somalta

smeòrach
thrush, mavis

smiogaid: *an* smiogaid, *an* smiogaid, *na* smiogaidean (m.)
chin

smoc, a' smocadh (v. trans. & intrans.)
smoke

smuain: *an* smuain, *na* smuaine, *na* smuaintean (f.)
thought

smùid: *an* smùid, *na* smùide (m.)
smoke, fumes

snàgair: *an* snàgair, *an* t-snàgair, *na* snàgairean (m.)
reptile

snàig, a' snàgadh (v.)
crawl, creep

snàmh, a' snàmh (v.)
swim

snasail, *nas* snasaile (adj.)
elegant

snasmhor, *nas* snasmhoire (adj.)
neat, smart, elegant

snàth: *an* snàth, *an* t-snàith, *na* snàithean (m.)
thread, yarn

snàthad: *an* snàthad, *na* snàthaide, *na* snàthadan (f.)
needle

sneachda: *an* sneachda, *an* t-sneachda (m.)
snow

sneip: *an* t-sneip, *na* sneipe, *na* sneipean (f.)
turnip

snìomh, a' snìomh (v.)
spin, wind, (e.g. yarn)

snodha-gaire: *an* snodha-gaire, *an* t-snodha-gaire, *na* snodhan-gaire (m.)
smile

snog, *nas* snoige (adj.)
nice, pretty

snòtaich, a' snòtadh (v.)
sniff

sòbhrach: *an* t-sòbhrach, *na* sòbhraiche, *na* sòbhraichean (f.)
primrose

socair: *an* t-socair, *na* socaire AND *na* socrach (f.)
leisure

Air do shocair!
Take your time!
(Lit. at your leisure)

socair, *nas* socaire (adj.)
gentle, pleasant

socharach, *nas* socharaiche (adj.)
shy

socrach, *nas* socraiche (adj.)
comfortable, easy-going

soilleir, *nas* soilleire (adj.)
bright, clear

soilleireachd: *an* t-soilleireachd, *na* soilleireachd (f.)
clearness, clarity, intelligibility

soillse: *an* t-soillse, *na* soillse, *na* soillsean (f.)
light, flash

soillsich, a' soillseadh (v.)
shine

soirbh, *nas* soirbhe (adj.)
easy

soirbheas: *an* soirbheas, *an* t-soirbheis, *na* soirbheis (m.)
1 fair breeze, 2 prosperity, success

soisgeul: *an* soisgeul, *an* t-soisgeil, *na* soisgeil (m.)
gospel

soisgeulach: *an* soisgeulach, *an* t-soisgeulaich, *na* soisgeulaich (m.)
evangelist

soitheach: *an* soitheach, *an* t-soithich, *na* soithichean (m.)
1 dish, 2 vessel (i.e. ship)

sòlas: *an* sòlas, *an* t-sòlais (m.)
joy, delight

sòlasach, *nas* sòlasaiche (adj.)
content

solta, *nas* solta (adj.)
docile, harmless

solus: *an* solus, *an* t-soluis, *na* soluis (m.)
light

solus an latha
daylight

somalta, *nas* somalta (adj.)
placid, mild

son (m.)
sake
   e.g. **air mo** (**do**, etc.) **shonsa**
     for my (your, etc.) sake

sona, *nas* **sona** (adj.)
happy, content

sonas: *an* **sonas**, *an* **t-sonais** (m.)
happiness, contentment

sònraichte, *nas* **sònraichte** (adj.)
1 special, 2 excellent

gu sònraichte
especially

soraidh: *an* **t-soraidh**, *na* **soraidh** (f.)
farewell
   e.g. Soraidh leat, a ghraidh!
     Farewell to you, my love!

spaid: *an* **spaid**, *na* **spaide**, *na* **spaidean** (f.)
spade

spaideil, *nas* **spaideile** (adj.)
well dressed, over-dressed, dandified

spaidsirich, a' **spaidsearachd** (v.)
strut

spàin: *an* **spàin**, *na* **spàine**, *na* **spàinean** (f.)
spoon

spàirn: *an* **spàirn**, *na* **spàirne** (f.)
effort, force

spàrr: *an* **spàrr**, *an* **spàrra**, *na* **spàrran** (m.)
sparr, joist

spàrr, a' **sparradh** (v.)
thrust, push

speach: *an* **speach**, *na* **speacha**, *na* **speachan** (f.)
wasp

speal: *an* **speal**, *na* **speala**, *na* **spealan** (f.)
scythe

spealg: *an* **spealg**, *na* **speilg**, *na* **spealgan** (f.)
splinter, fragment

spéis: *an* **spéis**, *na* **spéise** (f.)
affection, respect

le mór spéis
with much respect
(subscription to a letter)

speuclairean: *na* **speuclairean**, *nan* **speuclairean** (gen. pl.) (m.)
glasses, spectacles

speur: *an* **speur**, *na* **speura**, *na* **speuran** (f.)
sky, heavens

speurair: *an* **speurair**, *an* **speurair**, *na* **speurairean** (m.)
spaceman

spideag: *an* **spideag**, *na* **spideig**, *na* **spideagan** (f.)
nightingale

spiocach, *nas* **spiocaiche** (adj.)
mean, miserly

spiocaire: *an* **spiocaire**, *an* **spiocaire**, *na* **spiocairean** (m.)
mean character

spion, a' **spionadh** (v. trans.)
tear away

spionnadh: *an* **spionnadh**, *an* **spionnaidh** (m.)
strength, power

spiorad: *an* **spiorad**, *an* **spioraid**, *na* **spioradan** (m.)
spirit

spioradail, *nas* **spioradaile** (adj.)
spiritual

spiris: *an* **spiris**, *na* **spirise**, *na* **spirisean** (f.)
hen roost

spliuchan: *an* **spliuchan**, *an* **spliuchain**, *na* **spliuchanan** (m.)
tobacco pouch

spòg: *an* **spòg**, *na* **spòige**, *na* **spògan** (f.)
paw, claw

sporan: *an* **sporan**, *an* **sporain**, *na* **sporain** (m.)
purse, sporran

spòrs: *an* **spòrs**, *na* **spòrsa** (f.)
sport, fun

spot: *an* **spot**, *an* **spoit**, *na* **spotan** (m.)
spot, stain

spréidh: *an* **spréidh**, *na* **spréidhe** (f.)
cattle

spruileach: *an* **spruileach**, *na* **spruiliche** (f. coll.)
fragments, refuse

spùinn, a' spùinneadh (v.)
    rob
spur: *an* spur, *an* spuir, *na* spuirean (m.)
    claw, talon
sradag: *an t*-sradag, *na* sradaige, *na* sradagan (f.)
    spark
sràid: *an t*-sràid, *na* sràide, *na* sràidean (f.)
    street
srann: *an* srann, *an t*-sranna, *na* srannan (m.)
    snore, snort
srann, a' srannail (v.)
    snore
sreang: *an t*-sreang, *na* sreinge, *na* sreangan (f.)
    string, cord
sreath: *an t*-sreath, *na* sreatha, *na* sreathan (f.)
    1 row, rank, 2 phrase, sentence (grammar)
sreathartaich: *an t*-sreathartaich, *na* sreathartaiche (f.)
    sneezing
srian: *an t*-srian, *na* sreine, *na* sriantan (f.)
    streak
sròn: *an t*-sròn, *na* sròine, *na* sròinean (f.) AND *na* srònan
    nose
srub: *an* srub, *an t*-sruib, *na* sruban (m.)
    spout
sruth: *an* sruth, *an t*-srutha, *na* sruthan (m.)
    stream, current
sruth, a' sruthadh (v.)
    flow
stàbull: *an* stàbull, *an* stàbuill, *na* stàbullan (m.)
    stable
stad, a' stad (v.)
    stop
staid: *an* staid, *na* staide, *na* staidean (f.)
    state, condition
    e.g. (ann) an droch staid
        in a bad state
staidhir: *an* staidhir, *na* staidhreach, *na* staidhrichean (f.)
    stair(s)
a staigh (adv.)
    in(side)
stailc: *an* stailc, *na* stailce, *na* stailcean (f.)
    strike (industrial)
stairsneach: *an* stairsneach, *na* stairsnich, *na* stairsnichean (f.)
    threshold
stàiteil, *nas* stàiteile (adj.)
    stately
stamag: *an* stamag, *na* stamaig, *na* stamagan (f.)
    stomach
stampa: *an* stampa, *na* stampa, *na* stampaichean (m.)
    stamp
staoin: *an* staoin, *na* staoine (f.)
    tin (metal), pewter
starrag: *an* starrag, *na* starraige, *na* starragan (f.)
    hoodie crow
stàt: *an* stàt, *na* stàite, *na* stàtan (f.)
    state (country)
a steach
    inwards, into (motion)
    e.g. Tha e a' dol a steach do'n tigh
        He is going into the house
steall, a' stealladh (v.)
    spout, gush
steàrnan: *an* steàrnan, *an* steàrnain, *na* steàrneanan (m.)
    tern
steidhich, a' steidheachadh (v.)
    establish, found
steidhichte (p.p. of steidhich)
    established
a stigh (alt. sp. of a staigh) (adv.)
    inside
stiùir: *an* stiùir, *na* stiùireach, *na* stiùirean AND *na* stiùirichean (f.)
    rudder
stiùir, a' stiùireadh (v.)

steer, direct, drive (a car)
stiùradair: *an* stiùradair, *an*
stiùradair, *na* stiùradairean (m.)
   helmsman
stocainn: *an* stocainn, *na* stocainne, *na*
stocainnean (f.)
   stocking, sock
stoirm: *an* stoirm, *na* stoirme, *na*
stoirmean (f.)
   storm
stoirmeil, *nas* stoirmeile (adj.)
   stormy
stòr: *an* stòr, *an* stòir, *na* stòir (m.)
   store, plenty
streap, a' streap (v.)
   climb
streapadair: *an* streapadair, *an*
t-streapadair, *na* streapadairean (m.)
   climber
strì: *an* strì, *na* strì (f.)
   strife, struggle
strì, a' strì (v.)
   strive, struggle
strìoch: *an* strìoch, *na* strìocha, *na*
strìochan (f.)
   streak
strùpag: *an* strùpag, *na* strùpaige, *na*
strùpagan (f.)
   cup of tea
stuth: *an* stuth, *an* stuith, *na* stuthan
(m.)
   stuff, material
suaicheantas: *an* suaicheantas, *an*
t-suaicheantais, *na* suaicheantais (m.)
   badge
suain: *an* *t*-suain, *na* suaine (f.)
   slumber, deep sleep
suain, a' suaineadh (v.)
   wrap (with a cord, string, etc.)
suairceas: *an* suairceas, *an* *t*-suairceis
(m.)
   gentleness, politeness
suas (adv.)
   up(wards)
suas ri (+ dat.)
   up to
suath, a' suathadh (ri) (v.)
   wipe, rub (against)

sùbailte, *nas* sùbailte (adj.)
   flexible, supple
sùbh: *an* sùbh, *an* *t*-sùibh, *na* sùbhan
(m.)
   berry
subhach, *nas* subhaiche (adj.)
   happy
sùgradh: *an* sùgradh, *an* *t*-sùgraidh (m.)
   mirth, jollity
suidh, a' suidhe (v.)
   sit
      e.g. tha mi 'nam shuidhe
         I sit, am sitting
         (Lit. I am in my sitting)
suidheachadh: *an* suidheachadh,
t-suidheachaidh, *na* suidheachaidhean
(m.)
   situation
suidheachan: *an* suidheachan, *an*
t-suidheachain, *na* suidheachain (m.)
   seat
suidhich, a' suidheachadh (v.)
   situate, settle
suidhichte (p.p. of suidhich)
   situated
sùil: *an* *t*-sùil, *na* sùla, *na* sùilean (f.)
   eye
sùil air ais (f.) (See sùil)
   revision
suilbhir, *nas* suilbhire (adj.)
   cheerful
suim: *an* *t*-suim, *na* suime, *na*
suimeannan (f.)
   1 sum, 2 respect
suipeir: *an* *t*-suipeir, *na* suipeireach
AND *na* suipeire, *na* suipeirean (f.)
   supper
suiridhe: *an* *t*-suiridhe, *na* suiridhe (f.)
   courting
sùist: *an* *t*-sùist, *na* sùiste, *na* sùistean
(f.)
   flail
sùist, a' sùist (v.)
   thresh
suiteas: *an* suiteas, *an* *t*-suiteis (m.)
   sweet(s)
suith: *an* suith, *an* *t*-suith (m.)
   soot

sùlair: *an* sùlair, *an t-*sùlair, *na*
sùlairean (m.)
  gannet, solan goose
*an t-*Sultainn, *na* Sultainne (f.)
  September
sùnnd: *an* sùnnd, *an t-*sùnnd (m.)
  sprightliness
sùnndach, *nas* sùnndaiche (adj.)
  cheerful, lively
sùrd: *an* sùrd, *an t-*sùird (m.)
  alacrity

T

tachair, a' tachairt (v.)
  happen, occur
tachair, a' tachairt (ri) (v.)
  meet
tachartas: *an* tachartas, *an*
tachartais, *na* tachartasan (m.)
  happening, event, incident,
  occurrence
tadhail, a' tadhal (air) (v.)
  visit
tagh, a' taghadh (v.)
  choose
taghadh: *an* taghadh, *an* taghaidh, *na*
taghaidhean (m.)
  election, choice
tagradh: *an* tagradh, *an* tagraidh, *na*
tagraidhean (m.)
  appeal
taibhse: *an* taibhse, *an* taibhse, *na*
taibhsean (m.)
  ghost
taic: *an* taic, *na* taice (f.)
  prop, support
taigh: *an* taigh, *an* taighe, *na* taighean
(m.)
  house
Taigh nan Cumantan (m.) (See taigh)
  The House of Commons
taigh-dhealbh (m.) (See taigh)
  cinema
taigh-òsda (m.) (See taigh)
  hotel, pub
taigh-samhraidh (m.) (See taigh)
  summer house
taigh-seinnse (m.) (See taigh)
  hotel, pub
taigh-tasgaidh (m.) (See taigh)
  museum
tàillear: *an* tàillear, *an* tàilleir, *na*
tàillearan (m.)
  tailor
taingeil, *nas* taingeile (do) (adj.)
  thankful (to)
tàirneanach: *an* tàirneanach, *an*
tàirneanaich, *na* tàirneanaich (m.)
  thunder
taitneach, *nas* taitniche (adj.)
  pleasant, delightful
tàlaidh, a' tàladh (v.)
  1 entice, 2 soothe
talamh: *an* talamh, *an* talmhainn (m.)
  earth
talla: *an* talla, *na* talla, *na* tallaichean
(f.)
  hall
talmhaidh, *nas* talmhaidhe (adj.)
  worldly
tàmailteach, *nas* tàmailtiche (adj.)
  1 disgraceful, insulting, 2 indignant,
  embarrassed
tàmh, a' tàmh (v.)
  dwell
tana, *nas* taine (adj.)
  thin
taobh: *an* taobh, *an* taobha, *na*
taobhan (m.)
  side
ri taobh (+ gen.) (prep.)
  beside
tapaidh, *nas* tapaidhe (adj.)
  smart, clever
tarag: *an* tarag, *na* taraige, *na*
taragan (f.)
  nail
tarbh: *an* tarbh, *an* tairbh, *na*
tairbh (m.)
  bull
tarraing, a' tarraing (v.)
  pull
tarraing a (+ dat.) (v.)
  tease

tarsainn (+ gen.) (prep.)
across

tasdan: *an* tasdan, *an* tasdain, *na* tasdanan (m.)
shilling

té (f.) (used of a person or thing of f. gender)
one
e.g. an té bheag
the little one (i.e. the little girl)

air teachd
has (have) come
(Lit. after coming)

teachdaire: *an* teachdaire, *an* teachdaire, *na* teachdairean (m.)
messenger

teagaisg, a' teagasg (v.)
teach

teagamh: *an* teagamh, *an* teagaimh, *na* teagamhan (m.)
doubt

gun teagamh
without doubt, doubtless

teagamhach, *nas* teagamhaiche (adj.)
doubtful

teaghlach: *an* teaghlach, *an* teaghlaich, *na* teaghlaichean (m.)
family

teallach: *an* teallach, *na* teallaich, *na* teallaichean (f.)
fire-place

teanga: *an* teanga, *na* teangaidh, *na* teangannan (f.)
tongue

teannaich, a' teannachadh (v.)
tighten, clasp

tearc, *nas* teirce (adj.)
rare

tearuinte, *nas* tearuinte (adj.)
safe

teas: *an* teas, *an* teas (m.)
heat

teich, a' teicheadh (v.)
escape

teine: *an* teine, *an* teine, *na* teintean (m.)
fire

teirinn, a' tearnadh (v.)
descend

teisteanas: *an* teisteanas, *an* teisteanais, *na* teisteanais (m.)
1 testimony, 2 certificate

teth, *nas* teotha (adj.)
hot

tha (v.)
is/are

thainig (p.t. See App. **thig**)
came

thairis (adv.)
over, across, abroad

thairis air (+ dat.) (prep.)
over, across

thall
yonder

thall 's a bhos
here and there

thar (+ asp. + gen.) (prep.)
over, across

tharam (prep. pron.
from thar) over me
tharad over you (sing.)
thairis (air) over him, it (m.)
thairte over her, it (f.)
tharainn over us
tharaibh over you (pl.)
tharta over them

(th)ar leam (defective v.)
I think, I ought
(Lit. it seems to me)

thàrladh (p.t. of a defective v.)
it happened

thàrlas (fut. t. of a defective v.)
will happen

thatar (impersonal passive form of pres. t. of **bi**)
e.g. Thatar a' tuigsinn
It is understood

theab (+ verbal n.) (defective v.)
almost (of accidental happenings)
e.g. theab mi tuiteam
I almost fell

theid (fut. t. See App. **rach**)
will go

their (fut. t. See App. **abair**)
will say

theirear ri (fut. passive See App.: abair)
is called
e.g. Theirear Iain ris
He is called John
(Lit. John will be called to him)

thig, a' tighinn (Irr. v. See App.: thig)
come

thig (fut. t. See App.: thig)
will come

mu thimchioll (+ gen.) (prep.)
1 about, around, 2 concerning

thoir, a' toirt (Irr. v. See App.: thoir)
give take bring

thoir an aire do (v.) (See thoir)
pay attention to

thoir gu buil (See thoir)
bring to fruition

mu thrath (adv.)
already

thu (pron.)
you (sing.)

thug (p.t. See App.: thoir)
gave, took

thugam (prep.
pron. from gu)
thugad — to me
thuige — to you (sing.)
thuice — to him, it (m.)
thugainn — to her, it (f.)
thugaibh — to us
thuca — to you (pl.)
— to them

thuirt (p.t. See App.: abair) +
said

tì: an tì, na tì (f.)
tea

tiamhaidh, nas tiamhaidhe (adj.)
sad

tìde: an tìde, an tìde (m.)
time (period)

tighearna: an tighearna, an tighearna, na tighearnan (m.)
lord (used of Christ)

tilg, a' tilgeil (v.)
throw

till, a' tilleadh (v.)
return

timcheall (adv.)
around, about

timcheall air (+ dat.) (prep.)
1 around, 2 about, concerning

tinn, nas tinne (adj.)
sick

tinneas: an tinneas, an tinneis, na tinneasan (m.)
sickness

tiodhlac: an tiodhlac, an tiodhlaic, na tiodhlaicean (m.)
gift, present

tiodhlaic, a' tiodhlacadh (v.)
bury

tiomnadh: an tiomnadh, an tiomnaidh, na tiomnaidhean (m.)
testament, will

An Seann Tiomnadh (m.)
The Old Testament

An Tiomnadh Nuadh (m.)
The New Testament

tionail, a' tional (v.)
gather, assemble

tionndaidh, a' tionndadh (v.)
turn

tioram, nas tioraime (adj.)
dry

tioramaich, a' tioramachadh (v.)
dry

tìr: an tìr, na tìre, na tìrean (f.)
land

tir-eòlas: an tir-eòlas, an tir-eòlais (m.)
geography

tir-mór: an tir-mór, an tir-mhòir (m.)
mainland

tiugainn (sing.), tiugainnibh (pl.) (defective v.)
come along!

tiugh, nas tighe (adj.)
thick, fat

tlachd: an tlachd, na tlachd (f.)
pleasure, delight

tlachdmhor, nas tlachdmhoire (adj.)
pleasing, delightful

tobar: an tobar, an tobair, na

tobraichean (m.)
well

tobhta: *an* tobhta, *na* tobhta, *na* tobhtaichean (f.)
ruin

tog, a' togail (v.)
1 lift, 2 build

tog, a' togail + orm, ort (etc.) (v.)
set off
   e.g. **Tha mi a' togail orm**
     I am setting off

togail: *an* togail, *na* togalach, *na* toglaichean (f.)
building

is toigh leam + nom. n. or + verbal noun
I like
   e.g. **Is toigh leam Mairi**
     I like Mary
   Is toigh leam iasgach
     I like to fish (i.e. fishing)

toil: *an* toil, *na* toile (f.)
wish

toileachas: *an* toileachas, *an* toileachais (m.)
contentment, willingness

toilichte, *nas* toilichte (adj.)
happy

toil-inntinn: *an* toil-inntinn, *na* toil-inntinne, *na* toil-inntinnean (f.)
enjoyment

toimhseachan: *an* toimhseachan, *an* toimhseachain, *na* toimhseachanan (m.)
riddle

toimhseachan-tarsainn (m.) (See **toimhseachan**)
crossword

an tòir air (+ dat.)
in search of

toirmeasgach, *nas* toirmeasgaiche (adj.)
forbidding, nay-saying

toiseach: *an* toiseach, *an* toisich, *na* toisich (m.)
1 beginning, 2 prow (of a boat)

air thoiseach
at first

tòisich, a' tòiseachadh (air) (v.)
begin

toll: *an* toll, *an* tuill, *na* tuill (m.)
hole

tomadach, *nas* tomadaiche (adj.)
bulky

tombaca: *an* tombaca, *an* tombaca (m.)
tobacco

tomhas: *an* tomhas, *an* tomhais, *na* tomhaisean (m.)
a measure

tomhais, a' tomhas (v.)
1 measure, 2 weigh

tonn: *an* tonn, *an* tuinn, *na* tuinn (m.)
wave

torach, *nas* toraiche (adj.)
productive, fertile

toradh: *an* toradh, *an* toraidh, *na* toraidhean (m.)
produce

torrach, *nas* torraiche (adj.)
pregnant (of women)

tosd: *an* tosd, *an* tosd (m.)
silence

tràigh: *an* tràigh, *na* tràghad, *na* tràighean (f.)
beach

tràill: *an* tràill, *an* tràill, *na* tràillean (m.)
slave

trang, *nas* trainge (adj.)
busy

tràth, *nas* tràithe (adj.)
early

treabh, a' treabhadh (v.)
plough

treallaichean: *na* treallaichean (nom. pl.) (f.)
1 bits and pieces, 2 luggage

treas (adj.)
third

tréig, a' tréigsinn (v.)
forsake

tren: *an* tren, *na* treana, *na* treanachan (f.)
train

treòraich, a' treòrachadh (v.)
guide

treubh: *an* treubh, *na* treubha, *na*

treubh   **tunnag**

treubhan (f.)
  tribe
treun, *nas* **treuna** (adj.)
  brave
tri (adj.)
  three
a tri (n.)
  three
triath: *an* **triath**, *an* **triath**, *na*
triathan (m.)
  lord
Triath nan Eilean
  The Lord of the Isles
tric, *nas* **trice** (adj.)
  frequent
gu tric (adv.)
  often, frequently
mar is trice
  usually
trid (+ gen.) (prep.)
  by means of
triùir (n.)
  three people
trobhad (sing.), **trobhadaibh** (pl.)
(defective v.)
  come here!
tròcaireach, *nas* **tròcairiche** (adj.)
  merciful
trod, a' trod (ri) (v.)
  scold
troigh: *an* **troigh**, *na* **troighe**, *na*
troighean (f.)
  foot (measure)
troimh (+ asp. + dat.)
(prep.)
  through
troimhe (adv.)
  through
trom, *nas* **truime** (adj.)
  heavy
tromham (prep.
pron. from
  troimh)   through me
tromhad   through you (sing.)
troimhe   through him, it (m.)
troimhpe   through her, it (f.)
tromhainn   through us
tromhaibh   through you (pl.)
tromhpa   through them
truas: *an* **truas**, *an* **truais** (m.)
  pity
truasail, *nas* **truasaile** (adj.)
  compassionate
truinnsear: *an* **truinnsear**, *an*
truinnseir, *na* **truinnsearan** (m.)
  plate
tuagh: *an* **tuagh**, *na* **tuaighe**, *na*
tuaghan (f.)
  axe
tuarasdal: *an* **tuarasdal**, *an* **tuarasdail**,
na **tuarasdail** (m.)
  wage
tuath, *nas* **tuaithe** (adj.)
  north
tuath air (Muile)
  to the north of (Mull)
mu thuath
  in the north
tuathanach: *an* **tuathanach**, *an*
tuathanaich, *na* **tuathanaich** (m.)
  farmer
tubaist: *an* **tubaist**, *na* **tubaiste**, *na*
tubaistean (f.)
  1 calamity, 2 accident, crash
tughadh: *an* **tughadh**, *an* **tughaidh** (m.)
  thatch
tuig, a' tuigsinn (v.)
  understand
tuigse: *an* **tuigse**, *na* **tuigse** (f.)
  understanding, intelligence
tuigseach, *nas* **tuigsiche** (adj.)
  intelligent, wise, sensible
tuil: *an* **tuil**, *na* **tuile**, *na* **tuiltean** (f.)
  flood
tuilleadh (adv.)
  more
tuislich, a' tuisleachadh (v.)
  stumble, trip
tuit, a' tuiteam (v.)
  fall
tulach: *an* **tulach**, *an* **tulaich**, *na*
tulaich (m.)
  hillock
tunnag: *an* **tunnag**, *na* **tunnaige**, *na*

tunnag

tunnagan (f.)
  duck
tùr: *an* tùr, *an* tùir, *na* tùir (m.)
  tower
gu tur (adv.)
  completely, entirely
tursachan (pl.): *na* tursachan (nom. pl.)
  standing stones
turus: *an* turus, *an* turuis, *na* tursan (m.)
  journey
tùs: *an* tùs, *an* tùis, *na* tùis (m.)
  beginning

U

uachdar: *an* t-uachdar, *an* uachdair, *na* h-uachdaran (m.)
  1 top, surface, 2 cream
uachdaran: *an* t-uachdaran, *an* uachdarain, *na* h-uachdaranan (m.)
  owner
uaibhreach, *nas* uaibhriche (adj.)
  proud, haughty
uaigh: *an* uaigh, *na* h-uaghach, *na* h-uaighean (f.)
  grave
uaine, *nas* uaine (adj.)
  green
uair: *an* uair, *na* h-uaire, *na* h-uairean (f.)
  hour, time (on the clock)
an uair a (+ indep. form of v.)
  when (not a question)
Dé an uair a tha e?
  What time is it?
an uair sin
  then
dà uair
  twice
uaireadair: *an* t-uaireadair, *an* uaireadair, *na* h-uaireadairean (m.)
  watch
uaireannan (adv.)
  sometimes, at times
uaireigin (adv.)
  sometime

uile

uallach: *an* t-uallach, *an* uallaich, *na* h-uallaich (m.)
  worry
uamh: *an* uamh, *na* h-uaimhe, *na* h-uamhan (f.)
  cave
uamhasach, *nas* uamhasaiche (adj.)
  awful, terrible
uamhasach (adv.)
  very
uan: *an* t-uan, *an* uain, *na* h-uain (m.)
  lamb
uasal, *nas* uaisle (adj.)
  noble
duine-uasal (m.) (See duine)
  gentleman
ubhal: *an* ubhal, *na* h-ubhail, *na* h-ubhlan (f.)
  apple
uchd: *an* t-uchd, *an* uchda, *na* h-uchdan (m.)
  chest, breast
ud (adj.)
  that
ugh: *an* t-ugh, *an* uighe, *na* h-uighean (m.)
  egg
ùghdar: *an* t-ùghdar, *an* ùghdair, *na* h-ùghdaran (m.)
  author
ùghdarras: *an* t-ùghdarras, *an* ùghdarrais (m.)
  authority
Ughdarras nan Coilltean (m.)
  The Forestry Commission
ùidh: *an* ùidh, *na* h-ùidhe, *na* h-ùidhean (f.)
  interest
uidheam: *an* uidheam, *na* h-uidheime, *na* h-uidheaman (f.)
  equipment, gear
uile (adj.)
  every, all
    e.g. **a h-uile gille**
      every boy
    na gillean uile
      all the boys

a h-uile mac màthar
every Tom, Dick & Harry
(Lit. every mother's son)
uileann: *an uileann, na h-uilne, na h-uilnean* (f.)
elbow
uile-bheist: *an t-uile-bheist, an uile-bheist, na h-uile-bheistean* (m.)
monster
uime (See umam)
about him, it (m.)
uime sin
therefore, on that account
uimpe (See umam)
about her, it (f.)
ùine: *an ùine, na h-ùine* (f.)
time (period)
uinneag: *an uinneag, na h-uinneige, na h-uinneagan* (f.)
window
ùir: *an ùir, na h-ùireach, na h-ùirean* (f.)
earth
uiread (+ gen. or de)
so much, as much
e.g. **Chan fhaca mi riamh uiread de dhaoine**
I have never seen so many people
uiseag: *an uiseag, na h-uiseige, na h-uiseagan* (f.)
lark
uisge: *an t-uisge, an uisge, na h-uisgeachan* (m.)
water, rain
ulaidh: *an ulaidh, na h-ulaidhe, na h-ulaidhean* (f.)
treasure
ullaich, ag ullachadh (v.)
prepare
ullamh, *nas ullaimhe* (adj.)
ready, prepared
ultach: *an t-ultach, an ultaich, na h-ultaich* (m.)
armful
umam (prep. pron. from mu) about me
umad about you (sing.)
uime about him, it (m.)
uimpe about her, it (f.)
umainn about us
umaibh about you (pl.)
umpa about them
umhail, *nas umhaile* (adj.)
obedient
ùnnsa: *an t-ùnnsa, an ùnnsa, na h-ùnnsachan* (m.)
ounce
ùpraid: *an ùpraid, na h-ùpraide, na h-ùpraidean* (f.)
uproar
ùpraideach, *nas ùpraidiche* (adj.)
noisy
ur (adj.)
your (pl.)
ùr, *nas uire* (adj.)
fresh, new
ùr nodha (adj.)
split new
as ùr
afresh, anew
ùrar, *nas ùraire* (adj.)
fresh
urchair: *an urchair, na h-urchrach, na h-urchraichean* (f.)
shot
ùrlar: *an t-ùrlar, an ùrlair, na h-ùrlaran* (m.)
floor
ùrnuigh: *an ùrnuigh, na h-ùrnuighe, na h-ùrnuighean* (f.)
prayer
dean ùrnuigh (v.) (See dean)
pray
an urra ri
dependent on, responsible for
is urrainn dhomh (+ verbal n.)
I can, am able
e.g. **Is urrainn dhomh snàmh**
I can swim
Is urrain dhomh sin a dheamamh
I can do that
urram: *an t-urram, an urraim, na h-urraman*
respect, reverence

urramach, *nas* **urramaiche (adj.)**
 reverend
  e.g. **an t-Urramach Ruaraidh MacFhionghuin**
   the Reverend Roderick MacKinnon

urras: *an t*-urras, *an* urrais, *na h*-urrasan (m.)
 trust (financial), insurance

urrasair: *an t*-urrasair, *an* urrasair, *na h*-urrasairean (m.)
 trustee

ENGLISH-GAELIC

BEURLA–GAIDHLIG

A
abbreviate (v.)
  giorraich, a' giorrachadh
ablaze (adj.)
  lasrach, *nas* lasraiche
able (adj.)
  comasach, *nas* comasaiche
be able (v.)
  rach aig + n. + air + infin.
    e.g. **I was able to go to the shops**
      Chaidh aig Seumas air a dhol do na bùthan
I am able (v.)
  is urrain dhomh (+ verbal n.)
    e.g. **I can swim**
      Is urrain dhomh snàmh
    I can do that
      Is urrain dhomh sin a dheanamh
about (prep.)
  mu (+ asp.); mu dheidhinn (+ gen.); mu thimcheall (+ gen.); timcheall air (+ dat.)
above (prep.)
  os cionn (+ gen.)
above (adv.)
  shuas
go abroad (v.)
  rach a null thairis (See App: rach)
abridge (v.)
  giorraich, a' giorrachadh
accent
  blas: *am* blas, *a'* bhlais (m.)
accident
  sgiorradh: *an* sgiorradh, *an* sgiorraidh, *na* sgiorraidh (m.)

according to (prep.)
  a reir (+ gen.)
accordion
  bocsa-ciùil (m.) (See bocsa)
account: cùnntas: *an* cùnntas, *a'* chùnntais (m.), *na* cùnntais (m.)
I am accustomed
  is àbhaist dhomh (+ verbal n.)
    e.g. **I am accustomed to rising early**
      Is àbhaist dhomh éirigh tràth
    I am accustomed to drinking milk
      Is abhaist dhomh bainne òl
across (prep.)
  tarsainn (+ gen.); thar (+ asp. + gen.); thairis air + (dat.)
across (adv.)
  thairis
act (of law)
  achd: *an* t-achd, *an* achda, *na* h-achdan (m.)
in addition to (that)
  a bharrachd air (sin.); a thuilleadh air (sin.)
address (residence)
  seòladh: *an* seòladh, *an* t-seòlaidh, *na* seòlaidh (m.)
admit (v.)
  aidich, ag aideachadh
adult (adj.)
  inbheach, *nas* inbhiche
advertisement
  sanas-reic (m.) (See sanas)
aeroplane
  itealan: *an* t-itealan, *an* itealain, *na* h-itealain (m.)

afar off

afar off
fad as
affair
cùis: a' chùis, na cùise, na cùisean (f.)
affection
spéis: an spéis, na spéise (f.)
afresh (adv.)
as ùr
after (prep.)
as deidh (+ gen.); an deidh (+ gen.)
again (adv.)
a rithis(t)
against (prep.)
an aghaidh (+ gen.)
age
aois: an aois, na h-aoise, na h-aoisean (f.)
aged (adj.)
aosda, nas aosda
ago
o chionn
   e.g. **2 years ago**
      o chionn da bhliadhna
a long time ago
o chionn fhada
a short time ago
o chionn ghoirid
agree (with) (v.)
aontaich, ag aontachadh (le)
agree (v.)
còrd, a' còrdadh
   e.g. **I agree with that**
      Tha sin a' còrdadh rium
      (Lit. That is pleasing to me)
agriculture
àiteachd: an àiteachd, na h-àiteachd (f.)
aim (v.)
amais, ag amas
air
àile: an t-àile, an àile (m.)
airport
port-adhair (m.) (See **port**)
alacrity
sùrd: an sùrd, an t-sùird (m.)

amateur

alive (adj.)
beò, nas beòtha
all (adj.)
uile
   e.g. **all the boys**
      na gillean uile
allotment
cuibhrionn: an cuibhrionn, a' chuibhrinn, na cuibhrinnean (m.)
allow (v.)
ceadaich, a' ceadachadh; leig, a' leigeil (le)
   e.g. **He will not allow Mary to do that**
      Cha leig e le Mairi sin a dheanamh
almost (adv.)
gu bhith; cha mhór nach (+ dep. form of v.)
   e.g. **She is almost ready**
      Tha i gu bhith deiseil
      He almost reached the house
      Cha mhór nach do rainig e an taigh
almost (of accidental happenings) (adv.)
theab (+ verbal n.) (p.t. of a defective v.)
   e.g. **I almost fell**
      theab mi tuiteam
alone (adj.)
aonaranach, nas aonaranaiche; (See **aonar**)
alphabet
aibidil: an aibidil, na h-aibidile, na h-aibidilean (f.)
already (adv.)
cheana; mar tha; mu thrath
also (adv.)
cuideachd
although (adv.)
ged a (+ indep. form of v.)
although . . . not
ged nach (+ dep. form of v.)
altogether
comhla ri cheile
always (adv.)
daonnan; an còmhnaidh
amateur (adj.)

amateur

neo-dhreuchdail, *nas*
neo-dhreuchdaile

among (prep.)
am measg (+ gen.)

amusing (adj.)
neonach, *nas* neonaiche; éibhinn,
nas éibhinne

ancestor
sìnnsir: *an* sìnnsir, *an t*-sìnnsir, *na*
sìnnsirean (m.)

anchor
acair: *an t*-acair, *an* acair, *na*
h-acraichean (m.)

anchorage
acarsaid: *an* acarsaid, *na* h-acarsaid,
na h-acarsaidean (f.)

and (conj.)
agus; is; 's

anger
fearg: *an* fheairg, *na* feirge (f.)

animal
beathach: *am* beathach, *a'*
bheathaich, *na* beathaichean (m.)

ankle
aobrann: *an* aobrann, *na*
h-aobrainne, *na* h-aobrannan (f.)

annoy (v.)
cuir dragh air + dat. (See **cuir**)
e.g. The cat annoyed the dog
 Chuir an cat dragh air a'
 chù

annoyance
dragh: *an* dragh, *an* dragha, *na*
draghan (m.)

annoyed (adj.)
diombach, *nas* diombaiche

answer (n.)
freagairt: *an* fhreagairt, *na*
freagairte, *na* freagairtean (f.)

answer (v.)
freagair, a' freagairt

ant
seangan: *an* seangan, *an t*-seangain,
na seangain (m.)

anvil
innean: *an t*-innean, *an* innein, *na*
h-inneanan (m.)

anxiety

iomacheist: *an* iomacheist, *na*
h-iomacheiste, *na* h-iomacheistean
(f.)

anxious (adj.)
fo iomacheist (Lit. under anxiety)

any (adj.)
sam bith (used after any noun)
e.g. anything
 rud sam bith

anyone (pron.)
neach sam bith (used after neg. v.)

anything (pron.)
càil; dad; gin (all after neg. &
interr. v.)
e.g. What is this?
 Dé tha seo?
 It isn't anything
 Chaneil càil
 (i.e. nothing)

anywhere
àite sam bith (m.) (See **àite**)

apology
leisgeul: *an* leisgeul, *an* leisgeil, *na*
leisgeulan (m.)

appeal
tagradh: *an* tagradh, *an* tagraidh,
na tagraidhean (m.)

appear (v.)
nochd, a' nochdadh

appearance
dreach: *an* dreach, *na* dreiche, *na*
dreachan (f.)

apple
ubhal: *an t*-ubhal, *an* ubhail, *na*
h-ubhlan (m.)

April
a' Ghiblinn, *na* Giblinne (f.)

argument
argumaid: *an* argumaid, *na*
h-argumaide, *na* h-argumaidean (f.)

arise (v.)
éirich, ag éirigh

arm
gàirdean: *an* gàirdean, *a'* ghàirdein,
na gàirdeanan (m.)

armful
ultach: *an t*-ultach, *an* ultaich, *na*
h-ultaichean (m.)

arm-pit

arm-pit
achlais: *an* achlais, *na h*-achlaise, *na h*-achlaisean (f.)

army
arm: *an t*-arm, *an* airm, *na h*-airm (m.)

around (prep.)
mu chuairt (+ gen.); timcheall air (+ dat.)

arrangement
òrdugh: *an t*-òrdugh, *an* òrduigh, *na h*-òrduighean (m.)

arrive (i.e. reach) (v.)
ruig, a' ruigsinn (Irr. v. See App.: **ruig**)

arrow
saighead: *an t*-saighead, *na* saighde, *na* saighdean (f.)

art
ealdhain: *an* ealdhain, *na h*-ealdhaine, *na h*-ealdhainean (f.)

articulate (of speech) (adj.)
fileanta, *nas* fileanta; pongail, *nas* pongaile

artist
fear-ealain (m.) (See **fear**)

as (like) (adv.)
mar (+ asp.)

as (conj.)
mar a
  e.g. as I was
    mar a bha mi

as if
mar gu (+ dep. cond. t. of v.)

as . . . as . . .
cho . . . ri . . .
  e.g. as big as James
    cho mór ri Seumas

ashes
luaithre: *an* luaithre, *na* luaithre (f.)

ask (for) (v.)
iarr, ag iarraidh (air)
  e.g. He asked Mary for money
    Dh'iarr e airgiod air Màiri

ask (someone a question)
faighnich, a' faighneachd (de); cuir ceist (air) (See **cuir**)

authority

assemble (v. trans. and intrans.)
cruinnich, a' cruinneachadh; tionail, a' tional

The General Assembly
An t-Ard-Sheanadh (nom.), An Ard-Sheanaidh (gen.) (m.)

assistance
cobhair: *a'* chobhair, *na* cobhrach (f.)

astronomy
reul-eòlas: *an* reul-eòlas, *an* reul-eòlais (m.)

at (prep.)
aig (+ dat.)

at me, you (etc)
See **agam**

at all (adv.)
idir

attack
ionnsaigh: *an t*-ionnsaigh, *an* ionnsaigh, *na h*-ionnsaighean (m.)

attempt
oidhirp: *an* oidhirp, *na h*-oidhirpe, *na h*-oidhirpean (f.)

attention (concentration)
aire: *an* aire, *na h*-aire (f.)

attention (service)
frithealadh: *am* frithealadh, *an* f'hrithealaidh, *na* frithealaidh (m.)

pay attention to (v.)
thoir an aire do (See **thoir**)

attentive (adj.)
fuireachail, *nas* fuireachaile

augment (v.)
leudaich, a' leudachadh

August
an Lùnasdal, *an* Lùnasdail (m.)

aunt (maternal)
piuthar-màthar (f.) (See **piuthar**)

aunt (paternal)
piuthar-athar (f.) (See **piuthar**)

author
ùghdar: *an t*-ùghdar, *an* ùghdair, *na h*-ùghdaran (m.)

authority
barrantas: *am* barrantas, *a'* bharrantais (m.); ùghdarras: *an t*-ùghdarras, *an* ùghdarrais (m.);

smachd: *an* smachd, *an* smachd (m.)

Autumn
 Foghar: *am* foghar, *an* fhoghair, *na* fogharan (m.)

avoid (v.)
 seachainn, a' seachnadh

aware (of) (adj.)
 eòlach, *nas* eòlaiche (air + dat.)

away (adv.)
 air falbh

awful (adj.)
 uamhasach, *nas* uamhasaiche (adj.)

awkward (adj.)
 lapach, *nas* lapaiche

axe (n.)
 tuagh: *an* tuagh, *na* tuaighe, *na* tuaghan (f.)

B

back (n.)
 cùl: *an* cùl, *a'* chùil, *na* cùil (m.); druim: *an* druim, *an* droma, *na* dromannan (f.)

back (wards) (adv.)
 air ais

bad (adj.)
 dona, *nas* miosa; olc, *nas* miosa; droch (precedes n. + asp.)

bad tempered (adj.)
 crosda, *nas* crosda; eangarra, *nas* eangarra

badge
 suaicheantas: *an* suaicheantas, *an* t-suaicheantais, *na* suaicheantais (m.)

badger
 broc: *am* broc, *a'* bhruic, *na* bruic (m.)

bag
 màileid: *a'* mhàileid, *na* màileide, *na* màileidean (f.)

bagpipe
 piob-mhór: *a'* phiob-mhór, *na* pioba-móire, *na* pioban-móra (f.)

bait
 baoit: *a'* bhaoit, *na* baoite (f.)

baker
 beiceir: *am* beiceir, *a'* bheiceir, *na* beiceirean (m.)

bald (adj.)
 maol, *nas* maoile

ball
 ball, *am* ball, *a'* bhuill, *na* buill (m.)

band (music)
 còmhlan-ciùil (m.) (See còmhlan)

bank (for money)
 banca: *am* banca, *a'* bhanca, *na* bancan (m.)

bank (of a river)
 bruach: *a'* bhruach, *na* bruaiche, *na* bruachan (f.)

bank (in the sea)
 oitir: *an* oitir, *na* h-oitire, *na* h-oitirean (f.)

banner
 bratach: *a'* bhratach, *na* brataiche, *na* brataichean (f.)

baptism
 baisteadh: *am* baisteadh, *a'* bhaistidh (m.)

bard
 bàrd: *am* bàrd, *a'* bhàird, *na* bàird (m.)

bare (adj.)
 lom, *nas* luime; rùisgte (p.p. of rùisg)
   e.g. bare-footed
     cas-ruisgte

bark (v.)
 comhartaich, a' comhartaich

barley
 eòrna, *an* t-eòrna, *an* eòrna (m.)

barn
 sabhal: *an* sabhal, *an* t-sabhail, *na* saibhlean (m.)

basis
 bunait: *a'* bhunait, *na* bunaite, *na* bunaitean (f.)

bask (in the sun) (v.)
 blian, a' blianadh

basket
 bascaid: *a'* bhascaid, *na* bascaide, *na* bascaidean (f.)

bat (animal)

bat

bat
ialtag: *an* ialtag, *na h*-ialtaige, *na h*-ialtagan (f.)

bathroom
seòmar-ionnlaid (m.) (See **seòmar**)

battle
batail: *am* batail, *a'* bhatail, *na* batail (m.)

battle (field)
blàr: *am* blàr, *a'* bhlàir, *na* blàran (m.)

bay
bàgh: *am* bàgh, *a'* bhàigh, *na* bàigh (m.); òb: *an t*-òb, *an* òba, *na h*-òban (m.)

little bay
òban: *an t*-òban, *an* òbain, *na h*-òbanan (m.)

be (v.)
bi (imp. sing.)

beach
tràigh: *an* tràigh, *na* tràghad, *na* tràighean (f.)

beak
gob: *an* gob, *a'* ghuib, *na* guib (m.)

beans
pònair: *a'* phònair, *na* pònarach (f. coll.)

bear (animal)
mathan: *am* mathan, *a'* mhathain, *na* mathanan (m.)

bear (v.)
beir, a' breith (Irr. v. See App.: **beir**)

beard
feusag: *an* fheusag, *na* feusaige, *na* feusagan (f.)

beast
beathach: *am* beathach, *a'* bheathaich, *na* beathaichean (m.); béist: *a'* bhéist, *na* béiste, *na* béistean (f.); biast: *a'* bhiast, *na* béiste, *na* béistean (f.)

beautiful (adj.)
àlainn, *nas* àlainne; bòidheach, *nas* bòidhche; breagha (briagha), *nas* breagha (briagha); eireachdail, *nas* eireachdaile; maiseach, *nas* maisiche; riomhach, *nas* riomhaiche; sgiamhach, *nas* sgiamhaiche

beauty
maise: *a'* mhaise, *na* maise (f.)

because (conj.)
a chionn 's gu (+ dep. form of v.)
e.g. because you are late
a chionn 's gu bheil thu fadalach

because (conj.)
oir (+ indep. form of v.)

bed
leapaidh: *an* leapaidh, *na* leapa, *na* leapannan (f.)

bedroom
seòmar-cadail (m.) (See **seòmar**)

bee
seillean: *an* seillean, *an t*-seillein, *na* seilleanan (m.)

beer
leann: *an* leann, *an* leanna, *na* leanntan (m.)

beetle
daolag: *an* daolag, *na* daolaige, *na* daolagan (f.)

before (conj.)
mus; mun (+ dep. form of v.)

before (prep.)
roimh (+ asp. + dat.)

before (adv.)
roimhe

before me, you etc.
See **romham**

begin (v.)
toisich, a' toiseachadh (air)

beginning
toiseach: *an* toiseach, *an* toisich, *na* toisich (m.); tùs: *an* tùs, *an* tùis, *na* tùis (m.)

on behalf of
as leth (+ gen.)

behind (prep.)
air culaibh (+ gen.); air dheireadh (+ gen.)

belief
creideamh: *an* creideamh, *a'* chreideimh, *na* creideamhan (m.)

believe (v.)

believe
creid, a' creidsinn

bell
clag: *an* clag, *a'* chluig, *na* clagan (m.)

belong (to)
buin, a' buntainn (do).

belly
brù: *a'* bhrù, *na* bronn, *a'* bhroinn (dat. sing.), *na* brùthan (nom. pl.) (f. irr.)

beloved person
luaidh: *an* luaidh, *an* luaidhe, *na* luaidhean (m. or f.)

belt
crios: *an* crios, *a'* chriosa, *na* criosan (m.)

bend (v.)
crom, a' cromadh; lùb, a' lùbadh

bend
lùb: *an* lùb, *an* lùib, *na* lùban (m.)

bending (adj.)
lùbach, *nas* lùbaiche (adj.)

benefit
leas: *an* leas, *an* leas (m.)

berry (v.)
sùbh: *an* sùbh, *an* t-sùibh, *na* sùbhan (m.)

beside (prep.)
ri taobh (+ gen.)

betrothal
reiteachadh: *an* reiteachadh, *an* reiteachaidh, *na* reiteachaidh (m.)

between (prep.)
eadar

between us, you, them
See eadarainn

Bible
Biobull: *am* Biobull, *a'* Bhiobuill (m.)

bicycle
biseagal: *am* biseagal, *a'* bhiseagail, *na* biseagalan (m.); rothair: *an* rothair, *an* rothair, *na* rothairean (m.)

big (adj.)
mór, *nas* motha

bilingual (adj.)
da-chànanach, *nas* da-chànanaiche

biology
bith-eòlas: *am* bith-eòlas, *a'* bhith-eòlais (m.)

birch (tree)
beith: *a'* bheith, *na* beithe, *na* beithean (f.)

bird
eun: *an t-*eun, *an* eòin, *na h-*eòin (m.)

bird-flock
eunlaith: *an* eunlaith, *na h-*eunlaithe (f.)

biscuit
briosgaid: *a'* bhriosgaid, *na* briosgaide, *na* briosgaidean (f.)

bishop
easbuig: *an t-*easbuig, *an* easbuig, *na h-*easbuigean (m.)

bit
pios: *am* pios, *a'* phiosa, *na* piosan (m.)

bite
greim: *an* greim, *a'* ghreime, *na* greimean (m.)

bitter (adj.)
searbh, *nas* searbha AND *nas* seirbhe

black (adj.)
dubh, *nas* duibhe

blackbird
lon dubh: *an* lon dubh, *an* loin-duibh, *na* loin-dhubha (m.)

blackboard
bòrd-dubh: *am* bòrd-dubh, *a'* bhùird-dhuibh, *na* bùird-dhubha (m.)

blacksmith
gobha: *an* gobha, *a'* ghobha, *na* goibhnean (m.)

blade
lann: *an* lann, *na* loinne, *na* lannan (f.)

blanket
plaide: *a'* phlaide, *na* plaide, *na* plaidean (f.)

blemish
smal: *an* smal, *an* smail, *na* smail (m.)

bless

bless (v.)
beannaich, a' beannachadh

blessing
beannachd: a' bheannachd, na beannachd, na beannachdan (f.)

blind (adj.)
dall, nas doille

blood
fuil: an fhuil, na fala (f.)

bloom
blàth: am blàth, a' bhlàith, na blàthan (m.)

blow (thump)
beum: am beum, a' bheuma, na beumannan (m.); buille: a' bhuille, na buille, na buillean (f.)

blow (of the wind) (v.)
seid, a' seideadh

blue (adj.)
gorm, nas guirme

boastful (adj.)
bragail, nas bragaile

boat
bàta: am bàta, a' bhàta, na bàtaichean (m.)

boat (small)
eathar: an eathar, na h-eathar, na h-eathraichean (f.)

body
corp: an corp, a' chuirp, na cuirp (m.)

bog
boglach: a' bhoglach, na boglaich, na boglaichean (f.)

bog cotton
canach: an canach, a' chanaich (m.)

boil (v.)
bruich, a' bruich; goil, a' goil (v.)

boiling (adj.)
goileach, nas goiliche

bone
cnaimh: an cnaimh, a' chnaimh, na cnàmhan (m.)

bonnet
bonaid: a' bhonaid, na bonaide, na bonaidean (f.); currac: an currac, a' churraic, na curracan (m.)

book

brain

leabhar: an leabhar, an leabhair, na leabhraichean (m.)

border
crioch: a' chrìoch, na criche, na criochan (f.); iomall: an t-iomall, an iomaill, na h-iomallan (m.)

was born
rugadh (p.t. passive of beir. Irr. v. See App.: beir)

bossy (adj.)
smachdail, nas smachdaile

bottle
botul: am botul, a' bhotuil, na botuil (m)

bottom (e.g. of door)
bonn: am bonn, a' bhuinn, na bonnan (m.)

bottom (of sea)
grùnnd: an grùnnd, a' ghrunna. na grunnan (m.)

bottom (anatomical)
màs: am màs, a' mhàis, na màsan (m.)

bound
sìnteag: an t-sìnteag, na sìnteige, na sìnteagan (f.)

boundary
oirthir: an oirthir, na h-oirthire, na h-oirthirean (f.)

bow
bogha: am bogha, a' bhogha, na boghachan (m.)

box
bocsa: am bocsa, a' bhocsa, na bocsaichean (m.)

boy
balach: am balach, a' bhalaich, na balaich (m.); gille: an gille, a' ghille, na gillean (m.)

little boy
balachan: am balachan, a' bhalachain, na balachain (m.)

bracken
See **raineach**

brae
bruthach: a' bhruthach, na bruthaiche, na bruthaichean (f.)

brain

brain

eanchainn: *an* eanchainn, *na* h-eanchainne, *na* h-eanchainnean (f.)

branch
geug: *a'* gheug, *na* geige, *na* geugan (f.); meanglan: *am* meanglan, *a'* mheanglain, *na* meanglanan (m.); meur: *a'* mheur, *na* mèoir, *na* meòir (f.)

brave (adj.)
treun, *nas* treuna

bravery
gaisge: *a'* ghaisge, *na* gaisge (f.)

bread
aran: *an t*-aran, *an* arain (m.)

breadth
leud: *an* leud, *an* leòid, *na* leudan (m.)

break (v.)
bris, a' briseadh

breakfast
bracaist: *a'* bhracaist, *na* bracaiste, *na* bracaistean (f.)

breast
broilleach: *am* broilleach, *a'* bhroillich, *na* broillichean (m.)

breast pocket
pòcaid-broillich (f.) (See **pòcaid**)

breath
anail: *an* anail, *na* h-analach (f.)

breeze
osag: *an* osag, *na* h-osaige, *na* h-osagan (f.); soirbheas: *an* soirbheas, *an t*-soirbheis, *na* soirbheis (m.)

bride
bean na bainnse (f.) (See **bean**)

bridegroom
fear na bainnse (m.) (See **fear**)

bridge
drochaid: *an* drochaid, *na* drochaide, *na* drochaidean (f.)

brief (adj.)
aithghearr, *nas* aithghearra

bright (adj.)
soilleir, *nas* soilleire

brimfull (of) (adj.)
loma làn (de)

bullet

bring (v.)
thoir, a' toirt (Irr. v. See App.: **thoir**)

bring to fruition
thoir gu buil (See **thoir**)

brisk (adj.)
sgairteil, *nas* sgairteile

broad (adj.)
leathann, *nas* leatha

broken
briste (p.p. of **bris**)

broom (brush)
sguab: *an* sguab, *na* sguaibe, *na* sguaban (f.)

broth
brot: *am* brot, *a'* bhrota (m.)

brother
brathair: *am* brathair, *a'* bhrathar, *na* braithrean (m.)

brother-in-law
brathair-céile (m.)

brown (adj.)
donn, *nas* duinne

brush (sweeping)
sguab: *an* sguab, *na* sguaibe, *na* sguaban (f.)

brush (v.)
sguab, a' sguabadh

bubble
gucag: *a'* ghucag, *na* gucaige, *na* gucagan (f.)

bucket
cuinneag: *a'* chuinneag, *na* cuinneige, *na* cuinneagan (f.); pucaid: *a'* phucaid, *na* pucaide, *na* pucaidean (f.)

build (v.)
tog, a' togail

building (n.)
togail: *an* togail, *na* togalach, *na* toglaichean (f.)

bulky (adj.)
tomadach, *nas* tomadaiche

bull
tarbh: *an* tarbh, *an* tairbh, *na* tairbh (m.)

bullet
peilear: *am* peilear, *a'* pheileir, *na*

bullet

bullet
  peilearan (m.)
bun
  bonnach: *am* bonnach, *a'* bhonnaich, *na* bonnaich (m.)
bundle
  pasgan: *am* pasgan, *a'* phasgain, *na* pasganan (m.)
burn (v.)
  loisg, *a'* losgadh
burst (v.)
  sgàin, *a'* sgàineadh
bury (v.)
  adhlaic, *ag* adhlacadh; tiodhlaic, *a'* tiodhlacadh
bush
  preas: *am* preasa, *a'* phreasa, *na* preasan (m.)
business (commerce)
  malairt: *a'* mhalairt, *na* malairt, *na* malairtean (f.)
business-like (adj.)
  sgafanta, *nas* sgafanta
business man
  fear-gnothaich (m.) (See **fear**)
busy (adj.)
  dripeil, *nas* dripeala; trang, *nas* trainge
but (conj.)
  ach
butcher
  buidseir: *am* buidseir, *a'* bhuidseir, *na* buidseirean (m.)
butter
  im: *an* t-im, *an* ime, *na* h-imean (m.)
butterfly
  seillean-dé (m.) (See **seillean**)
buttermilk
  blàthach: *a'* bhlàthach, *na* blàthaiche (f.)
button
  putan: *am* putan, *a'* phutain, *na* putanan (m.)
buy (v.)
  ceannaich, *a'* ceannach
by (movement) (prep.)
  seach
by (of an author)
  le (+ dat.)

careful

  e.g. **This book is written by Norman McDonald**
  Tha an leabhar seo air a sgrìobhadh le Tormod Domhnullach

C

cabbage
  cal: *an* cal, *a'* chail (m.)
cairn
  carn: *an* càrn, *a'* chùirn, *na* cùirn (m.)
calf (of leg)
  calpa: *an* calpa, *a'* chalpa, *na* calpannan (m.)
calf (animal)
  laogh: *an* laogh, *an* laoigh, *na* laoigh (m.)
called
  ris an abrar; ris an canar
  e.g. **the boy called John**
  an gille ris an abrar Iain
calm (of weather)
  feath: *am* feath, *an* fheatha (m.)
calm (adj.)
  ciùin, *nas* ciùine; seimh, *nas* seimhe
I can (v.)
  is urrainn dhomh (+ verbal n.)
  e.g. **I can swim**
  Is urrainn dhomh snàmh
  I can do that
  Is urrainn dhomh sin a dheanamh
candle
  coinneal: *a'* choinneal, *na* coinnle, *na* coinnlean (f.)
cap
  ceap: *an* ceap, *a'* chip, *na* cip (m.)
car
  càr: *an* càr, *a'* chàir, *na* càraichean (m.)
care
  cùram: *an* cùram, *a'* chùraim (m.)
I couldn't care less!
  Tha mi coma co-dhiu!
careful (adj.)

careful
   cùramach, *nas* cùramaiche;
   faicilleach, *nas* faicilliche

cargo
   luchd: *an* luchd, *an* luchda, *na* luchdan (m.)

carpet
   brat: *am* brat, *a'* bhrata, *na* bratan (m.)

carrot
   curran: *an* curran, *a'* churrain, *na* currain (m.)

carry (v.)
   giulain, a' giulain

in that case
   a reisde (adv.)

castle
   caisteal: *an* caisteal, *a'* chaisteil, *na* caistealan (m.)

cat
   cat: *an* cat, *a'* chait, *na* cait (m.)

catch (v.)
   beir, a' breith + air (Irr. v. See App.: beir); glac, a' glacadh

Catholic
   Papanach: *am* Papanach, *a'* Phapanaich, *na* Papanaich (m.)

cattle
   crodh: *an* crodh, *a'* chruidh (m.); spreidh: *an* spreidh, *na* spreidhe (f.)

cause
   aobhar: *an t-*aobhar, *an* aobhair, *na h-*aobharan (m.)

cave
   uamh: *an* uamha, *na h-*uamha, *na h-*uamhan (f.)

cawing (of crows)
   ròcail: *an* ròcail, *na* ròcaile (f.)

cell (biological)
   cealla: *an* cealla, *a'* chealla, *na* ceallan (m.)

central (adj.)
   meadhonach, *nas* meadhonaiche

century
   linn: *an* linn, *an* linn, *na* linntean (m.)
    e.g. **the 18th century**
      an t-ochdamh linn deug

certain (adj.)
   cinnteach, *nas* cinntiche

certainty
   cinnt: *a'* chinnt, *na* cinnte (f.)

certificate
   teisteanas: *an* teisteanas, *an* teisteanais, *na* teisteanais (m.)

chaffinch
   breacan-beithe (m.) (See **breacan**)

chair
   cathair: *a'* chathair, *na* cathrach, *na* cathraichean (f.); seathair: *an* seathair, *an t-*seathair, *na* seathairean (m.)

chairman
   fear na cathrach (m.) (See **fear**)

chalk
   cailc: *a'* chailc, *na* cailce, *na* cailcean (f.)

challenge
   dùbhlan: *an* dùbhlan, *an* dùbhlain, *na* dùbhlain (m.)

chance
   cothrom: *an* cothrom, *a'* chothroim, *na* cothroman (m.)

change (money)
   iomlaid: *an* iomlaid, *na h-*iomlaide (f.)

change (v.)
   atharraich, ag atharrachadh

chanter
   feadan: *am* feadan, *an* f'headain, *na* feadain (m.)

chapel
   seipeal: *an t-*seipeal, *na* seipeile, *na* seipealan (f.)

chapter
   caibidil: *a'* chaibidil, *na* caibidile, *na* caibidilean (f.)

charity
   deirc: *an* deirc, *na* deirce, *na* deircean (f.)

cheap (adj.)
   saor, *nas* saoire

cheek (of the face)
   gruaidh: *a'* ghruaidh, *na* gruaidhe, *na* gruaidhean (f.); lethcheann: *an* lethcheann, *an* lethchinn, *na* lethchinn (m.)

cheeky

cheeky (adj.)
mi-mhodhail, *nas* mi-mhodhaile

cheerful (adj.)
aoigheil, *nas* aoigheile; suilbhir, *nas* suilbhire; sùnndach, *nas* sùnndaiche

cheese
càise: *an* càise, *a'* chàise, *na* càisean (f.)

chemistry
ceimiceachd: *an* ceimiceachd, *a'* cheimiceachd (m.)

cheque
seic: *an t*-seic, *na* seice, *na* seicean (f.)

cheque book
seic-leabhar: *an* seic-leabhar, *an t*-seic-leabhair, *na* seic-leabhraichean (m.)

chest (of the body)
broilleach: *am* broilleach, *a'* bhroillich, *na* broillichean (m.); uchd: *an t*-uchd, *an* uchda, *na h*-uchdan (m.)

chest (box)
ciste: *a'* chiste, *na* ciste, *na* cisteachan (f.)

chew (v.)
cagainn, a' cagnadh

chicken
isean: *an t*-isean, *an* isein, *na h*-iseanan (m.)

chief (adj.)
prìomh (prefixed to noun + asp.)
e.g. chief city, capital
prìomh-bhaile

chieftain
ceann-cinnidh (m.); ceann-feadhna (m.) (See **ceann**)

child
leanabh: *an* leanabh, *an* leanaibh, *na* leanaban (m.)

children
clann: *a'* chlann, *na* cloinne (f.)

chimney
similear: *an* similear, *an t*-simileir, *na* similearan (m.)

chin
smiogaid: *an* smiogaid, *an* smiogaid,

clarity

na smiogaidean (m.)

chisel
sgealb: *an* sgealb, *na* sgeilbe, *na* sgeilbean (f.)

choice
roghainn: *an* roghainn, *na* roghainn, *na* roghainnean (f.); taghadh: *an* taghadh, *an* taghaidh, *na* taghaidhean (m.)

choir
còisir: *a'* chòisir, *na* còisire, *na* còisirean (f.)

choose (v.)
roghnaich, a' roghnachadh; tagh, a' taghadh

chorus (of a song)
seist: *an t*-seist, *na* seiste, *na* seistean (f.)

Christian (n.)
Crìosdaidh: *an* Crìosdaidh, *a'* Chrìosdaidh, *na* Crìosdaidhean (m.)

Christian (adj.)
Crìòsdail, *nas* Crìòsdaile

Christmas
an Nollaig (nom. sing.), *na* Nollaige (gen. sing.) (f.)

church
eaglais: *an* eaglais, *na h*-eaglaise, *na h*-eaglaisean (f.)

The Church of Scotland
Eaglais na h-Alba (f.)

The Catholic Church
An Eaglais Chaitliceach (f.)

The Episcopal Church
An Eaglais Easbuigeach (f.)

The Free Church
An Eaglais Shaor (f.)

cinema
taigh dhealbh (m.) (See **taigh**)

city
baile mór: *am* baile mór, *a'* bhaile mhóir, *na* bailtean móra (m.)

civil (adj.)
sìobhalta, *nas* sìobhalta

claim (v.)
agair, ag agairt

clarity

clarity
soilleireachd: *an t*-soilleireachd, *na* soilleireachd (f.)

clasp (v.)
teannaich, a' teannachadh

claw
spòg: *an* spòg, *na* spòige, *na* spògan (f.); spur: *an* spur, *an* spuir, *na* spuirean (m.)

clay
criadh: *an* criadh, *a'* chriadha (m.)

clean (v.)
glan, a' glanadh

clean (adj.)
glan, *nas* glaine

clear (adj.)
soilleir, *nas* soilleire

clerk
cléireach: *an* cléireach, *a'* chléirich, *na* cléirich (m.)

clever (adj.)
tapaidh, *nas* tapaidhe

cliff (n.)
carraig: *a'* charraig, *na* carraige, *na* carraigean (f.)

climb (v.)
dìrich, a' dìreadh; streap, a' streap

climber
streapadair: *an* streapadair, *an t*-streapadair, *na* streapadairean (m.)

cloak
cleoc: *an* cleoc, *a'* chleoca, *na* cleocannan (m.)

close (v.)
dùin, a' dùnadh

clothe (v.)
sgeadaich, a' sgeadachadh

clothes
aodach: *an t*-aodach, *an* aodaich (m.)

cloud
neul: *an* neul, *an* neòil, *na* neòil (m.)

club (association)
comunn: *an* comunn, *a'* chomuinn, *na* comuinn (m.)

clump
bad: *am* bad, *a'* bhaid, *na* baid (m.)

coach
carbad: *an* carbad, *a'* charbaid, *na* carbadan (m.)

coal
gual: *an* gual, *a'* ghuail (m.)

coast
oirthir: *an* oirthir, *na h*-oirthire, *na h*-oirthirean (f.)

coat
còta: *an* còta, *a'* chòta, *na* còtaichean (m.)

cockerel
coileach: *an* coileach, *a'* choilich, *na* coilich (m.)

coin
bonn: *am* bonn, *a'* bhuinn, *na* buinn AND *na* bonnan (m.)

cold (virus)
cnatan: *an* cnatan, *a'* chnatain, *na* cnatain (m.)

cold
fuachd: *am* fuachd, *an* fhuachd, *na* fuachdan (m.)

cold (adj.)
fuar, *nas* fuaire

collect (v.)
cruinnich, a' cruinneachadh

college
colaisde: *a'* cholaisde, *na* colaisde, *na* colaisdean (f.)

colour
dath: *an* dath, *an* datha, *na* dathan (m.)

comb
cìr: *a'* chìr, *na* cìre, *na* cìrean (f.)

come (v.)
thig, a' tighinn (Irr. v. See App.: thig)

come along! (imp. v.)
tiugainn (sing.) tiugainnibh (pl.) (defective v.)

come here! (imp. v.)
trobhad (sing.) trobhadaibh (pl.) (defective v.)

comfort
furtachd: *an* fhurtachd, *na* furtachd (f.)

comfortable (adj.)
comhfhurtail, *nas* comhfhurtaile; seasgair, *nas* seasgaire; socrach, *nas*

comfortable

socraiche
command
òrdugh: *an t-*òrdugh, *an* òrduigh, *na h-*òrduighean (m.)
common (adj.)
cumanta, *nas* cumanta
The House of Commons
Taigh nan Cumantan (m.)
communion services
òrduighean (m. pl.) (See òrdugh)
community council
comunn ionadail (m.) (See comunn)
companion
companach: *an* companach, *a'* chompanaich, *na* companaich (m.)
company
cuideachd: *a'* chuideachd, *na* cuideachd, *na* cuideachdan (f.)
compared with
seach
in comparison with
an coimeas ri (+ dat.)
compassionate (adj.)
truasail, *nas* truasaile
compete with (v.)
feuch, a' feuchainn ri (+ dat.)
competition
co-fharpais: *a'* cho-fharpais, *na* co-fharpaise, *na* co-fharpaisean (f.)
complain (v.)
gearain, a' gearan
complete (adj.)
coimhlionta, *nas* coimhlionta
completely (adv.)
gu buileach; gu lèir; gu tur; air fad
concerning
mu (+ asp.); mu dheidhinn (+ gen.)
concert
ceilidh: *a'* cheilidh, *na* ceilidhe, *na* ceilidhean (f.)
conclusion
co-dhùnadh: *an* co-dhùnadh, *a'* cho-dhùnaidh, *na* co-dhùnaidh (m.)
condiment
annlan: *an t-*annlan, *an* annlain, *na h-*annlain (m.)
condition (agreement)

cool

cùmhnant: *an* cùmhnant, *a'* cùhmhnaint, *na* cùmhnantan (m.)
condition (state)
staid: *an* staid, *na* staide, *na* staidean (f.)
   e.g. **in a bad condition**
      (ann) an droch staid
confess (v.)
aidich, ag aideachadh
confidence
earbsa: *an* earbsa, *na h-*earbsa (f.)
confusion
othail: *an* othail, *na h-*othaile, *na h-*othailean (f.)
congregation
coimhthional: *an* coimhthional, *a'* choimhthionail, *na* coimhthionail (m.)
congratulations!
meala-naidheachd ort (sing.), oirbh (pl.)!
connected with
co-cheangailte ri (+ dat.)
consequence
buil: *a'* bhuil, *na* buile (f.)
consider (v.)
beachdaich, a' beachdachadh
consonant
connrag: *a'* chonnrag, *na* connraige, *na* connragan (f.)
constant (adj.)
cunbhalach, *nas* cunbhalaiche
contentment
sonas: *an* sonas, *an t-*sonais (m.); toileachas: *an* toileachas, *an* toileachais (m.)
convenient (adj.)
goireasach, *nas* goireasaiche
conversation
comhradh: *an* comhradh, *a'* chomhraidh, *na* comhraidhean (m.); seanachas: *an* seanachas, *an t-*seanachais (m.) *na* seanachasan (m.)
cook
còcaire: *an* còcaire, *a'* chòcaire, *na* còcairean (m.)
cool (adj.)
fionnar, *nas* fionnaire

co-operative   **crew**

cooperative (n.)
co-chomunn: *an* co-chomunn, *a'* cho-chomuinn, *na* co-chomuinn (m.)

copy (e.g. of a book)
leth-bhreac: *an* leth-bhreac, *an* leth-bhric, *na* leth-bhric (m.)

cord
sreang: *an t*-sreang, *na* sreinge, *na* sreangan (f.)

cork
àrc: *an* àrc, *na h*-àirce, *na h*-àrcan (f.)

cormorant
sgarbh: *an* sgarbh, *an* sgairbh, *na* sgairbh (m.)

corn
arbhar: *an* t-arbhar, *an* arbhair (m.)

corner
oiseann: *an* oiseann, *na h*-oisinn, *na h*-oisnean (f.)

cost (v.)
cosg, a' cosg

How much does it cost?
Dé *a'* phris a tha e?

cough
casad: *an* casad, *a'* chasaid (m.)

cough (v.)
casadaich, a' casadaich

council
comhairle: *a'* chomhairle, *na* comhairle, *na* comhairlean (f.)
    e.g. **The Western Isles Council**
        Comhairle nan Eilean

district council
comhairle sgìreil (f.)

country
dùthaich: *an* dùthaich, *na* dùthcha, *na* dùthchannan (f.)

county
siorrachd: *an t*-siorrachd, *na* siorrachd, *na* siorrachdan (f.)

courage
misneach: *a'* mhisneach, *na* misnich (f.)

court
cùirt: *a'* chùirt, *na* cùirte, *na* cùirtean (f.)

courting
suiridhe: *an t*-suiridhe, *na* suiridhe (f.)

cow
bó: *a'* bhó, *na* bà, *a'* bhoin (dat. sing.), na bà (nom. pl.) (f. irr.);
mart: *am* mart, *a'* mhairt, *na* mairt (m.)

coward
gealtair: *an* gealtair, *a'* ghealtair, *na* gealtairean (m.)

cowardly (adj.)
gealtach, *nas* gealtaiche; meata, *nas* meata

cow-herd
buachaille: *am* buachaille, *a'* bhuachaille, *na* buachaillean (m.)

crab
crùbag, *a'* chrùbag, *na* crùbaige, *na* crùbagan (f.)

crab (green)
partan: *am* partan, *a'* phartain, *na* partanan (m.)

crack (n.)
sgoltadh: *an* sgoltadh, *an* sgoltaidh, *na* sgoltaidhean (m.)

cranny
fròg: *an* fhròg, *na* fròige, *na* frògan (f.)

crawl (v.)
ealaidh, ag ealadh; snàig, a' snàgadh

cream
uachdar: *an t*-uachdar, *an* uachdair, *na h*-uachdaran (m.)

create (v.)
cruthaich, a' cruthachadh

creature
creutair: *an* creutair, *a'* chreutair, *na* creutairean (m.)

creed
creideamh: *an* creideamh, *a'* chreideimh, *na* creideamhan (m.)

creel
cliabh: *an* cliabh, *a'* chléibh, *na* cléibh (m.)

creep (v.)
snàig, a' snàgadh

crew

sgioba: *an* sgioba, *an* sgioba, *na* sgioban (m.)
crippled (adj.)
bacach, *nas* bacaiche
crisis
éiginn: *an* éiginn, *na* h-éiginne, *na na* h-éiginn (f.)
criticise (e.g. literature) (v.)
beachdaich, a' beachdachadh
croaking
ròcail: *an* ròcail, *na* ròcaile (f.)
croft
croit: *a'* chroit, *na* croite, *na* croitean (f.)
crofter
croitear: *an* croitear, *a'* chroiteir, *na* croitearan (m.)
crop
pòr: *am* pòr, *a'* phòir, *na* pòran (m.)
crossword
toimhseachan-tarsainn (m.) (See **toimhseachan**)
crow
feannag: *an* fheannag, *na* feannaige, *na* feannagan (f.); ròcais: *an* ròcais, *na* ròcais, *na* ròcaisean (f.)
crow (hoodie)
starrag: *an* starrag, *na* starraige, *na* starragan (f.)
crowd
grùnn: *an* grùnn, *a'* ghrùnn (m.)
crowdy
gruth: *an* gruth, *a'* ghrutha (m.)
crown
crùn: *an* crùn, *a'* chrùin, *na* crùin (m.)
cruel (adj.)
borb, *nas* buirbe
cry (v.)
ràn, a' rànaich
cuckoo
cuthag, *a'* chuthag, *na* cuthaige, *na* cuthagan (f.)
culture (way of life)
dualchas: *an* dualchas, *an* dualchais (m.)
cunning (adj.)
carach, *nas* caraiche; seòlta, *nas* seòlta
cup
cupa: *an* cupa, *a'* chupa, *na* cupannan (m.)
cup of tea
strùpag: *an* strùpag, *na* strùpaige, *na* strùpagan (f.)
cupboard
preasa: *am* preasa, *a'* phreasa, *na* preasachan (m.)
cure
iocshlaint: *an* iocshlaint, *na* h-iocshlainte, *na* h-iocshlaintean (f.); leigheas: *an* leigheas, *an* leighis, *na* leigheasan (m.)
curlew
guilbneach: *an* guilbneach, *a'* ghuilbnich, *na* guilbnich (m.)
current
seòl-mara (m.) (See **seòl**); sruth: *an* sruth, *an* t-srutha, *na* sruthan (m.)
curse (v.)
mallaich, a' mallachadh; mionnaich, a' mionnachadh
curtain
cùirtear: *an* cùirtear, *a'* chùirteir, *na* cùirtearan (m.)
custom
cleachdadh: *an* cleachdadh, *a'* chleachdaidh, *na* cleachdaidhean (m); nòs: *an* nòs, *an* nòis, *na* nòsan (m.)
cut (v.)
gearr, a' gearradh

D

daddy-long-legs
breabadair: *am* breabadair, *a'* bhreabadair, *na* breabadairean (m.)
dagger
biodag: *a'* bhiodag, *na* biodaige, *na* biodagan (f.)
daisy
neoinean: *an* neoinean, *an* neoinein, *na* neoineanan (m.)

dance
danns: *an* danns, *an* dannsa, *na* dannsaidhean (m.)
dandelion
beàrnan-brìde: *am* beàrnan-brìde, *a'* bheàrnain-brìde, *na* bearnànan-brìde (m.)
dandified (adj.)
spaideil, *nas* spaideile
danger
cunnart: *an* cunnart, *a'* chunnairt, *na* cunnartan (m.)
dangerous (adj.)
cunnartach, *nas* cunnartaiche
dare (v.)
dùraig, *a'* dùraigeadh
dark (adj.)
dorcha, *nas* duirche
darkness (adj.)
dorchadas: *an* dorchadas, *an* dorchadais (m.)
my darling (of a child) (voc.)
m'eudail (f.)
dart
saighead: *an t-*saighead, *na* saighde, *na* saighdean (f.)
daughter
nighean: *an* nighean, *na* nighinne, *na* nigheanan (f.)
dawn
camhanaich: *a'* chamhanaich, *na* camhanaiche (f.)
day
latha: *an* latha, *an* latha, *na* làithean (m.)
all day long
fad an latha (See **fad**)
the following day
Iarnamhàireach (m.); an ath-latha (m.)
daylight
solus an latha
Judgement (the Day of)
Là a' Bhreitheanais (m.) (See **breitheanas**)
The Last Day
Là na Cruinne (m.)
dead (adj.)
marbh, *nas* mairbhe
deaf (adj.)
bodhar, *nas* bodhaire
dear (adj.)
daor, *nas* daoire; prìseil, *nas* prìseile
death
bàs: *am* bàs, *a'* bhàis (m.)
deceive (v.)
meall, *a'* mealladh
December
an Dùdlachd, *an* Dùdlachd (m.)
decent (adj.)
còir, *nas* còire
decide (v.)
cuir roimh (See **cuir**)
e.g. I decided
chuir mi romham
decry (v.)
càin, *a'* càineadh
degree
ìre: *an* ìre, *na h-*ìre (f.)
deep (adj.)
domhain, *nas* doimhne
deer
fiadh: *am* fiadh, *an* fhéidh, *na* féidh (m.)
deerhound
mialchù (m.) (See **cù**)
defeat
ruaig: *an* ruaig, *na* ruaige, *na* ruaigean (f.)
defend (v.)
dìon, *a'* dìon
dejected (adj.)
fo phràmh (Lit. under sorrow)
delay
dàil: *an* dàil, *na* dàile, *na* dàilean (f.); maille: *a'* mhaille, *na* maille (f.)
delight
sòlas: *an* sòlas, *an t-*sòlais (m.)
delightful (adj.)
taitneach, *nas* taitniche
den (of animal)
saobhaidh: *an* saobhaidh, *an t-*saobhaidh, *na* saobhaidhean (m.)
dense (adj.)
dùmhail, *nas* dùmhaile

deny

deny (v.)
diùlt, a' diùltadh (do)

depart (v.)
imich, ag imeachd

department
roinn: *an* roinn, *na* roinne, *na* roinnean (f.)
e.g. **Department of Education**
Roinn an Fhoghluim

depend (on) (v.)
croch, a' crochadh (air)

dependent on
an urra ri

deranged (adj.)
as mo (do, etc.) rian (Lit. out of my (your etc.) mind); saobh, *nas* saobha

descend (v.)
teirinn, a' tearnadh

descendants
siol: *an* siol, *an t-*sil (m.) (sing. n. lit. = seed); sliochd: *an* sliochd, *an t-*sliochda (m. coll.)

desert
fàsach: *an f*hàsach, *na* fàsaich, *na* fàsaichean (f.)

desire
miann: *am* miann, *a'* mhiann, *na* miannan (m.)

I desire (v.)
is miann leam (+ n. nom.)

dessert
milsean: *am* milsean, *a'* mhilsein (m.)

destination (n.)
ceann-uidhe: *an* ceann-uidhe, *a'* chinn-uidhe, *na* cinn-uidhe (m.)

destroy (v.)
mill, a' milleadh

destructive (adj.)
millteach, *nas* milltiche

dew
driùchd: *an* driùchd, *an* driùchda, *na* driùchdan (m.)

did
rinn (p.t. of dean) (See App.: **dean**)

die (v.)
bàsaich, a' bàsachadh; caochail, a' caochladh; rach gu bàs (See **rach**)

difference
difir: *an* difir, *an* difir, *na* difirean (m.); eadardhealachadh: *an t-*eadardhealachadh, *an* eadardhealachaidh, *na h-*eadardhealachaidhean (m.)

different (adj.)
eadardhealaichte, *nas* eadardhealaichte

difficult (adj.)
doirbh, *nas* duilghe

difficulty
duilgheadas: *an* duilgheadas, *an* duilgheadais (m.)

dig (v.)
cladhaich, a' cladhach; ruamhair, a' ruamhar

diligence
dichioll: *an* dichioll, *an* dichill (m.)

diligent (adj.)
dichiollach, *nas* dichiollaiche; dealasach, *nas* dealasaiche

dinner
dìnnear: *an* dìnnear, *na* dìnnearach, *na* dìnnearan (f.)

dipper (bird)
gobhlachan: *an* gobhlachan, *a'* ghobhlachain, *na* gobhlachain (m.)

director
fear-stiùiridh (m.) (See **fear**)

dirk
biodag: *a'* bhiodag, *na* biodaige, *na* biodagan (f.)

dirt
salachar: *an* salachar, *an t-*salachair, *na* salacharan (m.)

dirty (adj.)
salach, *nas* salaiche

dirty (v.)
salaich, a' salachadh

disagreement
easaontachd: *an* easaontachd, *na h-*easaontachd (f.)

disc (record)
clàr: *an* clàr, *a'* chlàir, *na* clàran (m.)

discord

discord
aimhreit, *an* aimhreit, *na* h-aimhreite, *na* h-aimhreitean (f.)
discussion
comhradh: *an* comhradh, *a'* chomhraidh, *na* comhraidhean (m.)
disease
galar, *an* galar, *a'* ghalair, *na* galaran (m.)
disgraceful (adj.)
nàrach, *nas* nàraiche; tàmailteach, *nas* tàmailtiche
dish
soitheach: *an* soitheach, *an* t-soithich, *na* soithichean (m.)
disperse (expel) (v. trans.)
fuadaich, *a'* fuadach
dissimilar (adj.)
eu-coltach, *nas* eu-coltaiche
distance
astar, *an* t-astar, *an* astair, *na* h-astair (m.)
distant (adj.)
cian, *nas* céine
distress
iomagain: *an* iomagain, *na* h-iomagaine, *na* h-iomagainean (f.)
district
cearn: *an* cearn, *a'* chearnaidh, *na* cearnaidhean (m.)
disturbance
buaireadh: *am* buaireadh, *a'* bhuairidh, *na* buairidhean (m.)
ditch
dìg: *an* dìg, *na* dìge, *na* dìgean (f.)
divide (v.)
roinn, *a'* roinn
division
roinn: *an* roinn, *na* roinne, *na* roinnean (f.)
do (v.)
dean, *a'* deanamh (Irr. v. See App.: **dean**)
doctor
dotair: *an* dotair, *an* dotair, *na* dotairean (m.)
dog
cù: *an* cù, *a'* choin, *na* coin, *nan* con (gen. pl.) (m. irr.)

drink

doll
luidheag: *an* luidheag, *na* luidheige, *na* luidheagan (f.)
door
dorus: *an* dorus, *an* doruis, *na* dorsan (m.)
doubt
teagamh: *an* teagamh, *an* teagaimh, *na* teagamhan (m.)
doubtful (adj.)
teagamhach, *nas* teagamhaiche
doubtless
gun teagamh (Lit. without doubt)
dove
calman: *an* calman, *a'* chalmain, *na* calmain (m.)
down (from above) (adv.)
a nuas (adv.)
down below (adv.)
shios
down(wards) (adv.)
sios
drag (v.)
slaod, *a'* slaodadh; tarraing, *a'* tarraing
dream
aisling: *an* aisling, *na* h-aislinge, *na* h-aislingean (f.); bruadar: *am* bruadar, *a'* bhruadair, *na* bruadaran (m.)
dream (v.)
bruadair, *a'* bruadar
dress
eideadh: *an* t-eideadh, *an* eididh, *na* h-eididhean (m.)
dresser
dreasair, *an* dreasair, *an* dreasair, *na* dreasairean (m.)
dress up (v.)
sgeadaich, *a'* sgeadachadh
well-dressed (adj.)
spaideil, *nas* spaideile
drink
deoch: *an* deoch, *na* dìbhe, *na* deochan (f.)
drink (v.)
òl, *ag* òl

98

drip (v.)
  sil, a' sileadh
drive (a car)
  stiùir, a' stiùireadh
drop
  boinne: *am* boinne, *a*' bhoinne, *na* boinnean (m.)
drown (v.)
  bàth, a' bàthadh
drug (n.)
  cungaidh: *a*' chungaidh, *na* cungaidh, *na* cungaidhean (f.)
drunk (adj.)
  misgeach, *nas* misgiche; fo mhisg (Lit. under inebriation)
dry (v.)
  tioramaich, a' tioramachadh
dry (scorch, wither) (v.)
  searg, a' seargadh
dry (adj.)
  tioram, *nas* tioraime
duck
  tunnag: *an* tunnag, *na* tunnaige, *na* tunnagan (f.)
duck (wild)
  lach: *an* lach, *na* lacha, *na* lachan (f.)
dumb (adj.)
  balbh, *nas* bailbhe
dun-coloured (adj.)
  odhar, *nas* uidhre
durable (adj.)
  buan, *nas* buaine; seasmhach, *nas* seasmhaiche
during (prep)
  ré (+ gen.)
dust
  duslach: *an* duslach, *na* duslaich (f.); luaithre: *an* luaithre, *na* luaithre (f.)
duty
  dleasdanas: *an* dleasdanas, *an* dleasdanais, *na* dleasdanais (m.); dreuchd: *an* dreuchd, *na* dreuchd (f.)
dwell (v.)
  tàmh, a' tàmh (v.)

E

each (adj.)
  gach (precedes n.)
eagle
  iolair: *an* iolair, *na* h-iolaire, *na* h-iolairean (f.)
ear
  cluas: *a*' chluas, *na* cluaise, *na* cluasan
early (adv.)
  moch
earn (v.)
  coisinn, a' cosnadh
earth
  talamh: *an* talamh, *an* talmhainn (m.); ùir: *an* ùir, *na* h-ùrach, *na* h-ùirean (f.)
east (n.)
  ear: *an* ear (f.)
east(ern) (adj.)
  ear
Easter
  a' Chàisg, *na* Càisge, *na* Càisgean (f.)
easy (adj.)
  furasda, *nas* fhasa; soirbh, *nas* soirbhe
easy-going (adj.)
  socrach, *nas* socraiche
eat (v.)
  ith, ag ithe
echo
  mac-talla (m.) (See **mac**)
edge
  oir: *an* oir, *na* h-oire, *na* h-oirean (f.)
editor
  fear-deasachaidh (m.) (See **fear**)
educate (v.)
  oileanaich, ag oileanachadh
education
  foghlum: *am* foghlum, *an* fhoghluim (m.)
eel
  easgann: *an* easgann, *na* h-easgainn, *na* h-easgannan (f.)
effect

effect
    buaidh: *a'* bhuaidh, *na* buaidhe, *na* buaidhean (f.); buil: *a'* bhuil, *na* buile (f.)

effective (adj.)
    eifeachdach, *nas* eifeachdaiche

effort
    spàirn: *an* spàirn, *na* spàirne (f.)

egg
    ugh: *an* t-ugh, *an* uighe, *na* h-uighean (m.)

eight (adj.)
    ochd

eight (as noun)
    a h-ochd

eight persons
    ochdnar

eighth (adj.)
    ochdamh

eighty (men)
    ceithir fichead (fear)

either (NOT either ... or)
    nas motha
    e.g. That doesn't matter either!
         Chaneil sin gu difeir nas motha!

elbow
    uileann: *an* uileann, *na* h-uilne, *na* h-uilnean (f.)

election
    taghadh: *an* taghadh, *an* taghaidh, *na* taghaidhean (m.)

electricity
    dealan: *an* dealan, *an* dealain (m.)

elegant (adj.)
    riomhach, *nas* riomhaiche; snasail, *nas* snasaile; snasmhor, *nas* snasmhoire

(the) elements (of weather)
    (na) siantan (See **sian**)

elm (tree)
    leamhan: *an* leamhan, *an* leamhain, *na* leamhain (m.)

eloquent (adj.)
    pongail, *nas* pongaile

else (adj.)
    eile
    e.g. someone else
         fear eile

embarrassed (adj.)
    tamailteach, *nas* tamailtiche

ember
    eibhleag: *an* eibhleag, *na* h-eibhleige, *na* h-eibhleagan (f.)

emigrant
    eilthireach: *an* t-eilthireach, *an* eilthirich, *na* h-eilthirich (m.)

empty (adj.)
    falamh, *nas* falaimhe

empty (v.)
    falamhaich, *a'* falamhachadh

encourage (v.)
    brosnaich, *a'* brosnachadh; misnich, *a'* misneachadh

encouragement
    misneach: *a'* mhisneach, *na* misnich (f.)

encouraging (adj.)
    misneachail, *nas* misneachaile

end (n.)
    crioch: *a'* chrioch, *na* criche, *na* criochan (f.); deireadh: *an* deireadh, *an* deiridh, *na* deiridhean (m.)

end (v.)
    criochnaich, *a'* criochnachadh

in the end
    air a' cheann thall; mu dheireadh; mu dheireadh thall

enemy
    nàmh: *an* nàmh, *an* naimh, *na* naimh (m.); nàmhaid: *an* nàmhaid, *an* nàmhad, *na* naimhdean (m.)

engagement (marriage)
    reiteachadh: *an* reiteachadh, *an* reiteachaidh, *na* reiteachaidh (m.)

engine
    inneal: *an* t-inneal, *an* inneil, *na* h-innealan (m.)

engineer
    innleadair: *an* t-innleadair, *an* innleadair, *na* h-innleadairen (m.)

engineering
    innleadaireachd: *an* t-innleadaireachd, *an* innleadaireachd (m.)

Englishman

Englishman
Sasunnach: *an* Sasunnach, *an* t-Sasunnaich, *na* Sasunnaich (m.)

English (adj.)
Sasunnach, *nas* Sasunnaiche

English (language)
Beurla: *a'* Bheurla, *na* Beurla (f.)

enjoy (v.)
meal, a' mealtainn (v.)

enjoyment
toil-inntinn, *an* toil-inntinn, *na* toil-inntinne, *na* toil-inntinnean (f.)

enlarge (v.)
leudaich, a' leudachadh; meudaich, a' meudachadh

enliven (v.)
beothaich, a' beothachadh

enmity
nàimhdeas: *an* nàimhdeas, *an* nàimhdeis (m.)

enough
gu leòr; (See gnothach)

enquire (v.)
feòraich, a' feòrach (de)

enthusiastic (about) (adj.)
dealasach, *nas* dealasaiche (air)

entice (v.)
tàlaidh, a' tàladh

entirely (adv.)
gu tur

envelope
céis: *a'* chéis, *na* céise, *na* céisean (f.)

envy
farmad: *am* farmad, *an* fharmaid (m.)

envy (v.)
gabh farmad ri (+ dat.) (See gabh)

equipment
uidheam: *an* t-uidheam, *an* uidheim, *na* h-uidheaman (m.)

escape (v.)
teich, a'teicheadh

especially (adv.)
air leth; gu h-àraidh; gu sònraichte

essence
brìgh: *a'* bhrìgh, *na* brìghe (f.)

establish (v.)
steidhich, a' steidheachadh

excellent

established
steidhichte (p.p. of steidhich)

estate
oighreachd: *an* oighreachd, *na* h-oighreachd, *na* h-oighreachdan (f.)

eternally (adv.)
gu siorruidh; gu bràth

evangelist
soisgeulach: *an* soisgeulach, *an* t-soisgeulaich, *na* soisgeulaich (m.)

even (adv.)
eadhon

evening
feasgar: *am* feasgar, *an* fheasgair, *na* feasgairean (m.)

event (m.)
tachartas: *an* tachartas, *an* tachartais, *na* tachartasan (m.)

ever (adv.)
a chaoidh (of future time)

ever (adv.)
riamh (only of time past)

every (adj.)
a h-uile (+ sing. n.)
e.g. **every boy**
a h-uile gille

every Tom, Dick & Harry
a h-uile mac màthar

evident (adj.)
am follais (Lit. in clearness)
e.g. **It will come to light**
Thig e am follais

evil
olc: *an* t-olc, *an* uilc, *na* h-uilc (m.)

evil (adj.)
olc, *nas* miosa

exam
deuchainn: *an* deuchainn, *na* deuchainn, *na* deuchainnean (f.)

example
eiseimplir: *an* eiseimplir, *na* h-eiseimplir, *na* h-eiseimpleirean (f.)

excellent (adj.)
sàr (precedes n. + asp.)
e.g. **an excellent man**
sar dhuine
sonraichte, *nas* sonraichte

exercising

exercising
cleasachd: *a'* chleasachd, *na* cleasachd (f.)

excursion
sgrìob: *an* sgrìob, *na* sgrìoba, *na* sgrìoban (f.)

excuse
leisgeul: *an* leisgeul, *an* leisgeil, *na* leisgeulan (m.)

exhortation
impidh: *an* impidh, *na h-*impidhe, *na h-*impidhean (f.)

exist (v.)
mair, *a'* mairsinn

I expect (v.)
Tha mi an dùil gu (+ dep. form of v.)

expensive (adj.)
cosgail, *nas* cosgaile; daor, *nas* daoire

explain (v.)
mìnich, *a'* mìneachadh

explore (v.)
rannsaich, *a'* rannsachadh

exploring
rannsachadh: *an* rannsachadh, *an* rannsachaidh, *na* rannsachaidh (m.)

eye
sùil: *an t-*sùil, *na* sùla, *na* sùilean (f.)

eye-brow
mala: *a'* mhala, *na* mala, *na* malaidhean (f.)

eyelash
rosg: *an* rosg, *an* roisg, *na* rosgan (m.)

eye-sight
fradharc: *am* fradharc, *an* fhradhairc (m.); leirsinn: *an* leirsinn, *na* leirsinn (f.)

F

face
aghaidh: *an* aghaidh, *na h-*aghaidhe, *na h-*aghaidhean (f.)

fair (of colour) (adj.)
bàn, *nas* bàine

father

fairy
sìthiche: *an* sìthiche, *an t-*sìthiche, *na* sìthichean (m.)

faithful (adj.)
dìleas, *nas* dìlse

fall (v.)
tuit, *a'* tuiteam

family
teaghlach: *an* teaghlach, *an* teaghlaich, *na* teaghlaichean (m.)

famous (adj.)
ainmeil, *nas* ainmeile

fank
faing: *an* fhaing, *na* fainge, *na* faingean (f.)

far (adv.)
fada, *nas* fhaide

far away
fad air falbh, *nas* fhaide air falbh

as far as (prep.)
gu ruige

fare
faradh: *am* faradh, *an* fharaidh, *na* faraidhean (m.)

farewell!
beannachd leat (sing.)!; beannachd leibh (pl.)!

take farewell (of)
gabh beannachd (le) (See **gabh**)

farewell
soraidh: *an t-*soraidh, *na* soraidh (f.) (le)

> e.g. Farewell to you, my love
> Soraidh leat, a'ghràidh

farmer
tuathanach: *an* tuathanach, *an* tuathanaich, *na* tuathanaich (m.)

fashion
fasan: *am* fasan, *an* fhasain, *na* fasanan (m.)

fashionable (adj.)
fasanta, *nas* fasanta

fast (adj.)
luath, *nas* luaithe

fat (adj.)
reamhar, *nas* reamhra

father
athair: *an t-*athair, *an* athar, *na*

father

h-athraichean (m.)

fatigue
sgìos: *an* sgìos, *na* sgìos (f.)

fault
coire: *a'* choire, *na* coire, *na* coireannan (f.); meang: *a'* mheang, *na* meanga, *na* meangan (f.)

at fault
coireach, *nas* coiriche (adj.)

favourable (adj.)
fàbharach, *nas* fàbharaiche

fear
eagal: *an t*-eagal, *an* eagail, *na h*-eagail (m.)

feast
ròic: *an* ròic, *na* ròice, *na* ròicean (m.)

feat
euchd: *an t*-euchd, *an* euchda, *na h*-euchdan (m.)

feather
ite: *an* ite, *na h*-ite, *na h*-itean (f.)

February
an Gearran, *a'* Ghearrain (m.)

feeble (adj.)
lag, *nas* laige

feed (v.)
biadh, *a'* biadhadh

feel (v.)
fairich, *a'* faireachdainn

fell (v.) (e.g. trees)
leag, *a'* leagail

female (adj.)
boirionn

feminine (adj.)
banail, *nas* banaile

fern
raineach: *an* raineach, *na* rainich, *na* rainich (f.)

ferry
aiseag: *an* aiseag, *na h*-aiseige, *na h*-aiseagan (f.)

ferry-boat
bàt-aiseige (m.) (See **bàta**)

few (adj.)
beagan (+ asp. + gen.)
   e.g. a few people
       beagan dhaoine

fever
fiabhrus: *am* fiabhrus, *an* f hiabhruis, *na* fiabhrusan (m.)

fiddle
fidheall: *an* f hidheall, *na* f idhle, *na* f idhlean (f.)

field
achadh: *an t*-achadh, *an* achaidh, *na h*-achaidhean (m.); raon: *an* raon, *an* raoin, *na* raointean (m.)

fierce (adj.)
borb, *nas* buirbe

fiery cross
crann-tara (See **crann**)

fifth (adj.)
cóigeamh

fifty (adj.)
leth-cheud (+ sing. n.)
   e.g. fifty soldiers
       leth-cheud saighdear

fight
sabaid: *an t*-sabaid, *na* sabaide, *na* sabaidean (f.)

fight (v.)
sabaid, *a'* sabaid (ri)

fill (v.)
lion, *a'* lionadh

film
film: *am* film, *an* f hilm, *na* filmean (m.)

filth
salachar: *an* salachar, *an t*-salachair, *na* salacharan (m.)

filthy (adj.)
rapach, *nas* rapaiche

find (v.)
lorg, *a'* lorg; faigh, *a'* faighinn

fine (adj.)
gasda, *nas* gasda

fine (of weather) (adj.)
breagha (briagha), *nas* breagha (briagha)

finger
corrag: *a'* chorrag, *na* corraige, *na* corragan (f.); meur: *a'* mheur, *na* meòir, *na* meòir (f.)

finish (v.)
criochnaich, *a'* criochnachadh

fire

fire (a gun) (v.)
  loisg, a' losgadh
fire
  teine: *an* teine, *an* teine, *na* teintean (m.)
fire-place
  cagailt: *a'* chagailt, *na* cagailte, *na* cagailtean (f.)
firm (adj.)
  daingeann, *nas* daingne
first (adj.)
  ceud (+ asp.)
  e.g. **the first boy**
        a cheud bhalach
at first
  air thoiseach
fish
  iasg: *an t*-iasg, *an* éisg, *na h*-éisg (m.)
fish (v.)
  iasgaich, ag iasgach
fisherman
  iasgair: *an t*-iasgair, *an* iasgair, *na h*-iasgairean (m.)
fishing-boat
  bàt'-iasgaich (See **bàta**)
fishing line
  driamlach: *an* driamlach, *an* driamlaich, *na* driamlaich (m.)
fishing-rod
  slat-iasgaich (f.) (See **slat**)
fist
  dòrn: *an* dòrn, *an* dùirn, *na* dùirn (m.)
fisticuffs
  bualadh-dhòrn: *am* bualadh-dhòrn, *a'* bhualaidh-dhòrn (m.)
five (adj.)
  cóig
five (n.)
  a cóig
five people (n.)
  cóignear
flail
  sùist: *an t*-sùist, *na* sùiste, *na* sùistean (f.)
flame
  lasair: *an* lasair, *na* lasrach, *na* lasraichean (f.)

folklore

flash
  soillse: *an* soillse, *an t*-soillse, *na* soillsean (m.)
flask
  searrag: *an t*-searrag, *na* searraige, *na* searragan (f.)
flexible (adj.)
  sùbailte, *nas* sùbailte
flirt
  mir, a' mire
flit (i.e. change residence) (v.)
  imrich, ag imrich
flood
  tuil: *an* tuil, *na* tuile, *na* tuiltean (f.)
floor
  làr: *an* làr, *an* làir, *na* làran, (m.);
  ùrlar: *an t*-ùrlar, *an* ùrlair, *na h*-ùrlairean (m.)
flounder (fish)
  leabag: *an* leabag, *na* leabaige, *na* leabagan (f.)
flow (v.)
  sruth, a' sruthadh
flower
  flùr: *am* flùr, *an* fhlùir, *na* flùraichean (m.)
fluent (adj.)
  fileanta, *nas* fileanta (adj.)
fly
  cuileag: *a'* chuileag, *na* cuileige, *na* cuileagan (f.)
foal
  searrach: *an* searrach, *an t*-searraich, *na* searraich (m.)
foam
  cobhar: *an* cobhar, *a'* chobhair (m.)
fodder
  fodar: *am* fodar, *an* fhodair (m.)
fold (for sheep or cattle)
  buaile: *a'* bhuaile, *na* buaile, *na* buailtean (f.)
fold (v.)
  paisg, a' pasgadh
foliage
  duilleach: *an* duilleach, *na* duillich (f.)
folklore

104

folklore   **fragment**

beul-aithris (f.) (See **beul**)

follow (v.)
lean, a' leantainn

the following day
larnamhaireach (m.); an ath-latha (m.)

fond (of) (adj.)
déidheil, *nas* déidheile (air); measail *nas* measaile (air)

food
biadh: *am* biadh, a' bhìdh (m.); lòn: *an* lòn, *an* lòin (m.)

fool
amadan: *an t*-amadan, *an* amadain, *na h*-amadain (m.)

fooling (n.)
fealla-dhà: *an f*healla-dhà, *na* fealla dhà (f.)

foolish (adj.)
gòrach, *nas* gòraiche

foolishness
gòraiche: a' ghòraiche, *na* gòraiche (f.)

foot
cas: a' chas, *na* coise, *na* casan (f.)

foot (measure)
troigh: *an* troigh, *na* troighe, *na* troighean (f.)

football
ball-coise (m.) (See **ball**)

for (prep.)
airson (+ gen.)

for (of time) (prep.)
car (+ acc.)
   e.g. **for a moment**
      car tiota

for (i.e. because) (conj.)
oir (+ ind. form of v.)

force
spàirn: *an* spàirn, *na* spàirne (f.)

fore-father
priomh-athair (m.) (See **athair**); sinnsear: *an* sinnsear, *an t*-sinnsir, *na* sinnsirean (m.)

forehead
bathais: a' bhathais, *na* bathais, *na* bathaisean (f.)

foreign (adj.)

céin, *nas* céine

foreknowledge
roimh-f hios (m.) (See **fios**)

forest
coille: a' choille, *na* coille, *na* coilltean (f.)

forever (adv.)
gu bràth; am feasd; gu siorruidh

forget (v.)
diochuimhnich, a' diochuimhneachadh

forgive (v.)
maith, a' mathadh

forgiveness
maitheanas: *am* maitheanas, a' mhaitheanais (m.)

forsake (v.)
tréig, a' tréigsinn

fort
dùn: *an* dùn, *an* dùin, *na* dùin (m.)

fortnight
colladeug (contr. of ceithir-latha-deug)

fortunate (adj.)
sealbhach, *nas* sealbhaiche

forty (men)
da f hichead (fear)

forward(s) (adv.)
air adhart

found (v.)
steidhich, a' steidheachadh

foundation
bunait: a' bhunait, *na* bunaite, *na* bunaitean (f.)

four (adj.)
ceithir

four (n.)
a ceithir

fourth (adj.)
ceathramh

four persons (n.)
ceathrar

fox
madadh-ruadh (m.) (See **madadh**); sionnach: *an* sionnach, *an t*-sionnaich, *na* sionnaich (m.)

fragment (of cloth)
sgòd: *an* sgòd, *an* sgòid, *na* sgòdan (m.)

fragment
spealg: *an* spealg, *na* speilg, *na* spealgan (f.)

fragments (n. pl.)
sprùileach: *an* sprùileach, *na* sprùiliche (f. coll.)

free (adj.)
an asgaidh (Lit. in a gift)

free (at liberty) (adj.)
saor, *nas* saoire

freedom
saorsa: *an t*-saorsa, *na* saorsa (f.)

freezer
reothadair: *an* reothadair, *an* reothadair, *na* reothadairean (m.)

frenzy
boile: *a'* bhoile, *na* boile (f.)

frequent (adj.)
minig, *nas* minige; tric, *nas* trice

fresh (adj.)
ùr, *nas* ùire

Friday
Di-Haoine

friend
caraid: *an* caraid, *a'* charaid, *na* cairdean (m.)

friend (female)
bancharaid: *a'* bhancharaid, *na* bancharaide, *na* banchairdean (f.)

friendly (with) (adj.)
càirdeil, *nas* càirdeile (ri)

frog
losgann: *an* losgann, *an* losgainn, *na* losgannan (m.)

frolick (v.)
mir, *a'* mire

from (a)
a

from (the)
as (+ art.)

from
(bh)o (+ asp. + dat.)

from me, you etc.
see bhuam

front
beulaibh: *am* beulaibh, *a'* bheulaibh (m.)

in front of (prep.)
air beulaibh (+ gen.)

frost
reothadh: *an* reothadh, *an* reothaidh (m.)

fruit
meas: *am* meas, *a'* mheasa, *na* measan (m.)

bring to fruition
thoir gu buil (See thoir)

full (of) (adj.)
làn, *nas* làine (de)

fumes
smùid: *an* smùid, *na* smuide (f.)

fun
spòrs: *an* spòrs, *na* spòrsa (f.)

funny (adj.)
éibhinn, *nas* éibhinne

furniture
àirneis: *an* àirneis, *na h*-àirneise, *na h*-àirneisean (f.)

G

Gaelic
Gàidhlig: *a'* Ghàidhlig, *na* Gàidhlige (f.)

galley
birlinn: *a'* bhìrlinn, *na* birlinne, *na* birlinnean (f.)

gamekeeper
geamair: *an* geamair, *a'* gheamair, *na* geamairean (m.)

gannet
guga: *an* guga, *a'* ghuga, *na* gugaichean (m.); sùlair: *an* sùlair, *an t*-sùlair, *na* sùlairean (m.)

gap
bearn: *a'* bhearn, *na* beirn, *na* bearnan (f.)

garden
gàradh: *an* gàradh, *a'* ghàraidh, *na* gàraidhean (m.)

gardening
gàirneileachd: *a'* ghàirneileachd, *na* gàirneileachd (f.)

gas

gas: *an* gas, *a'* ghais (m.)

gate
geata: *a'* gheata, *na* geata, *na* geataichean (f.)

gather (v.)
cruinnich, a' cruinneachadh; tionail, a' tional

gay (adj.)
aighearach, *nas* aighearaiche

general (army) (n.)
seanalair: *an* seanalair, *an* t-seanalair, *na* seanalairean (m.)

generally (adv.)
(am) bitheantas

generation
ginealach: *an* ginealach, *a'* ghinealaich, *na* ginealaich (m.)

generous (adj.)
fialaidh, *nas* fialaidhe

gentle (adj.)
mìn, *nas* mìne; socair, *nas* socaire

gentleman
duine uasal (m.) (See **duine**)

gentleness
suairceas: *an* suairceas, *an* t-suairceis (m.)

geography
tìr-eòlas: *an* tìr-eòlas, *an* tìr-eòlais (m.)

get (v.)
faigh, a' faighinn AND a' faotainn (Irr. v. See App.: **faigh**)

ghost
bòcan: *am* bòcan, *a'* bhòcain, *na* bòcain (m.); samhladh: *an* samhladh, *an* t-samhlaidh, *na* samhlaidhean (m.); taibhse: *an* taibhse, *an* taibhse, *na* taibhsean (m.)

giant
famhair: *am* famhair, *an* fhamhair, *na* famhairean (m.)

gift
tiodhlac: *an* tiodhlac, *an* tiodhlaic, *na* tiodhlaicean (m.)

girl
caileag: *a'* chaileag, *na* caileige, *na* caileagan (f.)

girl (poetic)
rìbhinn: *an* rìbhinn, *na* rìbhinne, *na* rìbhinnean (f.)

give (v.)
thoir, a' toirt (Irr. v. See App.: **thoir**)

glass
gloine: *a'* ghloine, *na* gloine, *na* gloineachan (f.)

glen
gleann: *an* gleann, *a'* ghlinne, *na* glinn AND *na* gleanntan (m.)

glittering (adj.)
lannaireach, *nas* lannairiche

gloom
gruaim: *a'* ghruaim, *na* gruaime (f.)

gloomy (adj.)
gruamach, *nas* gruamaiche

glove
miotag: *a'* mhiotag, *na* miotaige, *na* miotagan (f.)

go (v.)
rach, a' dol (Irr. v. See App.: **rach**); falbh, a' falbh

go abroad
rach a null thairis

go north
rach mu thuath

go on!
siuthad! (sing.) defective v. siuthadaibh! (pl.)

goat
gobhar: *a'* ghobhar, *na* goibhre, *na* goibhrean (f.)

god
dia: *an* dia, *an* dé, *na* diathan (m.); *an* Ni Math (m.) (See **ni**)

gold
òr: *an* t-òr, *an* òir (m.)

good (adj.)
math, *nas* f heàrr

Goodbye!
Beannachd leat (sing.)! Beannachd leibh (pl.)!

goodness
math: *am* math, *a'* mhaith (m.); maitheas: *am* maitheas, *a'* mhaitheis (m.)

goods

goods
 badhar: *am* badhar, *a'* bhadhair (m.)
goose
 geadh: *an* geadh, *a'* gheòidh, *na* geòidh (m.)
gospel
 soisgeul: *an* soisgeul, *an t-*soisgeil, *na* soisgeil (m.)
government
 riaghaltas: *an* riaghaltas, *an* riaghaltais (m.)
grain
 gràn: *an* gràn, *a'* ghràin, *na* gràinean (m.)
grammar
 gràmair: *an* gràmair, *a'* ghràmair, *na* gràmairean (m.)
grandchild
 ogha: *an t-*ogha, *an* ogha, *na h-*oghaichean **AND** *na h-*oghachan (m.)
grandfather
 seanair: *an* seanair, *an t-*seanair, *na* seanairean (m.)
grandmother
 seanmhair: *an t-*seanmhair, *na* seanmhar, *na* seanmhairean (f.)
grasp (v.)
 greimich, *a'* greimeachadh
grass
 feur: *am* feur, *an* fheòir (m.)
grass-edge
 fàl: *am* fàl, *an* fhàil, *na* fàil (m.)
grave
 uaigh: *an* uaigh, *na h-*uaghach, *na h-*uaighean (f.)
gravel
 grinneal: *an* grinneal, *a'* ghrinneil (m.)
graveyard
 cladh: *an* cladh, *a'* chlaidh, *na* cladhan (m.)
graze (v.)
 feuraich, *a'* feurach
greed
 sannt: *an* sannt, *an t-*sannta (m.)
greedy (adj.)
 sanntach, *nas* sanntaiche; gionach, *nas* gionaiche
green (adj.)
 uaine, *nas* uaine; gorm, *nas* guirme
grey (adj.)
 liath, *nas* léithe
grief
 smalan: *an* smalan, *an* smalain, *na* smalain (m.)
grind (v.)
 bleith, *a'* bleith
grip
 greim: *an* greim, *a'* ghreime, *na* greimean (m.)
groove
 eag: *an* eag, *na h-*eaga, *na h-*eagan (f.)
grope (v.)
 rùraich, *a'* rùrach
group
 buidheann: *a'* bhuidheann, *na* buidhne, *na* buidhnean (f.)
play-group
 buidheann-cluich (f.)
grove
 doire: *an* doire, *na* doire, *na* doireachan (f.)
grow (v.)
 fàs, *a'* fàs
gruel
 brochan: *am* brochan, *a'* bhrochain (m.)
guard (n.)
 freiceadan: *am* freiceadan, *an* fhreiceadain, *na* freiceadanan (m.)
guide (v.)
 treòraich, *a'* treòrachadh
guide-book
 leabhar-iùil (m.) (See **leabhar**)
guilty (adj.)
 ciontach, *nas* ciontaiche; coireach, *nas* coiriche
gun
 gunna: *an* gunna, *a'* ghunna, *na* gunnaichean (m.)
gurgling (adj.)
 plubraich, *nas* plubraiche

gush (v.)
   steall, a' stealladh

H

habitually (adv.)
   (am) bitheantas
hair
   falt: *am* falt, *an* fhuilt (m.)
half
   leth: *an* leth, *na* leth (f.)
and a half
   gu leth (used after the noun)
   e.g. **three and a half feet**
      tri troighean gu leth
half-hour
   leth uair (See **uair**)
half-past (ten)
   leth uair an deidh (deich)
hall
   talla: *an* talla, *na* talla, *na* tallaichean (f.)
Halloween
   Oidhche Shamhna (See **an t-Samhainn**)
halting (adj.)
   lapach, *nas* lapaiche
ham
   muc-fheòil: *a'* mhuc-fheòil, *na* muic fheòil (f.)
hammer
   òrd: *an t-*òrd, *an* ùird, *na h-*ùird (m.)
hand
   làmh: *an* làmh, *na* làimhe, *na* làmhan (f.)
in hand
   os làimh
the upper hand
   làmh an uachdair
handkerchief
   neapaicin: *an* neapaicin, *na* neapaicine, *na* neapaicinean (f.)
handle (v.)
   laimhsich, a' laimhseachadh
handsome (adj.)
   pearsanta, *nas* pearsanta

handwriting
   làmh-sgrìobhaidh (m.): (See **lamh**)
happen (v.)
   tachair, a' tachairt
as it happened
   mar thachair
hang (v.)
   croch, a' crochadh
happiness
   sonas: *an* sonas, *an t-*sonais (m.)
happy (adj.)
   toilichte, *nas* toilichte; sona, *nas* sona; subhach, *nas* subhaiche
harass (v.)
   sàraich, a' sàrachadh
harbour
   caladh: *an* caladh, *a'* chalaidh, *na* calaidhean (m.); laimrig: *an* laimrig, *na* laimrige, *na* laimrigean (f.)
hard (adj.)
   cruaidh, *nas* cruaidhe
hardy (adj.)
   calma, *nas* calma
hardly
   cha mhór gu (+ dep. for of v.)
   (See **scarcely**)
hare
   geàrr: *a'* gheàrr, *na* gearra, *na* gearran (f.); maigheach: *a'* mhaigheach, *na* maighiche, *na* maighichean (f.)
harm
   beud: *am* beud, *a'* bheud, *na* beudan (m.); cron: *an* cron, *a'* chroin (m.)
harmless (adj.)
   solta, *nas* solta
harp
   clàrsach: *a'* chlàrsach, *na* clàrsaiche, *na* clàrsaichean (f.)
harpist
   clàrsair: *an* clàrsair, *a'* chlàrsair, *na* clàrsairean (m.)
harvest
   buain: *a'* bhuain, *na* buana (f.)
hat
   ad: *an* ad, *na h-*aide, *na h-*adan (f.)

hatred

hatred
 gràin: *a'* ghràin, *na* gràine (f.);
 fuath: *am* fuath, *an* fhuatha (m.)
haughtiness
 pròis: *a'* phròis, *na* pròise (f.)
haughty (adj.)
 pròiseil, *nas* pròiseile
have to (must) (v.)
 feumaidh (+ v. n.) (def. v.)
  e.g. **I have to leave**
    Feumaidh mi fàgail
    They have to buy food
    Feumaidh iad biadh a
    cheannach
hawk
 seabhag: *an t*-seabhag, *na*
 seabhaig, *na* seabhagan (f.)
hazel
 calltainn: *a'* challtainn, *na*
 calltainne, *na* calltainn (f.)
he (pron.)
 e
head
 ceann: *an* ceann, *a'* chìnn, *na* cìnn
 (m.)
headland
 rinn: *an* rinn, *na* rinne, *na* rinnean
 (f.); ros: *an* ros, *an* rois, *na* rosan
 (m.); rubha: *an* rubha, *an* rubha,
 na rubhan (m.)
headmaster
 maighstir-sgoile (m.) (See **maighstir**)
health
 slàinte: *an t*-slàinte, *na* slàinte (f.)
Good health!
 Slàinte mhór!
healthy (adj.)
 fallain, *nas* fallaine; slàn, *nas*
 slàine
hear (v.)
 cluinn, *a'* cluintinn (Irr. v. See
 App.: **cluinn**)
heart
 cridhe: *an* cridhe, *a'* chridhe, *na*
 cridheachan (m.)
heart-break
 briseadh-cridhe: *am* briseadh-
 cridhe, *a'* bhrisidh-cridhe, *na*
 brisidhean-cridhe (m.)
hearty (adj.)
 cridheil, *nas* cridheile
heat
 teas: *an* teas, *an* teas (m.)
heather
 fraoch: *am* fraoch, *an* fhraoich (m.)
heaven
 nèamh: *an* nèamh, *an* nèimh, *na*
 nèamhan (m.)
heavens
 speur: *an* speur, *na* speura, *na*
 speuran (m.)
Good heavens!
 Mo chreach!
heavy (adj.)
 trom, *nas* truime
hedgehog
 gràineag: *a'* ghràineag, *na*
 gràineig, *na* gràineagan (f.)
heel
 sàil: *an t*-sàil, *na* sàile AND *na*
 sàlach, *na* sàiltean (f.)
height
 àirde: *an* àirde, *na h*-àirde, *na*
 h-àirdean (f.)
heir
 oighre: *an t*-oighre, *an* oighre, *na*
 h-oighreachan (m.)
Hell
 ifrinn: *an* ifrinn, *na h*-ifrinn, *na*
 h-ifrinnean (f.)
helmet (n.)
 clogaid: *a'* chlogaid, *na* clogaide, *na*
 clogaidean (f.)
helmsman
 stiùireadair: *an* stiùireadair, *an*
 stiùireadair, *na* stiùireadairean (m.)
help
 cuideachadh: *an* cuideachadh, *a'*
 chuideachaidh (m.)
help (v.)
 cuidich, *a'* cuideachadh
hen
 cearc: *a'* chearc, *na* circe, *na*
 cearcan (f.)
her (pron. direct object)
 i

her   **holy**

her (adj.)
   a (*not* + asp.); a h- (+ vowel)

herd
   greigh: *a'* ghreigh, *na* greighe, *na* greighean (f.)

here (adv.)
   (ann) an seo

here and there
   thall 's a bhos; an siud 's an seo

heritage
   dualchas: *an* dualchas, *an* dualchais (m.)

hermit
   aonaran: *an t*-aonaran, *an* aonarain, *na h*-aonaranan (m.)

hero
   gaisgeach: *an* gaisgeach, *a'* ghaisgich, *na* gaisgich (m.); laoch: *an* laoch, *an* laoich, *na* laoich (m.)

little hero
   laochan: *an* laochan, *an* laochain, *na* laochain (m.)

herring
   sgadan: *an* sgadan, *an* sgadain, *na* sgadain (m.)

hide (of animal)
   seich: *an t*-seich, *na* seiche, *na* seichean (f.)

hide (containing hair)
   bian: *am* bian, *a'* bhéin, *na* béin (m.)

hide (shaggy)
   peall: *am* peall, *a'* phill, *na* pillean (m.)

hide (v.)
   falaich, a' falach

hide and seek
   falach-fead (m.)

high (adj.)
   àrd, *nas* àirde

Highland (adj.)
   Gaidhealach, *nas* Gaidhealaiche

the Highlands
   a' Ghaidhealtachd (nom. sing.), *na* Gaidhealtachd (gen. sing.) (f.)

The Highlands & Islands Development Board
   Bòrd-Leasachaidh na Gaidhealtachd 's nan Eilean

The Highland Region
   Roinn na Gaidhealtachd (f.)

hillock
   cnoc: *an* cnoc, *a'* chnuic, *na* cnocan (m.); tulach: *an* tulach, *an* tulaich, *na* tulaich (m.)

hillside
   leathad: *an* leathad, *an* leathaid, *na* leathaidean (m.)

him (pron. direct object)
   e

hind
   eilid: *an* eilid, *na h*-éilde, *na h*-éildean (f.)

hinder (v.)
   bac, a' bacadh

hinge
   bann: *am* bann, *a'* bhanna, *na* bannan (m.)

hire (v.)
   fasdaidh, a' fasdadh

his (adj.)
   a (+ asp.)

history
   eachdraidh: *an* eachdraidh, *na h*-eachdraidhe, *na h*-eachdraidhean (f.)

hit (v.)
   buail, a' bualadh

hither
   a nall

hither and thither
   a null 's a nall

take hold of
   beir, a' breith + air (Irr. v. See App.: **beir**)

hole
   toll: *an* toll, *an* tuill, *na* tuill (m.)

holiday
   latha saor (m.) (See **latha**)

hollow
   sloc: *an* sloc, *an t*-sluic, *na* slocan (m.)

hollow (little)
   lagan: *an* lagan, *an* lagain, *na* laganan (m.)

holy (adj.)
   naomh, *nas* naoimhe

The Holy Child
  an Leanabh Naomh (m.) (See leanabh)

home
  dachaidh: *an* dachaidh, *na* dachaidh, *na* dachaidhean (f.)

home-sickness
  cianalas, *an* cianalas, *a'* chianalais (m.)

home (wards) (adv.)
  dhachaidh

honest
  fìrinneach, *nas* fìrinniche

honey
  mil: *a'* mhil, *na* meala (f.)

honeymoon (the)
  mios nam pog (m.) (See mios)

honour
  onoir: *an* onoir, *na h-*onoire, *na h-*onoirean (f.)

hook
  dubhan: *an* dubhan, *an* dubhain, *na* dubhain (m.)

hop
  sinteag: *an t-*sinteag, *na* sinteige, *na* sinteagan (f.)

hope
  dòchas: *an* dòchas, *an* dòchais, *na* dòchasan (m.)

I hope that (v.)
  tha mi an dòchas gu (+ dep. form of v.)
    e.g. I hope that you are happy
      Tha mi an dòchas gu bheil thu toilichte

horrible (adj.)
  oillteil, *nas* oillteile

horse
  each: *an t-*each, *an* eich, *na h-*eich (m.)

horseman
  marcaiche: *am* marcaiche, *a'* mharcaiche, *na* marcaichean (m.)

hospitable (adj.)
  aoidheil, *nas* aoidheile

hospital
  ospadal: *an t-*ospadal, *an* ospadail, *na h-*ospadalan (m.)

hostility
  naimhdeas: *an* naimhdeas, *an* naimhdeis (m.)

hot (adj.)
  teth, *nas* teotha

hotel
  taigh-òsda (m.); taigh seinnse (m.) (See taigh)

hotelier
  òsdair: *an t-*òsdair, *an* òsdair, *na h-*osdairean (m.)

hour
  uair: *an* uair, *na h-*uarach, *na h-*uairean (f.)

house
  taigh: *an* taigh, *an* taighe, *na* taighean (m.)

How?
  Ciamar?

How long . . .?
  Dé cho fad's a (+ indep. form of v.)
    e.g. How long were you in London?
      Dé cho fad's a bha thu ann an Lunnain?

How many?
  Cia mheud (+ sing. n.)
    e.g. How many trees are on the island?
      Cia mheud craobh a tha air an eilean

considering how much
  leis cho mór agus a (+ indep. form of v.)

however (adv.)
  gidheadh; co-dhiù

howling
  nuallanaich: *an* nuallanaich, *na* nuallanaiche (f.)

hubbub
  othail: *an* othail, *na h-*othaile, *na h-*othailean (f.)

human (adj.)
  daonda, *nas* daonda

humble (adj.)
  iriosal, *nas* iriosaile

humility

humility

irioslachd: *an* irioslachd, *na h-*irioslachd (f.)

hundred (adj.)
ceud (ciad) (+ sing. n.)
  e.g. a hundred soldiers
        ceud saighdear

hunger
acras: *an t-*acras, *an* acrais (m.)

I am hungry
Tha an t-acras orm

hunt (n.)
sealg: *an t-*sealg, *na* seilge, *na* sealgan (f.)

hunt (v.)
sealg, a' sealg

hunter
sealgair: *an* sealgair, *an t-*sealgair, *na* sealgairean (m.)

hunting
sealgaireachd: *an t-*sealgaireachd, *na* sealgaireachd (f.)

hurried (adj.)
cabhagach, *nas* cabhagaiche

hurry
cabhag, *a'* chabhag, *na* cabhaige (f.)

I am in hurry
Tha cabhag orm

hurry (v.)
greas, a' greasadh

hurry up!
greas ort! (sing.); greas oirbh! (pl.)

husband
céile: *an* céile, *a'* chéile (m.)

husk
plaosg: *am* plaosg, *a'* phlaoisg, *na* plaosgan (m.)

hut
bothan: *am* bothan, *a'* bhothain, *na* bothain (m.)

hymn
laoidh: *an* laoidh, *na* laoidhe, *na* laoidhean (f.)

I

I (pron.)
mi; mise (emphatic)

ice
deigh: *an* deigh, *na* deighe (f.)

idle (adj.)
diomhain, *nas* diomhaine

if (conj.)
ma (+ indep. form of v. in pres. t.)
  e.g. if I am
        ma tha mi
ma (+ rel. future)
  e.g. if I shall be
        ma bhitheas mi
nan, nam (+ dep. form of v. in p.t.)
  e.g. if I was, if I were
        nan robh mi

if . . . not
mur(a) (+ dependent form of v. p.t. & pres. t.; + rel. future tense)

ignorant (adj.)
aineolach, *nas* aineolaiche

ill-behaved (adj.)
mi-stòlda, *nas* mi-stòlda

image
iomhaigh: *an* iomhaigh, *na h-*iomhaighe, *na h-*iomhaighean (f.)

imagination
mac-meanma, *am* mac-meanma, *a' mhic-*meanma

immediately (adv.)
air ball

important (adj.)
cudthromach, *nas* cudthromaiche

impossible (adj.)
eu-comasach, *nas* eu-comasaiche

improve (v.)
leasaich, a' leasachadh

in a (prep.)
ann an (am before b.f. m. p) + dat.
  e.g. in a boat
        ann am bàta

in the (prep.)
anns + article + dat.
  e.g. in the boat
        anns a' bhàta

in me (you etc.)

in me

See **annam**
incapable (adj.)
eu-comasach, *nas* eu-comasaiche
inch
òirleach: *an t-*òirleach, *an* òirlich, *na h-*oirlich (m.)
incident (m.)
tachartas: *an* tachartas, *an* tachartais, *na* tachartasan (m.)
indeed (adv.)
da-rìribh; gu dearbh
independence (political)
féin-riaghladh: *am* féin-riaghladh, *an* f'héin-riaghlaidh (m.)
independence (of character)
neo-eiseimealachd: *an* neo-eiseimealachd, *na* neo-eiseimealachd (f.)
indifferent (adj.)
coma
I am indifferent to
is coma leam (+ nom. n.)
I am totally indifferent!
Tha mi coma to-dhiù!
indignant (adj.)
tàmailteach, *nas* tàmailtiche
individually (adv.)
fa leth
industrious (adj.)
dìchiollach, *nas* dìchiollaiche; gnìomhach, *nas* gnìomhaiche
industry (factories etc.)
gnìomhachas: *an* gnìomhachas, *a' ghnìomhachais* (m.)
infamy
mi-chliù: *am* mi-chliù, *a'* mhi-chliù (m.)
infant
pàisd: *am* pàisd, *a'* phàisde, *na* pàisdean (f.)
infectious (adj.)
gabhaltach, *nas* gabhaltaiche
information
fiosrachadh: *am* fiosrachadh, *an* fhiosrachaidh (m.)
informed (adj.)
fiosrach, *nas* fiosraiche
inhabitants

interest

muinntir: *a'* mhuinntir, *na* muinntire (f. coll.)
inheritance
oighreachd: *an* oighreachd, *na h-*oighreachd, *na h-*oighreachdan (f.)
inhospitable (adj.)
mosach, *nas* mosaiche
injustice
eucoir: *an* eucoir, *na h-*eucòrach, *na h-*eucoirean (f.); mi-cheartas: *am* mi-cheartas, *a'* mhi-cheartais (m.)
innkeeper
òsdair: *an t-*òsdair, *an* òsdair, *na h-*òsdairean (m.)
innocent (adj.)
neo-chiontach, *nas* neo-chiontaiche
inside (prep.)
am broinn (+ gen.)
in(side) (adv.)
a staigh; a stigh
instead of
an àite (+ gen.)
instrument
inneal: *an t-*inneal, *an* inneil, *na h-*innealan (m.)
insult (v.)
nàraich, *a'* nàrachadh
insulting (adj.)
tàmailteach, *nas* tàmailtiche
insurance
urras: *an t-*urras, *an* urrais, *na h-*urrasan (m.)
intelligence
tuigse: *an* tuigse, *na* tuigse (f.)
intelligent (adj.)
tuigseach, *nas* tuigsiche
intelligibility
soilleireachd: *an t-*soilleireachd, *na* soilleireachd (f.)
intention
miann: *am* miann, *a'* mhiann, *na* miannan (m.); rùn: *an* rùn, *an* rùin, *na* rùintean (m.)
interest (on money)
riadh: *an* riadh, *an* réidh (m.)
interest (concern)
ùidh: *an* ùidh, *na h-*ùidhe, *na h-*ùidhean (f.)

interesting (adj.)
  intinneach, *nas* intinniche
into (prep.)
  a steach do (+ dat.)
    e.g. He is going into the house
        Tha e a'dol a steach do'n taigh
intoxication
  daorach: *an* daorach, *na* daoraich, *na* daoraich (f.)
introduction (e.g. of a book)
  roimh-ràdh: *an* roimh-ràdh, *an* roimh-ràidh, *na* roimh-ràdhan (m.)
intruder
  sgimilear: *an* sgimilear, *an* sgimileir, *na* sgimilearan (m.)
invisible (adj.)
  neo-fhaicsinneach, *nas* neo-fhaicsinniche
invitation
  cuireadh: *an* cuireadh, *a'* chuiridh, *na* cuiridhean (m.)
invoice (n.)
  fàirdeal: *am* fàirdeal, *an* fhàirdeil, *na* fàirdeil (m.)
iron
  iarunn: *an t*-iarunn, *an* iaruinn, *na* h-iaruinn (m.)
iron (v.)
  iarnaig, ag iarnaigheadh
island
  eilean: *an t*-eilean, *an* eilein, *na* h-eileanan (m.)
The Lord of the Isles
  Triath nan Eilean (See triath)
it (nom. & acc. pron.)
  e (m.); i (f.)

J

jacket
  seacaid: *an t*-seacaid, *na* seacaide, *na* seacaidean (f.)
jam
  silidh: *an* silidh, *an t*-silidh (m.)
January
  am Faoilteach, *an* Fhaoiltich (m.)

jersey
  geansaidh: *an* geansaidh, *a'* gheansaidh, *na* geansaidhean (m.);
  peitean: *am* peitean, *a'* pheitein, *na* peiteanan (m.)
jewel
  ailleagan: *an t*-ailleagan, *an* ailleagain, *na* h-ailleagain (m.);
  seud: *an* seud, *an t*-seòid, *na* seudan AND *na* seoid (m.)
job (employment)
  cosnadh: *an* cosnadh, *a'* chosnaidh, *na* cosnaidhean (m.)
joiner
  saor: *an* saor, *an t*-saoir, *na* saoir (m.)
joist
  spàrr: *an* spàrr, *an* spàrra, *na* spàrran (m.)
jollity
  sùgradh: *an* sùgradh, *an t*-sùgraidh (m.)
journey
  turus: *an* turus, *an* turuis, *na* tursan (m.)
joy
  aoibhneas: *an t*-aoibhneas, *an* aoibhneis, *na* h-aoibhneasan (m.);
  sòlas: *an* sòlas, *an t*-sòlais (m.)
judge
  breitheamh: *am* breitheamh, *a'* bhreitheimh, *na* breitheamhan (m.)
judgment
  breith: *a'* bhreith, *na* breithe (f.)
July
  an t-Iuchar, *an* Iuchair (m.)
jump
  leum: *an* leum, *an* leuma, *na* leuman (m.)
jump (v.)
  leum, a' leum
June
  an t-Og-Mhios, *an* Og-Mhiosa (m.)
justice
  ceartas: *an* ceartas, *a'* cheartais (m.)
just (adj.)
  ceart, *nas* cearta; direach, *nas* diriche

just (exactly) (adv.)
  dìreach
    e.g. just as you said
      dìreach mar a thuirt thu
justice
  còir: *a' chòir, na còrach, na còraichean* (f.)

K

keen (on) (adj.)
  déidheil, *nas* déidheile (air)
keep (v.)
  cùm, a' cumail; gléidh, a' gléidheadh
kettle
  coire: *an coire, a' choire, na coireachan* (m.)
key
  iuchair: *an iuchair, na h-iuchrach, na h-iuchraichean* (f.)
kick
  breab: *am breab, a' bhreaba, na breaban* (m.)
kick (v.)
  breab, a' breabadh
kill (v.)
  marbh, a' marbhadh
kilt
  féileadh: *am féileadh, an fhéilidh, na féilidhean* (m.)
kind (type)
  seòrsa: *an seòrsa, an t-seòrsa, na seòrsachan* (m.)
kind (to) (adj.)
  coibhneil, *nas* coibhneile (ri); còir *nas* còire
king
  rìgh: *an rìgh, an rìgh, na rìghrean* (m.)
kingdom
  rìoghachd: *an rìoghachd, na rìoghachd, na rìoghachdan* (f.)
kiss (v.)
  pòg, a' pògadh
kiss
  pòg: *a' phòg, na pòige, na pògan* (f.)

kitten
  piseag: *a' phiseag, na piseige, na piseagan* (f.)
knee
  glùin: *a' ghlùin, na glùine, na glùinean* (f.)
kneel (v.)
  sleuchd, a' sleuchdadh
knife
  sgian: *an sgian, na sgeine, na sgianan* (f.)
knight
  ridir: *an ridir, an ridir, na ridirean* (m.)
knit (v.)
  figh, a' fighe
knock (v.)
  gnog, a' gnogadh
knocking
  gnogadh: *an gnogadh, a' ghnogaidh, na gnogaidhean* (m.)
knock down (v.)
  leag, a' leagail
I know
  tha fios agam air + dat.
    e.g. I know that subject
      Tha fios agam air a' chuspair sin
I know (a person)
  is aithne dhomh + n. nom.
    e.g. I know Mary
      Is aithne dhomh Mairi
knowledge
  eòlas: *an t-eòlas, an eòlais* (m.); fios: *am fios, an fhiosa* (m.)
knowledgeable (about) (adj.)
  eòlach, *nas* eòlaiche (air)

L

laboratory
  obair-lann: *an obair-lann, na h-obair-lainn, na h-obair-lannan* (f.)
labour
  saothair: *an t-saothair, na saothrach, na saothraichean* (f.)
labour (v.)

labour

saothraich, a' saothrachadh

lack
cion: *an* cion, *a'* chion (m.); dìth: *an* dìth, *na* dìth (f.)

lady
bean-uasal (f.) (See **bean**)

ladder
fàradh: *am* fàradh, *an* fhàraidh, *na* fàraidhean (m.)

lamb
uan: *an t*-uan, *an* uain, *na h*-uain (m.)

lame (adj.)
bacach, *nas* bacaiche; crùbach, *nas* crùbaiche

lamp
lampa: *an* lampa, *na* lampa, *na* lampaichean (m.)

land
fearann: *am* fearann, *an* fhearainn, *na* fearainn (m.); tìr: *an* tìr, *na* tìre, *na* tìrean (f.)

language
cànain: *a'* chànain, *na* cànaine, *na* cànainean (f.)

lantern
lòchran: *an* lòchran, *an* lòchrain, *na* lòchrain (m.)

lark
uiseag: *an* uiseag, *na h*-uiseige, *na h*-uiseagan (f.)

last (adj.)
deireannach, *nas* deireannaiche

last (adj.)
mu dheireadh
e.g. last week
an t-seachdainn mu dheireadh

at last
mu dheireadh

at long last
mu dheireadh thall

last night (ad.)
an raoir

lastly (adv.)
mu dheireadh

late (at night) (adj.)
anmoch, *nas* anmoiche

legacy

late (for an appointment) (adj.)
fadalach, *nas* fadalaiche

(the) late
nach maireann
e.g. **the late Alan McDonald**
Ailean Domhnullach nach maireann

Latin
Laidionn: *an* Laidionn, *na* Laidinn (f.)

laugh
gàire: *an* gàire, *a'* ghàire, *na* gàirean (m.)

laugh (v.)
dean gàire (See **dean**)

law
lagh: *an* lagh, *an* lagha, *na* laghannan (m.)

lawyer
fear-lagha: *am* fear-lagha, *an* fhir-lagha, *na* fir-lagha (m.)

laziness
leisg: *an* leisg, *na* leisge (f.)

lazy (adj.)
leisg, *nas* leisge

lead
luaidh: *an* luaidh, *na* luaidhe (f.)

leader
ceannard: *an* ceannard, *a'* cheannaird, *na* ceannardan (m.)

leaf
duilleag: *an* duilleag, *na* duilleige, *na* duilleagan (f.)

learn (v.)
ionnsaich, ag ionnsachadh

learned (adj.)
foghluimte, *nas* foghluimte

leave (v.)
fàg, a' fàgail

leer (n.)
plion: *am* plion, *a'* phlion (m.)

left (adj.)
clì, *nas* clìthe

leg
cas: *a'* chas, *na* coise, *na* casan (f.)

legacy
dìleab: *an* dìleab, *na* dìleib, *na* dìleaban (f.)

117

legal

legal (adj.)
  laghail, *nas* laghaile
leisure
  socair: *an t*-socair, *na* socaire AND *na* socrach (f.)
length
  fad: am fad, an fhaid (m.)
in length
  am fad
lesson
  leasan: *an* leasan, *an* leasain, *na* leasain (m.)
let (allow) (v.)
  leig, a' leigeil (le)
  e.g. He will not let Mary do that
       Cha leig e le Mairi sin a dheanamh
letter
  litir: *an* litir, *na* litreach, *na* lithrichean (f.)
level (adj.)
  còmhnard, *nas* còmhnairde; réidh, *nas* réidhe
liberty
  saorsa: *an t*-saorsa, *na* saorsa (f.)
library
  lann-leabhraichean: *an* lann-leabhraichean, *na* lainn-leabhraichean (f.)
T.V. licence
  cead-coimhead (m.) (See cead)
vehicle licence
  cead-rathaid chàraichean (m.) (See cead)
lichen
  crotal: *an* crotal, a' chrotail (m.)
lie (untruth)
  breug: a' bhreug, *na* breige, *na* breugan (f.)
lie (down) (v.)
  laigh, a' laighe
life
  beatha: a' bheatha, *na* beatha, *na* beathannan (f.)
lifestyle
  dòigh-beatha (See dòigh)
lift (v.)
  tog, a' togail

linen

light
  leus: *an* leus, *an* leòis (m.); soillse: *an t*-soillse, *na* soillse, *na* soillsean (f.); solus: *an* solus, *an t*-soluis, *na* soluis (m.)
light (v.)
  las, a' lasadh
lightning
  dealanach: *an* dealanach, *an* dealanaich, *na* dealanaich (m.)
like (similar to) (adj.)
  coltach, *nas* coltaiche
  e.g. James is like John
       Tha Seumas coltach ri Iain
I (you etc.) like
  is math leam (leat etc.) + n. nom. or verbal n.; is toigh leam (leat etc.) + n. nom. or verbal n.
  e.g. I like Mary
       is toigh leam Mairi
       I like to fish (i.e. fishing)
       is toigh leam iasgach
like (v.)
  See please (v.)
like (=as) (adv.)
  mar (+asp.)
  e.g. Fast like a deer
       Luath mar fhiadh
like (conj.)
  mar a (+ indep. form of v.)
likeness
  coltas: *an* coltas, a' choltais (m.); samhail: *an* samhail, *an t*-samhla, *na* samhailean (m.)
likelihood
  coltas: *an* coltas, a' choltais (m.)
in all likelihood
  a reir coltais
likewise (adv.)
  mar an ceudna
limit (n.)
  crìoch: a' chrìoch, *na* crìche, *na* crìochan (f.)
line
  loine: *an* loine, *na* loine, *na* lointean (f.)
linen
  anart: *an t*-anart, *an* anairt, *na*

linen
   h-anartan (m.)
lion
   leomhann: *an* leomhann, *an* leomhainn, *na* leomhainn (m.)
lip
   bile: *a'* bhile, *na* bile, *na* bilean (f.)
listen (to) (v.)
   éisd, ag éisdeachd (ri)
listeners
   luchd-eisdeachd (m.)
literature
   litreachas: *an* litreachas, *an* litreachais (m.)
little (adj.)
   beag, *nas* lugha; meanbh, *nas* meanbha
a little (pron.)
   beagan (nom.), beagain (gen.) (m.)
little by little
   beagan is beagan
livelihood
   beò-shlàinte: *a'* bheò-shlàinte, *na* beò-shlàinte (f.)
lively (adj.)
   aigeannach, *nas* aigeannaiche; beòthail, *nas* beòthaile; sgairteil, *nas* sgairteile; sùnndach, *nas* sùnndaiche
load
   eallach: *an t*-eallach, *an* eallaich, *na h*-eallaich (m.); luchd: *an* luchd, *na* luchda, *na* luchdan (f.)
loan
   iasad: *an t*-iasad, *an* iasaid, *na h*-iasadan (f.)
lobster
   giomach, *an* giomach, *a'* ghiomaich, *na* giomaich (m.)
loch
   loch: *an* loch, *an* locha, *na* lochan (m.)
lochan
   lochan: *an* lochan, *an* lochain, *na* lochain (m.)
lock (v.)
   glas, a' glasadh
locked (p.p.)
   glaiste

lonely (adj.)
   aonaranach, *nas* aonaranaiche
long (adj.)
   fada, *nas* fhaide
long for (v.)
   ionndrainn, ag ionndrainn
long lasting (adj.)
   buan, *nas* buaine
longing
   ionndrainn: *an* ionndrainn, *na h*-ionndrainne (f.)
for a long time (of past time)
   o chionn fhada
     e.g. I haven't seen you for a long time
       Chan fhaca mi thusa o chionn fhada
look (v.)
   amhairc, ag amharc
look (at) (v.)
   coimhid, a' coimhead (air); seall, a' sealltainn (air)
Look! (Behold!)
   Feuch!
loom
   beairt: *a'* bheairt, *na* beairte, *na* beairtean (m.)
loose (v.)
   sgaoil, a' sgaoileadh
lord
   morair: *am* morair, *a'* mhorair, *na* morairean (m.); tighearna: *an* tighearna, *an* tighearna, *na* tighearnan (m.)
The Lord of the Isles
   Triath nan Eilean (m.) (See **triath**)
lorry
   làraidh: *an* làraidh, *na* làraidh, *na* làraidhean (f.)
lose (v.)
   caill, a' call
loss
   call: *an* call, *a'* challa, *na* callaidhean (m.)
a lot of
   móran, mórain (m.) (+ gen. when followed by a sing. n.; + asp. + gen. when followed by a plural n.)

a lot

e.g. a lot of Gaelic
móran Gàidhlige
a lot of houses
móran thaighean

love
gaol: *an* gaol, *a'* ghaoil (m.);
gràdh: *an* gràdh, *a'* ghràidh (m.)

love (v.)
gràdhaich, *a'* gràdhachadh

loving (adj.)
gràdhach, *nas* gràdhaiche

low (adj.)
ìosal, *nas* ìsle

Lowlands
Galldachd: *a'* Ghalldachd, *na* Galldachd (f.)

Lowland (adj.)
Gallda, *nas* Gallda

lowland plain
machair: *a'* mhachair, *na* machrach, *na* machraichean (f.)

Lowlander
Gall: *an* Gall, *a'* Ghoill, *na* Goill (m.)

luck
sealbh: *an* sealbh, *an t*-seilbh, *na* sealbhan (m.)

lucky (adj.)
sealbhach, *nas* sealbhaiche

luggage
treallaichean (nom. pl.), *na* treallaichean (nom. pl.)

lump
meall: *am* meall, *a'* mhill, *na* meallan (m.)

lung
sgamhan: *an* sgamhan, *an* sgamhain, *na* sgamhanan (m.)

M

mackerel
rionnach: *an* rionnach, *an* rionnaich, *na* rionnaich (m.)

mad (adj.)
saobh, *nas* saobha

made (p.t.)

so many

rinn (p.t. of dean) (See App.: dean)

madness
boile: *a'* bhoile, *na* boile (f.)

magazine
iris: *an* iris, *na* h-irise, *na* h-irisean (f.)

magazine (quarterly)
ràitheachan: *an* ràitheachan, *an* ràitheachain, *na* ràitheachain (m.)

maid (poetic)
rìbhinn: *an* rìbhinn, *na* rìbhinne, *na* rìbhinnean (f.)

maiden
gruagach: *a'* ghruagach, *na* gruagaiche, *na* gruagaichean (f.);
maighdean: *a'* mhaighdean, *na* maighdin, *na* maighdeanan (f.);
òigh: *an* òigh, *na* h-òighe, *na* h-òighean (f.)

mainland
tìr mór: *an* tìr mór, *an* tìr mhóir (m.)

majority
mór-chuid: *am* mór chuid, *a'* mhóir-chuid (m.)

make (v.)
dean, *a'* deanamh (Irr. v. See App.: dean)

malice
mi-rùn: *am* mi-rùn, *a'* mhi-rùin (m.)

man
duine: *an* duine, *an* duine, *na* daoine (m.)

many a (adj.)
iomadh (+ sing. n.); a liuthad (+ sing. n.)

many (adj.)
móran (+ asp. + gen.)
e.g. many men
móran dhaoine

how many? (See how)
cia mheud (+ sing. n.)

so many
a leithid (de); uiread (+ gen. or de)
e.g. I have never seen so many people

so many
Chan f haca mi riamh uiread de dhaoine

March
 am Mart, a' Mhairt (m.)

mare
 làir: an làir, na làire, na làirean (f.)

mark (examination)
 comharradh: an comharradh, a' chomharraidh, na comharraidhean (m.)

market
 fèill: an fhèill, na fèille, na fèilltean (f.)

marry (v.)
 pòs, a' pòsadh

marvellous (adj.)
 miorbhaileach, nas miorbhailiche

mast
 crann: an crann, a' chroinn, na croinn (m.)

master
 maighstir: am maighstir, a' mhaighstir, na maighstirean

material
 stuth: an stuth, an stuith, na stuthan (m.)

matter
 gnothach: an gnothach, a' ghnothaich, na gnothaichean (m.)

It does not matter!
 Chan eil e gu difir!; Ma thogair!

mature (adj.)
 inbheach, nas inbhiche

maul (v.)
 pronn, a' pronnadh

May
 an Ceitean, a' Cheitein (m.); a' Mhàigh, na Màighe (f.)

may (i.e. be allowed) (v.)
 faodaidh (+ verbal n.)
  e.g. **You may (i.e. are allowed to) go away**
   Faodaidh tu falbh
  I may do that
   Faodaidh mi sin a dheanamh

may not
 chan fhaod (+ verbal n.)

me (pron. direct object)
 mi

meadow
 dail: an dail, na daile, na dailean (f.);
 lianag: an lianag, na lianaige, na lianagan (f.);
 lòn: an lòn, an lòin, na lòintean (m.)

meal (for hens etc.)
 min: a' mhin, na mine (f.)

mean (adj.)
 spìocach, nas spìocaiche

mean character
 spìocaire: an spìocaire, an spìocaire, na spìocairean (m.)

by means of
 trìd (+ gen.)

measles
 griuthach: a' ghriuthach, na griuthaiche (f.)

measure (v.)
 tomhais, a' tomhas

meat
 feòil: an fheòil, na feòla (f.)

medal
 bonn: am bonn, a' bhuinn, na buinn AND na bonnan (m.)

gold medal
 bonn-òir (m.)

silver medal
 bonn-airgid (m.)

medicine
 cungaidh: a' chungaidh, na cungaidhe, na cungaidhean (f.)

mediocre (adj.)
 meadhonach, nas meadhonaiche

meet (v.)
 coinnich, a' coinneachadh (m.);
 tachair, a' tachairt (ri)

meeting
coinneamh: a' choinneamh, na coinneimh, na coinneamhan (f.)

melodious (adj.)
 binn, nas binne; fonnmhor, nas fonnmhoire

member
 ball: am ball, a' bhuill, na buill (m.)

memory
 cuimhne: a' chuimhne, na

memory

cuimhne (f.)
merciful (adj.)
  tròcaireach, nas tròcairiche
messenger
  teachdaire: an teachdaire, an teachdaire, na teachdairean (m.)
mew (v.)
  miag, a' miagail
mid-day
  meadhon-latha (m.)
middle
  meadhon: am meadhon, a' mheadhoin, na meadhonan (m.)
midge
  meanbh-chuileag: a' mheanbh-chuileag, na meanbh-chuileige, na meanbh-chuileagan (f.)
midnight
  meadhon-oidhche (m.)
mighty (adj.)
  neartmhor, nas neartmhoire
mild (adj.)
  seimh, nas seimhe; somalta, nas somalta
mild (of temperament) (adj.)
  siobhalta, nas siobhalta
mile
  mile: a' mhile, na mile, na miltean (f.)
milk
  bainne: am bainne, a' bhainne (m.)
milk (v.)
  bleoghainn, a' bleoghann
milking time
  eadradh: an t-eadradh, an eadraidh, na h-eadraidhean (m.)
mill
  muileann: a' mhuileann, na muilne, na muiltean (f.)
million
  muillean: am muillean, a' mhuillein, na muilleanan (m.)
mind
  intinn: an inntinn, na h-inntinne, na h-inntinnean (f.)
out of my mind
  as mo rian

monster

minister
  ministear: am ministear, a' mhinisteir, na ministearan (m.)
minute
  mionaid: a' mhionaid, na mionaide, na mionaidean (f.)
minute (adj.)
  mionaideach, nas mionaidiche
mirror
  sgàthan: an sgàthan, an sgàthain, na sgàthanan (m.)
mirth
  mire: a' mhire, na mire (f.);
  sùgradh: an sùgradh, an t-sùgraidh (m.)
misfortune
  mi-fhortan: am mi-fhortan, a' mhi-fhortain, na mi-fhortanan (m.)
mist
  ceò: an ceò, a' cheò (m.)
mistake
  mearachd: a' mhearachd, na mearachd, na mearachdan (f.)
Mister, Mr.
  Maighstir: am maighstir, a' mhaighstir, na maighstirean (m.)
mistress, Mrs.
  ban-mhaighstir (f.) (See **maighstir**)
mix (v.)
  measgaich, a' measgachadh
mod
  mòd: am mòd, a' mhòid, na mòdan (m.)
mole
  famh: am famh, an fhaimh, na famhan (m.)
in a moment
  an ceartair
Monday
  Di-Luain (m.)
from Monday to Friday
  bho Dhi-Luain gu Di-haoine
money
  airgiod: an t-airgiod, an airgid (m.)
monk
  manach: am manach, a' mhanaich, na manaich (m.)
monster

122

monster
  uile-bheist: *an* uile-bheist, *na* h-uile-bheist, *na* h-uile-bheistean (f.)

month
  mios: *am* mios, *a'* mhios, *na* miosan (m.)

moon
  gealach: *a'* ghealach, *na* gealaich (f.)

moor (land)
  blàr: *am* blàr, *a'* bhlàir, *na* blàran (m.); monadh: *am* monadh, *a'* mhonaidh, *na* monaidhean (m.); mòinteach: *a'* mhòinteach, *na* mòintich, *na* mòintichean (f.)

more (adj.)
  barrachd (+ asp. + gen); tuilleadh (+ asp. + gen)
  e.g. more people
        barrachd dhaoine

more (adv.)
  tuilleadh
  e.g. I will return no more
        Cha till mi tuilleadh

more than
  a bharrachd air; còrr is (+ n. nom.)

morning
  madainn: *a'* mhadainn, *na* maidne, *na* madainnean (f.)

morsel
  mìr: *am* mìr, *a'* mhìr, *na* mìrean (m.)

moss
  còinneach: *a'* chòinneach, *na* còinniche (f.)

mother
  màthair: *a'* mhàthair, *na* màthar, *na* màthraichean (f.)

mother (adj.)
  màthaireil
  e.g. mother tongue
        cànain mhàthaireil

mountain
  beinn, *a'* bheinn, *na* beinne, *na* beanntan (f.)

mouse
  luch: *an* luch, *na* lucha, *na* luchan (f.)

mouth
  beul: *am* beul, *a'* bheòil, *na* beòil (m.)

mouth music
  port-a-beul (m.)

move (v. trans & intrans.)
  caraich, a' carachadh; gluais, a' gluasad

move (v. intrans.)
  imich, ag imeachd

much
  mòran, mòrain (m.) (+ gen.)
  e.g. much hunger
        mòran acrais

How much does it cost?
  Dé a' phris a tha e?

so much
  a leithid (+ gen. OR + de); uiread (+ gen. OR + de.)
  e.g. I have never seen so much money
        Chan fhaca mi riamh uiread airgid

mud
  poll: *am* poll, *a'* phuill (m.)

murder
  murt: *am* murt, *a'* mhuirt, *na* muirt (m.)

museum
  taigh-tasgaidh (m.) (See taigh)

music
  ceòl: *an* ceòl, *a'* chiùil, *na* ciùil (m.)

musical instrument
  inneal-ciùil (m.) (See inneal)

musicians
  luchd-ciuil (m.)

must (v.)
  feumaidh (+ verbal n.) (defective v.)
  e.g. You must go away
        Feumaidh tu falbh
       I must buy food
        Feumaidh mi biadh a cheannach

I must (v.)
  is (fh)eudar dhomh (+ verbal n.)
  e.g. I must walk home
        Is (fh)eudar dhomh

must

coiseachd dhachaidh
I must see Mary
Is (fh)eudar dhomh Màiri fhaicinn

I must
tha agam ri (+ verbal n.)
  e.g. **I must walk**
  Tha agam ri coiseachd

my (adj.)
mo (+ asp.)

N

nail (i.e. of a finger)
ìne: *an* ìne, *na* h-ìne, *na* h-ìnean (f.)

nail (metal)
tarag: *an* tarag, *na* taraige, *na* taragan (f.)

name
ainm: *an* t-ainm, *an* ainme, *na* h-ainmean (m.)

name (v.)
ainmich, ag ainmeachadh

named
ris an abrar; ris an canar
  e.g. **the boy named John**
  an gille ris an abrar Iain

narrow (adj.)
caol, *nas* caoile; cumhang, *nas* cumhainge

nasty (adj.)
mosach, *nas* mosaiche

nationality
dùthchas: *an* dùthchas, *an* dùthchais, *na* dùthchasan (m.)

natural (adj.)
nàdurrach, *nas* nàdurraiche

nature
nàdur: *an* nàdur, *an* nàduir, *na* nàduir (m.)

naughty
mi-mhodhail, *nas* mi-mhodhaile

near (adj.)
dlùth, *nas* dlùithe; faisg, *nas* fhaisge

neigh

near (prep.)
faisg air (+ dat.); an cois (+ gen.)

neat (adj.)
grinn, *nas* grinne; snasmhor, *nas* snasmhoire

necessary (adj.)
feumail, *nas* feumaile; riatanach, *nas* riatanaiche

neck
amhach: *an* amhach, *na* h-amhaiche, *na* h-amhaichean (f.)

need
dìth: *an* dìth, *na* dìthe, *na* dìthean (f.)

need (v. trans)
feumaidh (defective v.)

need (i.e. lack) (v.)
a dhìth air (See dìth)
  e.g. **Mary needs food**
  Tha biadh a dhìth air Mairi
  (Lit. food is lacking on Mary)

need (i.e. have to) (v.)
leig leas (+ infin.) (See leig)
  e.g. **You need not go to school**
  Cha leig thu leas a dhol do'n sgoil

in need (of)
feumach, *nas* feumaiche (air) (adj.)
  e.g. **in need of food**
  feumach air biadh

needle
snathad: *an* t-snathad, *na* snathaide, *na* snathadan (f.)

neglect
dearmad, *an* dearmad, *an* dearmaid, *na* deramaid AND *na* dearmadan (m.)

neglect (v.)
leig air dhearmad (See leig)
  e.g. **He neglected the work**
  Leig e an obair air dhearmad

negligence
neo-chùram: *an* neo-chùram, *an* neo-chùraim (m.)

neigh (of a horse) (v.)

neigh

sitrich, a' sitrich

neighbour
nàbaidh: *an* nàbaidh, *an* nàbaidh, *na* nàbaidhean (m.)

nest
nead: *an* nead, *an* nid, *na* nid (m.)

nest (v.)
neadaich, a' neadachadh

net (fishing)
lìon: *an* lìon, *an* lìn, *na* lìn (m.)

nettle
deanntag: *an* deanntag, *na* deanntaige, *na* deanntagan (f.)

never
neg. v. + ever (See **ever**)

new
nuadh, *nas* nuaidhe; ùr, *nas* ùire

news
fios: *am* fios, *an* fhiosa, *na* fiosan (m.); naidheachd: *an* naidheachd, *na* naidheachd, *na* naidheachdan (f.)

newspaper
paipear-naidheachd (See **paipear**) (m.)

next (adj.)
ath (precedes n. + asp.)

nice (adj.)
laghach, *nas* laghaiche; snog, *nas* snoige

night
oidhche: *an* oidhche, *na* h-oidhche, *na* h-oidhcheannan (f.)

all night long
fad na h-oidhche (See **fad**)

last night (adv.)
(an) raoir

nimble (adj.)
sgiobalta, *nas* sgiobalta

nine
naoi

nine (persons)
naoinear

ninety (men)
ceithir fichead (fear) 's a deich

ninth
naoidheamh

noble (adj.)
usual, *nas* uaisle

nut

noise
fuaim: *am* fuaim, *an* fhuaime, *na* fuaimean (m.)

noisy (adj.)
faramach, *nas* faramaiche; ùpraideach, *nas* ùpraidiche

North (adj.)
tuath

in the North
mu thuath

to the North of (Mull)
tuath air (Muile)

nose
sròn: *an t*-sròn, *na* sròine, *na* sronan (f.)

note (of music)
pong: *am* pong, *a'* phuing, *na* pongan (m.)

notice (v.)
mothaich, a' mothachadh

notice (n.)
sanas: *an* sanas, *an t*-sanais, *na* sanasan (m.)

novel
nobhal: *an* nobhal, *an* nobhail, *na* nobhalan

novelty
annas: *an t*-annas, *an* annais, *na* h-annasan (m.)

November
an t-Samhainn, *na* Samhna (f.)

now (adv.)
a nis; an dràsda

become numb (v.)
rag, a' ragadh

number
aireamh: *an t*-aireamh, *na* h-aireimhe, *na* h-aireamhan (f.)

numerous (adj.)
lìonmhor, *nas* lìonmhoire; pailt, *nas* pailte

nurse
banaltrum: *a'* bhanaltrum, *na* banaltruim, *na* banaltruim (f.)

nut
cnò: *a'* chnò, *na* cnotha, *na* cnothan (f.)

O

oak
  darach: *an* darach, *na* daraich, *na* daraich (f.)

oar
  ràmh: *an* ràmh, *an* raimh, *na* raimh (m.)

oath
  bòid: *a'* bhòid, *na* bòide, *na* bòidean (f.); mionn: *am* mionn, *a'* mhionna, *na* mionnan (m.)

oatmeal
  min-choirce (f.) (See **min**)

oats
  coirce: *an* coirce, *a'* choirce (m.)

obedient (adj.)
  umhail, *nas* umhaile

obliging (adj.)
  easgaidh, *nas* easgaidhe

obstruction
  cnap-starradh: *an* cnap-starradh, *a'* chnap-starraidh, *na* cnap-starraidh (m.)

obvious (adj.)
  follaiseach, *nas* follaisiche

ocean
  cuan: *an* cuan, *a'* chuain, *na* cuantan (m.)

October
  an Dàmhar, *an* Dàmhair (m.)

of (prep.)
  de (+ asp. + dat.)

of me, of you etc.
  See **dhiom**

off me, you etc.
  See **dhiom**

offer (v.)
  tairg, *a'* tairgsinn

office
  oifis: *an* oifis, *na* h-oifis, *na* h-oifisean (f.)

officer
  oifigear: *an* t-oifigear, *an* oifigir, *na* h-oifigearan (m.)

official
  maor: *am* maor, *a'* mhaoir, *na* maoir (m.)

official (adj.)
  dreuchdail, *nas* dreuchdaile

offspring
  sliochd: *an* sliochd, *an* t-sliochda (m. coll.)

often (adv.)
  gu tric

oil
  ola: *an* ola, *na* h-ola, *na* h-olaichean (f.)

oil rig
  crann ola (m.) (See **crann**)

old
  sean AND seann, *nas* sine.
  (Seann precedes the noun it qualifies and usually aspirates it,
  e.g. **seann chù**
      an old dog
  If, however, the following noun begins with **d, t** or **s**, it is not aspirated
  e.g. **seann duine**
      (an old man)

old-fashioned (adj.)
  seanagarra, *nas* seanagarra

old man
  bodach: *am* bodach, *a'* bhodaich, *na* bodaich (m.)

old woman
  cailleach: *a'* chailleach, *na* cailliche, *na* cailleachan

omission
  dearmad: *an* dearmad, *an* dearmaid, *na* dearmadan AND *na* dearmaid (m.)

on (prep.)
  air (+ dat.)

on me you etc.
  See **orm**

once (on one occasion)
  aon uair

one (adj.)
  aon

one (person or thing)
  fear: *am* fear, *an* fhir (m.); té: *an* té, *na* té (f.)

one at a time
  fear mu seach

only

only (adv.)
a mhàin

open (v.)
fosgail, a' fosgladh

open (adj.)
fosgailte, *nas* fosgailte

opinion
barail: *a' bharail, na baralach, na barailean* (f.); beachd: *am beachd, a' bheachd, na beachdan* (m.)

opportunity
cothrom: *an cothrom, a' chothruim, na cothroman* (m.)

opposite (prep.)
mu choinneamh (+ gen.)

oppression
fòirneart: *am fòirneart, an fhòirneirt* (m.)

or (conj.)
neo; no

oral tradition
beul-aithris (f.) (See **beul**)

orange
orainsear: *an t-orainsear, an orainseir, na h-orainsearan* (m.)

orchestra
orcastra: *an t-orcastra, an orcastra, na h-orcastran* (m.)

order (command and arrangement)
òrdugh: *an t-òrdugh, an òrduigh, na h-òrduighean*

order (arrangement)
rian: *an rian, an rian* (m.)

order (v.)
òrduich, ag òrduchadh

in order
(ann) an òrdugh

orderly (adj.)
dòigheil, *nas* dòigheile

other (adj.)
eile

otherwise (adv.)
air neo

otter
dóbhran: *an dóbhran, an dóbhrain, na dóbhran* (m.)

I ought (v.)
bu chòir dhomh (+ verbal n.)

pain

e.g. You ought to stay here
Bu chòir dhut fuireach an seo
I ought to do that
Bu chòir dhomh sin a dheanamh

ounce
ùnnsa: *an t-ùnnsa, an ùnnsa, na h-ùnnsachan* (m.)

our (adj.)
ar

out (involving motion) (adv.)
a mach

out of me, you etc.
See **asam**

outside (adv.)
a muigh

over (adv.)
thairis

over (prep.)
thar (+ asp. + gen.); tarsainn (+ gen.); thairis air (+ dat.)

over me, you etc.
See **tharam**

over-confident (adj.)
bragail, *nas* bragaile

owl (barn)
comhachag: *a' comhachag, na comhachaig, na comhachagan* (f.)

owner
uachdaran: *an t-uachdaran, an uachdarain, na h-uachdaranan* (m.)

P

pack
pac: *am pac, a' phaic, na pacaichean* (m.); poca: *am poca, a' phoca, na pocannan* (m.)

page
duilleag: *an duilleag, na duilleige, na duilleagan* (f.)

pail
cuman: *an cuman, a' chumain, na cumain* (m.); peile: *am peile, a' pheile, na peilichean* (m.)

pain

127

pain

pain
  pian: *am* pian, *a'* phèin, *na* piantan (m.)
pair
  càraid: *a'* chàraid, *na* càraide, *na* càraidean (f.); paidhir: *a'* phaidhir, *na* paidhreach, *na* paidhirichean (f.)
palace
  lùchairt: *an* lùchairt, *na* lùchairte, *na* lùchairtean (f.)
palm (of hand)
  bas: *a'* bhas, *na* boise, *na* basan (f.)
pan
  pana: *am* pana, *a'* phana, *na* panaichean (m.)
pane (window)
  lòsan: *an* lòsan, *an* lòsain, *na* lòsain (m.)
paper
  paipear: *am* paipear, *a'* phaipeir, *na* paipearan (m.)
parable
  co-shamhladh: *an* co-shamladh, *a'* cho-shamlaidh, *na* co-shamlaidhean (m.)
parcel
  pasgan: *am* pasgan, *a'* phasgain, *na* pasganan (m.)
pardon
  maitheanas: *am* maitheanas, *a'* mhaitheanais (m.)
Pardon me! (imp.)
  Gabh mo leisgeul!
parent
  pàrant: *am* pàrant, *a'* phàrant, *na* pàrantan (m.)
parish
  sgìre: *an* sgìre, *na* sgìre, *na* sgìrean (f.)
park
  pàirc: *a'* phàirc, *na* pàirce, *na* pàircean (f.)
Parliament
  Parlamaid: *a'* Pharlamaid, *na* Parlamaide (f.)
part (v.)
  dealaich, a' dealachadh
for my (your, etc.) part

pea

  air mo, (do, etc.) shon(sa)
parting
  dealachadh: *an* dealachadh, *an* dealachaidh, *na* dealachaidh (m.)
pass (mountain)
  bealach: *am* bealach, *a'* bhealaich, *na* bealaichean (m.)
passport
  cead-dol-thairis: *an* cead-dol-thairis, *a'* chead-dol-thairis (m.)
past (prep.)
  seach (+ acc.); seachad air (+ dat.)
    e.g. I went past the house
        Chaidh mi seachad air an taigh
pastime(s)
  cur-seachad: *an* cur-seachad, *a'* chuir-seachad (m.)
path
  frith-rathad: *am* frith-rathad, *an* fhrith-rathaid, *na* frith-rathaidean (m.)
patience
  foighidinn: *an* fhoighidinn, *na* foighidinn (f.)
patient (adj.)
  foighidneach, *nas* foighidniche
patronymic
  sloinneadh: *an* sloinneadh, *an* t-sloinnidh, *na* sloinnidhean (m.)
    e.g. Finlay, son of Alan, son of James
        Fionnlagh Ailein Sheumais
        (method of naming in the Highlands to distinguish people with the same surname)
pavement
  cabhsair: *an* cabhsair, *a'* chabhsair, *na* cabhsairean (m.)
paw
  spòg: *an* spòg, *na* spòige, *na* spògan (f.)
pay (v.)
  pàigh, a' pàigheadh
pea
  peasair: *a'* pheasair, *na* peasrach,

pea

    na peasraichean (f.)

peace

    fois: *an* fhois, *na* foise (f.); sìth: *an* t-sìth, *na* sìthe, *na* sìthean (f.)

peaceful (adj.)

    sìtheil, *nas* sìtheile

pear

    peur: *a'* pheur, *na* peura, *na* peuran (f.)

peat

    moine: *a'* mhoine, *na* mòna (f.)

a (single) peat

    fàd mòna (f.)

peel (n.)

    plaosg: *am* plaosg, *a'* phlaoisg, *na* plaosgan (m.)

peel (v.)

    rùisg, *a'* rùsgadh

pen

    peann: *am* peann, *a'* phinn, *na* pinn (m.)

pencil

    peansail: *am* peansail, *a'* phensail, *na* peansailean (m.)

penny

    sgillinn: *an* sgillinn, *na* sgillinne, *na* sgillinnean (f.)

people

    muinntir: *a'* mhuinntir, *na* muinntire (f. coll.); sluagh: *an* sluagh, *an* t-sluaigh, *na* sloigh (m.)

perhaps

    's mathaid (gu + dep. form of v.); 's math a dh'fhaoidte (gu + dependent form of v.)

    e.g. perhaps you are right

        'S mathaid gu bheil thu ceart

periphery

    iomall: *an* t-iomall, *an* iomaill, *na* h-iomallan (m.)

permission

    cead: *an* cead, *a'* cheada (m.)

pernicious (adj.)

    sgriosail, *nas* sgriosaile

person

    fear: *am* fear, *an* fhir, *na* fir (m.); neach: *an* neach (m.)

personally (adv.)

    gu pearsanta

pet

    peata: *am* peata, *a'* pheata, *na* peatachan (m.)

pewter

    staoin: *an* staoin, *na* staoine (f.)

pheasant

    easag: *an* easag, *na* h-easaige, *na* h-easagan (f.)

philosopher

    feallsanach: *am* feallsanach, *an* fheallsanaich, *na* feallsanaich (m.)

philosophy

    feallsanachd: *an* fheallsanachd, *na* feallsanachd (f.)

physician

    lighiche: *an* lighiche, *an* lighiche, *na* lighichean (m.)

picture

    dealbh: *an* dealbh, *na* deilbhe, *na* dealbhan (f.)

piece

    mìr: *am* mìr, *a'* mhìre, *na* mìrean (m.); pìos: *am* pìos, *a'* phìos, *na* pìosan (m.)

pier

    ceadha: *an* ceadha, *a'* cheadha, *na* ceadhachan

pig

    muc: *a'* mhuc, *na* muice, *na* mucan (f.)

pillow

    cluasag: *a'* chluasag, *na* cluasaige, *na* cluasagan (f.)

pine (tree)

    giuthas: *an* giuthas, *a'* ghiuthais, *na* giuthais (m.)

pink (adj.)

    liath dhearg

pipe

    pìob: *a'* phìob, *na* pìoba, *na* pìoban (f.)

piper

    pìobaire: *am* pìobaire, *a'* phìobaire, *na* pìobairean (m.)

piping

    pìobaireachd: *a'* phìobaireachd, *na*

piping

piping
   piobaireachd (f.)

pistol
   daga: *an* daga, *an* daige, *na* dagaichean (m.)

pit
   sloc: *an* sloc, *an t-*sluic, *na* slocan (m.)

pity
   truas: *an* truas, *an* truais (m.)

place
   àite: *an t-*àite, *an* àite, *na* h-àitean (m.); ionad: *an t-*ionad, *an* ionaid, *na* h-ionadan (m.)

in the first place
   anns a' cheud àite

placid (adj.)
   somalta, *nas* somalta

plague
   plàigh: *a'* phlàigh, *na* plàighe, *na* plàighean (f.)

plain
   còmhnard: *an* còmhnard, *a'* chòmhnaird, *na* còmhnardan (m.); raon: *an* raon, *an* raoin, *na* raointean (m.)

plaintive (adj.)
   tiamhaidh, *nas* tiamhaidhe

plan
   plan: *am* plan, *a'* phlana, *na* planaichean (m.)

plane
   itealan: *an t-*itealan, *an* itealain, *na* h-itealanan (m.)

planet
   planaid: *a'* phlanaid, *na* planaide, *na* planaidean (f.)

plant
   lus: *an* lus, *an* luis, *na* lusan (m.)

plate
   truinnsear: *an* truinnsear, *an* truinnseir, *na* truinnsearan (m.)

play (v.)
   cluich, a' cluich

play (n.)
   dealbh-chluich: *an* dealbh-chluich, *an* deilbh-chluich, *na* dealbhan-cluiche (m.)

play-group

poisonous

   buidheann-cluich (f.) (See **buidheann**)

pleasant (adj.)
   taitneach, *nas* taitniche

please!
   ma's e do thoil e (sing.), ma's e bhur toil e (pl.)

please (v.)
   còrd, a' còrdadh
   e.g. **That pleases me**
      Tha sin a' còrdadh rium
      i.e. I like that

pleasing (adj.)
   tlachdmhor, *nas* tlachdmhoire

pleasure
   tlachd: *an* tlachd, *na* tlachd (f.)

pledge
   barrantas: *am* barrantas, *a'* bharrantais (m.)

plentiful (adj.)
   lìonmhor, *nas* lìonmhoire; pailt, *nas* pailte

plenty (adj.)
   gu leòr

plenty (n.)
   pailteas: *am* pailteas, *a'* phailteis (m.)

plough
   crann: *an* crann, *a'* chroinn, *na* croinn (m.)

plough (v.)
   treabh, a' treabhadh

plumber
   plumair: *am* plumair, *a'* phlumair, *na* plumairean (m.)

pocket
   pòcaid: *a'* phòcaid, *na* pòcaide, *na* pòcaidean (f.)

poet
   bàrd: *am* bàrd, *a'* bhàird, *na* bàird (m.)

poetry
   bàrdachd: *a'* bhàrdachd, *na* bàrdachd (f.)

poison
   puinsean: *am* puinsean, *a'* phuinsein, *na* puinseanan (m.)

poisonous (adj.)

poisonous
: nimheil, *nas* nimheile

policeman
: polasman: *am* polasman, *a'* pholasmain, *na* polasmanan (m.)

polish (v.)
: liomh, *a'* liomhadh

polite (adj.)
: modhail, *nas* modhaile

politeness
: suairceas: *an* suairceas, *an* t-suairceis (m.)

political (adj.)
: politiceach, *nas* politiciche

pollute (v.)
: salaich, *a'* salachadh

pool
: glumag: *a'* ghlumag, *na* glumaige, *na* glumagan (f.); linne: *an* linne, *na* linne, *na* linneachan AND *na* linntean (f.)

poor (adj.)
: bochd, *nas* bochda

porridge
: brochan: *am* brochan, *a'* bhrochain (m.); lite: *an* lite, *na* lite (f.)

port
: port: *am* port, *a'* phuirt, *na* portan AND *na* puirt (m.)

portion
: cuid: *a'* chuid, *na* codach (f.); roinn: *an* roinn, *na* roinne, *na* roinnean (f.)

possession
: sealbh: *an* sealbh, *an* t-seilbh, *na* sealbhan (m.)

possible (adj.)
: comasach, *nas* comasaiche

post (v.)
: post, *a'* postadh

post a letter (to)
: cuir litir (do) (See *cuir*)

post (i.e. postal service)
: post: *am* post, *a'* phuist, *na* postan (m.)

postman
: posta: *am* posta, *a'* phosta, *na* postaichean (m.)

post office
: oifis a' phuist (m.) (See *oifis*)

pot
: poit: *a'* phoit, *na* poite, *na* poitean (f.)

pot (big)
: prais: *a'* phrais, *na* praise, *na* praisean (f.)

potato(es)
: buntata: *am* buntata, *a'* bhuntata (no plural) (m.)

pound (weight)
: pùnnd: *am* pùnnd, *a'* phuinnd, *na* puinnd (m.)

pound (Sterling)
: pùnnd Sassunach (m.) (See *pùnnd*)

pound note
: nota: *an* nota, *an* nota, *na* notaichean (m.)

pound (v.)
: pronn, *a'* pronnadh

pour (v. trans. & intrans.)
: dòirt, *a'* dòrtadh

pour (of rain) (v. intrans.)
: sil, *a'* sileadh

poverty
: airc: *an* airc, *na* h-airce (f.); bochdainn: *a'* bhochdainn, *na* bochdainne (f.)

powder
: pùdar: *am* pùdar, *a'* phùdair (m.)

power
: cumhachd: *a'* chumhachd, *na* cumhachd, *na* cumhachdan (f.); lùths: *an* lùths, *an* lùths (m.); spionnadh: *an* spionnadh, *an* spionnaidh (m.)

powerful (adj.)
: neartmhor, *nas* neartmhoire

praise (v.)
: mol, *a'* moladh; luaidh, *a'* luaidh

praiseworthy
: ionmholta, *nas* ionmholta

pray (v.)
: dean ùrnuigh (See *dean*)

prayer
: ùrnuigh: *an* ùrnuigh, *na* h-ùrnuighe, *na* h-ùrnuighean (f.)

preach (v.)

preach

preach
searmonaich, a' searmonachadh
precise (adj.)
mionaideach, *nas* mionaidiche
preface
roimh-ràdh: *an* roimh-ràdh, *an* roimh-ràidh, *na* roimh-ràdhan (m.)
pregnant (adj.)
torrach, *nas* torraiche
I prefer (v.)
's fhearr leam (+ nom. n.)
prepare (v.)
deasaich, a' deasachadh; deisealaich, a' deisealachadh; ullaich, ag ullachadh
presence
làthair: *an* làthair, *na* làthaire (f.)
present (adv.)
an lathair (Lit. in presence)
in the presence of
an lathair (+ gen.)
president (n.)
ceann-suidhe: *an* ceann-suidhe, *a'* chinn-suidhe, *na* cinn-suidhe (m.)
pretend (v.)
leig air (See **leig**)
e.g. we pretended
leig sinn oirnn
pretty (adj.)
boidheach, *nas* boidhche; snog, *nas* snoige
price
pris: *a'* phris, *na* prìse, *na* prìsean (f.)
e.g. What price is it?
De a' phris a tha e?
prick (v.)
prioc, a' priocadh
pride
moit: *a'* mhoit, *na* moite (f.); pròis: *a'* phròis, *na* pròise (f.)
priest
sagart: *an* sagart, *an* t-sagairt, *na* sagairt AND *na* sagartan (m.)
prime (adj.)
prìomh (prefixed to n. + asp.)
e.g. capital city
prìomh-bhaile
prime minister

professional

prìomhair: *am* prìomhair, *a'* phrìomhair, *na* prìomhairean (m.)
primrose
sòbhrach: *an* t-sòbhrach, *na* sòbhraiche, *na* sòbhraichean (f.)
prince
prionnsa: *am* prionnsa, *a'* phrionnsa, *na* prionnsachan (m.)
print (n.)
clò: *an* clò, *a'* chlòdha, *na* clòdhan (m.)
print (v.)
cuir (ann) an clò
e.g. He printed a book
Chuir e leabhar (ann) an clò
printer
clò-bhualadair: *an* clò-bhualadair, *a'* chlò-bhualadair, *na* clò-bhualadairean (m.)
prison
priosan: *am* priosan, *a'* phriosain, *na* priosanan (m.)
prisoner
priosanach: *am* priosanach, *a'* phriosanaich, *na* priosanaich (m.)
private (adj.)
diamhair, *nas* diamhaire
prize
duais: *an* duais, *na* duaise, *na* duaisean (f.)
probably
is dòcha gu (+ dep. form of v.)
e.g. You are probably right
Is dòcha gu bheil thu ceart
problem
ceist: *a'* cheist, *na* ceiste, *na* ceistean (f.)
produce
math: *am* math, *a'* mhaith (m.); toradh: *an* toradh, *an* toraidh, *na* toraidhean (m.)
productive (adj.)
torach, *nas* toraiche
profession (job)
dreuchd: *an* dreuchd, *na* dreuchd (f.)
professional (adj.)

132

professional

dreuchdail, *nas* dreuchdaile

professor
ollamh: *an* t-ollamh, *an* ollaimh, *na* h-ollamhan (m.)

profit
buannachd: *a'* bhuannachd, *na* buannachd (f.)

profit (v.)
buannaich, a' buannachd

profitable (adj.)
probhaideach, *nas* probhaidiche

progeny
siol: *an* siol, *an* t-sìl (m.)

progress
adhartas: *an* t-adhartas, *an* adhartais, *na* h-adhartasan (m.)

promise
geall: *an* geall, *a'* ghill, *na* gill (m.)

promise (v.)
geall, a' gealltainn

promising (adj.)
gealltanach, *nas* gealltanaiche

promontory
rinn: *an* rinn, *na* rinne, *na* rinnean (f.); ros: *an* ros, *an* rois, *na* rosan (m.); rubha: *an* rubha, *an* rubha, *na* rubhan (m.)

pronunciation
dòigh-labhairt (f.) (See dòigh)

prophet
fàidh: *am* fàidh, *an* fhàidh, *na* fàidhean (m.); fiosaiche: *am* fiosaiche, *an* fhiosaiche, *na* fiosaichean (m.)

prose
rosg: *an* rosg, *an* roisg, *na* rosgan (m.)

prosperity
soirbheas: *an* soirbheas, *an* t-soirbheis, *na* soirbheis (m.)

protect (v.)
dion, a' dion

protection
sgàth: *an* sgàth, *an* sgàtha, *na* sgàthan (m.)

Protestant
Prostanach: *am* Prostanach, *a'* Phrostanaich, *na* Prostanaich (m.)

proud (of) (adj.)
moiteil, *nas* moiteile (le); pròiseil, *nas* pròiseile (le); uaibhreach, *nas* uaibhriche (le)

prove (v.)
dearbh, a' dearbhadh

proverb
seanfhacal: *an* seanfhacal, *an* t-seanfhacail, *na* seanfhaclan (m.)

provisions
lòn: *an* lòn, *an* lòin (m. coll.)

psalm
salm: *an* salm, *an* t-sailm, *na* sailm (m.)

publication
foillseachadh: *am* foillseachadh, *an* fhoillseachaidh, *na* foillseachaidh (m.)

publish (v.)
foillsich, a' foillseachadh

publisher
foillseachair: *am* foillseachair, *an* fhoillseachair, *na* foillseachairean (m.)

pudding (blood)
marag: *a'* mharag, *na* maraig, *na* maragan (f.)

black pudding
marag dhubh (f.)

pull (v.)
slaod, a' slaodadh; tarraing, a' tarraing

pullet
eireag: *an* eireag, *na* h-eireige, *na* h-eireagan (f.)

pulp
pronnach: *a'* phronnach, *na* pronnaiche (f.)

pulpit
cùbaid: *a'* chùbaid, *na* cùbaide, *na* cùbaidean (f.)

punishment
peansachadh: *am* peansachadh, *a'* pheansachaidh, *na* peansachaidh (m.)

pupil
sgoilear: *an* sgoilear, *an* sgoileir, *na* sgoilearan (m.)

puppy
 cuilean: *an* cuilean, *a'* chuilein, *na* cuileanan (m.)
purple (adj.)
 purpaidh, *nas* purpaidhe
purpose
 seadh: *an* seadh, *an t-*seadha, *na* seadhan (m.)
purse
 sporan: *an* sporan, *an* sporain, *na* sporain (m.)
pursuers
 luchd-tòraidh (m.) (See **luchd**)
push (v.)
 spàrr, a' spàrradh; put, a' putadh
put (v.)
 cuir, a' cur
put on (v.)
 cuir orm, ort etc. (See **cuir**)
  e.g. I put on my coat
      Chuir mi orm mo chòta

Q

quarter
 cairteal: *an* cairteal, *a'* chairteil, *na* cairtealan (m.)
quay
 cidhe: *an* cidhe, *a'* chidhe, *na* cidhean (m.)
queen
 banrigh: *a'* bhanrigh, *na* banrigh, *na* banrighean (f.)
question
 ceist: *a'* cheist, *na* ceiste, *na* ceistean (f.)
question (v.)
 ceasnaich, a' ceasnachadh
put a question (to) (v.)
 cuir ceist (air) (See **cuir**)
quick (adj.)
 luath, *nas* luaithe
quick-witted (adj.)
 gleusda, *nas* gleusda; geurchuiseach, *nas* geurchuisiche
quiet (adj.)
 sàmhach, *nas* sàmhaiche

quietness
 sàmhchair: *an t-*sàmhchair, *na* sàmhchaire (f.)
quite (completely) (adv.)
 buileach
quite (somewhat) (adv.)
 car
  e.g. quite wet
      car fliuch

R

rabbit
 coineanach: *an* coineanach, *a'* choineanaich, *na* coineanaich (m.)
radio
 rédio: *an* rédio, *an* rédio (m.)
rag
 luideag: *an* luideag, *na* luideige, *na* luideagan (f.)
rage
 boile: *a'* bhoile, *na* boile (f.)
rage (e.g. of the sea)
 onfhadh: *an t-*onfhadh, *an* onfhaidh, *na h-*onfhaidhean (m.)
ragged (adj.)
 riobach, *nas* riobaiche
rain
 uisge: *an t-*uisge, *an* uisge, *na h-*uisgeachan (m.)
rainbow
 bogha-froise (m.) (See **bogha**)
rake
 ràcan: *an* ràcan, *an* ràcain, *na* ràcain (m.)
rank
 sreath: *an t-*sreath, *na* sreatha, *na* sreathan (f.)
rare (adj.)
 ainneamh, *nas* ainneimhe; annasach, *nas* annasaiche; tearc, *nas* teirce
rat
 radan: *an* radan, *an* radain, *na* radain (m.)
rational (adj.)
 reusanta, *nas* reusanta

rattle
   glag: *an* glag, *a'* ghlaig, *na* glagan

rave (v.)
   breislich, a' breislich

raven
   fitheach: *am* fitheach, *an* fhithich, *na* fithich (m.)

reach (v.)
   ruig, a' ruigsinn AND a' ruigheachd (Irr. v. See App.: **ruig**)

read (v.)
   leugh, a' leughadh

readers, readership
   luchd-leughaidh (m.) (See **luchd**)

ready (adj.)
   deiseil, *nas* deiseile: ullamh, *nas* ullaimhe

reap (v.)
   buain, a' buain

rear (a family) (v.)
   àraich, ag àrach

reason
   aobhar: *an* t-aobhar, *an* aobhair, *na* h-aobharan (m.)

reasonable (adj.)
   reusanta, *nas* reusanta

recently (adv.)
   o chionn ghoirid

recognise (v.)
   aithnich, ag aithneacheadh

recommend (to) (v.)
   mol, a' moladh (do)

record (disc)
   clàr: *an* clàr, *a'* chlàir, *na* clàran (m.)

record (written)
   iris: *an* iris, *na* h-irise, *na* h-irisean (f.)

red (adj.)
   dearg, *nas* deirge; ruadh; *nas* ruaidhe

reef
   bogha: *am* bogha, *a'* bhogha, *na* boghachan (m.); sgeir: *an* sgeir, *na* sgeire, *na* sgeirean (f.)

reel (dance)
   ruidhle: *an* ruidhle, *an* ruidhle, *na* ruidhlean (m.)

Reformation
   Ath-Leasachadh: *an* t-Ath-Leasachadh, *an* Ath-Leasachaidh (m.)

refrigerator
   reothadair: *an* reothadair, *an* reothadair, *na* reothadairean (m.)

refuse (v.)
   diùlt, a' diùltadh

regal (adj.)
   rioghail, *nas* rioghaile

region
   roinn: *an* roinn, *na* roinne, *na* roinnean (f.)

regulation
   riaghailt: *an* riaghailt, *na* riaghailte, *na* riaghailtean (f.); lagh; *an* lagh, *an* lagha, *na* laghannan (m.)

reign (v.)
   rioghaich, a' rioghachadh

related (to) (adj.)
   càirdeach, *nas* càirdiche (do)

relationship
   càirdeas: *an* càirdeas, *a'* chàirdeis (m.)

relevance
   buinteanas: *am* buinteanas, *a'* bhuinteanais (m.)

relief
   faochadh: *am* faochadh, *an* fhaochaidh (m.)

religious (adj.)
   cràbhach, *nas* cràbhaiche

remain (v.)
   fan, a' fantainn

I remember
   tha cuimhne agam (air) (See **cuimhne**)

remote (adj.)
   iomallach, *nas* iomallaiche

removal (of residence) (n.)
   imrich: *an* imrich, *na* h-imriche, *na* h-imrichean (f.)

renew (v.)
   nuadhaich, a' nuadhachadh

rent
   màl: *am* màl, *a'* mhàil, *na* màil (m.)

repair — river

repair (v.)
leasaich, a' leasachadh

repent (v.)
gabh aithreachas (See **gabh**)

repentance
aithreachas: *an* t-aithreachas, *an* aithreachais (m.)

report
aithris: *an* aithris, *na* h-aithrise, *na* h-aithrisean (f.); iomradh: *an* t-iomradh, *an* iomraidh, *na* h-iomraidhean (m.)

according to report
a reir aithris

representative
riochdaire: *an* riochdaire, *an* riochdaire, *na* riochdairean (m.)

reptile
snàgair: *an* snàgair, *an* t-snàgair, *na* snàgairean (m.)

reputation (good)
cliù: *an* cliù, *a'* chliù (m.)

research
rannsachadh: *an* rannsachadh, *an* rannsachaidh, *na* rannsachaidh (m.); sgrùdadh: *an* sgrùdadh, *an* sgrùdaidh, *na* sgrùdaidhean (m.)

research (v.)
sgrùd, a' sgrùdadh

resemblance
samhail: *an* samhail, *an* t-samhla, *na* samhailean (m.)

respect
meas: *am* meas, *a'* mheas (m.); spéis: *an* spéis, *na* spéise (f.); suim: *an* t-suim, *na* suime, *na* suimeannan (f.); urram: *an* t-urram, *an* urraim, *na* h-urraman (m.)

with much respect
(subscription to a letter)
le mór spéis

respect (v.)
meas, a' measadh

respected (adj.)
measail, *nas* measaile

the rest (i.e. the others) (n.)
càch

rest (peace) (n.)
fois: *an* fhois, *na* foise (f.)

rest (v.)
leig anail (See **leig**)
e.g. **I rested**
leig mi m'anail

restless (adj.)
mi-stòlda, *nas* mi-stòlda

retire (from work) (v.)
leig dreuchd (See **leig**)
e.g. **I retired**
Leig mi dhiom mo dhreuchd

return (v.)
till, a' tilleadh

Reverend (adj.)
Urramach, *nas* Urramaiche
e.g. **the Reverend Roderick MacKinnon**
an t-Urramach Ruaraidh MacFhionghuin

revision
sùil air ais (f.) (See **sùil**)

rheumatism
lòinidh: *an* lòinidh, *na* lòinidh (f.)

riddle
toimhseachan: *an* toimhseachan, *an* toimhseachain, *na* toimhseachanan (m.)

ridge
druim: *an* druim, *an* droma, *na* dromannan (m.)

right (n.)
còir: *a'* chòir, *na* còrach, *na* còraichean (f.)

right (adj.)
ceart, *nas* cearta

right (hand side) (adj.)
deas

ring
fàinne: *am* fàinne, *an* fhàinne, *na* fàinnean (m.)

ring (v.)
seirm, a' seirm

rip (v.)
reub, a' reubadh

river
abhainn: *an* abhainn, *na* h-aibhne, *na* h-aibhnichean (f.)

road
rathad: *an* rathad, *an* rathaid, *na* rathaidean (m.)

roam (v.)
siubhail, a' siubhal

roar (v.)
beuc, a' beucail; ràn, a' rànaich

roaring (of deer)
langanaich: *an* langanaich, *an* langanaich (m.)

roaring (of the sea)
onfhadh: *an t*-onfhadh, *an* onfhaidh, *na h*-onfhaidhean (m.)

rob (v.)
spùinn, a' spùinneadh

rock (pointed) (n.)
creag: *a'* chreag, *na* creige, *na* creagan (f.)

rock
sgòrr: *an* sgòrr, *an* sgorra, *na* sgorran (m.)

rod
slat: *an t*-slat, *na* slaite, *na* slatan (f.)

roe deer
earb: *an* earb, *na h*-earba, *na h*-earban (f.)

rook
ròcais: *an* ròcais, *na* ròcais, *na* ròcaisean (f.)

room
rùm: *an* rùm, *an* rùim, *na* rumannan (m.); seòmar: *an* seòmar, *an t*-seòmair, *na* seòmraichean (m.)

roost (hen)
spiris: *an* spiris, *na* spirise, *na* spirisean (f.)

root
bun: *am* bun, *a'* bhuin, *na* buin AND *na* bunan (m.); freumh: *am* freumh, *an* fhreumha, *na* freumhaichean (m.)

rope
ròpa: *an* ròpa, *an* ròpa, *na* ròpannan (m.)

rope (heather)
sioman: *an* sioman, *an t*-siomain, *na* siomanan (m.)

rose
ròs: *an* ròs, *an* ròis, *na* ròsan (m.)

rotten (adj.)
grod, *nas* groide

rough (adj.)
garbh, *nas* gairbhe

round (adj.)
cruinn, *nas* cruinne

rout (defeat)
ruaig: *an* ruaig, *na* ruaige, *na* ruaigean (f.)

route
slighe: *an t*-slighe, *na* slighe, *na* slighean (f.)

row
sreath: *an t*-sreath, *na* sreatha, *na* sreathan (f.)

row (v.)
iomair, ag iomramh

rowan
caorann: *a'* chaorann, *na* caorainne, *na* caorainn (f.)

royal (adj.)
rioghail, *nas* rioghaile

rub (against) (v.)
suath, a' suathadh (ri)

rudder
stiùir: *an* stiùir, *na* stiùireach *na* stiùirean AND *na* stiùirichean (f.)

rude (adj.)
mi-mhodhail, *nas* mi-mhodhaile

ruin
tobhta: *an* tobhta, *na* tobhta, *na* tobhtaichean (f.)

ruinous (adj.)
sgriosail, *nas* sgriosaile

rule
lagh: *an* lagh, *an* lagha, *na* laghannan (m.); riaghailt: *an* riaghailt, *na* riaghailte, *na* riaghailtean (f.)

rule (v.)
riaghail, a' riaghladh

rulers
luchd-riaghlaidh (m.) (See **luchd**)

run (v.)
ruith, a' ruith

rushes
luachair: *an* luachair, *na* luachrach (f.)

rusty (adj.)
meirgeach, *nas* meirgiche

rye
seagal: *an* seagal, *an t*-seagail (m.)

S

Sabbath
Sàbaid: *an t*-Sàbaid, *na* Sàbaide, *na* Sàbaidean (f.)

sack
poca: *am* poca, *a'* phoca, *na* pocannan (m.)

sad (adj.)
brònach, *nas* brònaiche; dubhach, *nas* dubhaiche; duilich, *nas* duilghe; muladach, *nas* muladaiche; smalanach, *nas* smalanaiche

saddle
diollaid: *an* diollaid, *na* diollaide, *na* diollaidean (f.)

sadness
duilgheadas: *an* duilgheadas, *an* duilgheadais (m.); mulad: *am* mulad, *a'* mhulaid, *na* muladan (m.)

safe (adj.)
sàbhailte, *nas* sàbhailte; tearuinte, *nas* tearuinte

said (p.t.)
arsa (defective v. used only with direct speech)
    e.g. "You are right," I said
        "Tha thu ceart," arsa mise

sail
seòl: *an* seòl, *an t*-siùil, *na* siùil (m.)

sail (v.)
seòl, *a'* seòladh

sailor
maraiche: *am* maraiche, *a'* mharaiche, *na* maraichean (m.); seòladair: *an* seòladair, *an t*-seòladair, *na* seòladairean (m.)

saint
naomh: *an* naomh, *an* naoimh, *na* naoimh (m.)

sake
son (m.)
    e.g. **for my (your etc.) sake**
       air mo (do etc.) shon(sa)
       for my (your etc.) part
       air mo (do etc.) shon(sa)

for the sake of
air sgàth (+ gen.)

salesman
reiceadair: *an* reiceadair, *an* reiceadair, *na* reiceadairean (m.)

salmon
bradan: *am* bradan, *a'* bhradain, *na* bradain (m.)

salt
salann: an salann, an t-salainn (m.)

salt-cellar
saillear: *an* saillear, *an t*-sailleir, *na* saillearan (m.)

salt water (sea)
sàl: *an* sàl, *an t*-sàil (m.)

same (adj.)
aon (precedes n.); ceudna (used after n.)

sand
gainmheach: *a'* ghainmheach, *na* gainmhich (f.)

satisfactory (adj.)
riaraichte (p. p. of riaraich); taitneach, *nas* taitniche

satisfied
riaraichte (p. p. of riaraich); sàsaichte (p.p. of sasaich)

satisfy (v.)
riaraich, *a'* riarachadh; sàsaich, *a'* sàsachadh

Saturday
Di-Sathurna (m.)

sauce
sabhs: *an* sabhs, *an t*-saibhse, *na* saibhsean (m.)

saucer
sàsair: *an* sàsair, *an t*-sàsair, *na* sàsairean (m.)

sausage

138

sausage
isbean: *an t*-isbean, *an* isbein, *na h*-isbeanan (m.)

savage (adj.)
garg, *nas* gairge

save (v.)
sàbhail, a' sàbhaladh

saw (n.)
sàbh: *an* sàbh, *an t*-saibh, *na* saibh (m.)

saw (v.)
sàbh, a' sàbhadh

say (v.)
abair, ag radh (Irr. v. See App.: **abair**); can, a' cantainn

scarce (adj.)
gann, *nas* gainne

scarcely
cha mhór gu (+ dep. form of v.)
e.g. He scarcely reached the house
Cha mhór gun do rainig e an taigh

scarcity
gainnead: *a'* ghainnead, *na* gainnid (f.)

scarecrow
bodach-ròcais (m.) (See **bodach**)

scatter (v.)
sgap, a' sgapadh

scene
sealladh: *an* sealladh, *an t*-seallaidh, *na* seallaidhean (m.)

scent
fàile: *am* fàile, *an* fhàile, *na* fàilean (m.)

scholar
sgoilear: *an* sgoilear, *an* sgoileir, *na* sgoilearan (m.)

scholarship
sgoilearachd: *an* sgoilearachd, *na* sgoilearachd (f.)

school
sgoil: *an* sgoil, *na* sgoile, *na* sgoiltean AND *na* sgoilean (f.)

schooling
sgoilearachd: *an* sgoilearachd, *na* sgoilearachd, *na* sgoilearachdan (m.)

schoolmaster
maighstir-sgoile (m.) (See **maighstir**)

science
ealdhain: *an* ealdhain, *na h*-ealdhaine, *na h*-ealdhainean (f.)

scold (v.)
trod, a' trod (ri)

Scot
Albannach: *an t*-Albannach, *an* Albannaich, *na h*-Albannaich (m.)

Scotland
Alba (nom.), *na h*-Alba (gen.)

Scottish (adj.)
Albannach, *nas* Albannaiche

scrape (v.)
sgrìob, a' sgrìobadh

screech
sgriachail: *an* sgriachail, *na* sgriachaile, *na* sgriachailean (f.)

scribble (n.)
sgrìobag: *an* sgrìobag, *na* sgrìobaig, *na* sgrìobagan (f.)

scrutinise (v.)
sgrùd, a' sgrùdadh

scythe
speal: *an* speal, *na* speala, *na* spealan (f.)

scythe (v.)
speal, a' spealadh

sea
muir: *a'* mhuir, *na* mara, *na* marannan (f.); fairge: *an* fhairge, *na* fairge, *na* fairgean (f.)

sea (i.e. salt water)
sàl: *an* sàl, *an t*-sàil (m.)

seagull
faoileag: *an* fhaoileag, *na* faoileige, *na* faoileagan (f.)

seal (mammal)
ròn: *an* ròn, *an* ròin, *na* ròin (m.)

search (v.)
sir, a' sireadh; rannsaich, a' rannsachadh

search for (v.)
rùraich, a' rùrach

in search of
an toir air (+ dat.)

season
ràith: *an* ràith, *na* ràithe, *na*

season

ràithean (f.)
seat
suidheachan: *an* suidheachan, *an t*-suidheachain, *na* suidheachain (m.)
sea-weed
feamainn: *an* fheamainn, *na* feamann (f.)
second (adj.)
dara AND dàrna
second (of time)
diog: *an* diog, *an* dioga, *na* diogan (m.)
secret
rùn: *an* rùn, *an* rùin, *na* rùin (m.)
secret (adj.)
diomhair, *nas* diomhaire
secretly (adv.)
os iosal
secretary
rùnair: *an* rùnair, *an* rùnair, *na* rùnairean (m.)
Secretary of State
Rùnair na Stàite (m.)
section
earrann: *an* earrann, *na* h-earrainn, *na* h-earrannan (f.)
see (v.)
faic, a' faicinn (Irr. v. See App.: **faic**)
seed
pòr: *am* pòr, *a'* phòir, *na* pòran (m.); siol: *an* siol, *an t*-sil (m.)
self, selves (pron.)
fhéin (used after n. & pron.)
   e.g. myself
        mi-fhéin
self-government
féin-riaghladh: *am* féin-riaghladh, *an* fhéin-riaghlaidh (m.)
sell (v.)
reic, a' reic
semi-circle
leth-chuairt: *an* leth-chuairt, *na* leth-chuairte, *na* leth-chuairtean (f.)
send for (v.)
cuir fios air (See **cuir**)
sense
ciall: *a'* chiall, *na* ceille (f.); seadh: *an* seadh, *an t*-seadha, *na* seadhan (m.)
sensible (adj.)
tuigseach, *nas* tuigsiche
sentence (i.e. prison)
breith: *a'* bhreith, *na* breithe (f.); breitheanas: *am* breitheanas, *a'* bhreitheanais, *na* breitheanasan (f.)
sentence (grammar)
cialltradh: *an* cialltradh, *a'* chialltraidh, *na* cialltraidhean (m.)
separation
dealachadh: *an* dealachadh, *an* dealachaidh, *na* dealachaidhean (m.)
September
an t-Sultainn, *na* Sultainne (f.)
sermon
searmon: *an* searmon, *an t*-searmoin, *na* searmonan (m.)
servant
searbhanta: *an t*-searbhanta, *na* searbhanta, *na* searbhantan (f.)
serve (v.)
fritheil, a' fritheladh
service (attention)
frithealadh: *am* frithealadh, *an* fhrithealaidh, *na* frithealaidh (m.)
service
seirbhis: *an t*-seirbhis, *na* seirbhise, *na* seirbhisean (f.)
set off (v.)
tog, a' togail + orm, ort etc.
   e.g. I am setting off
        Tha mi a' togail orm
settle (v.)
suidhich, a' suidheachadh
seven (adj.)
seachd
seven (noun)
a seachd
seven persons (n.)
seachdnar
seventh (adj.)
seachdamh
seventy (men)
tri fichead (fear) 's a deich
sew (v.)
fuaigheil, a' fuaigheal

sewing machine
  beairt-fuaigheil (m.) (See **beairt**)

shade
  dubhar: *an* dubhar, *an* dubhair (m.); sgàth: *an* sgàth, *an* sgàtha, *na* sgàthan (m.)

shadow
  faileas: *am* faileas, *an* f'haileis, *na* faileasan (m.); sgàil: *an* sgàil, *na* sgàile, *na* sgàilean (f.)

shaggy (adj.)
  peallach, *nas* peallaiche

shake (v.)
  crath, *a'* crathadh

shame
  nàire: *an* nàire, *na* nàire (f.)

For shame!
  Mo nàire! (Lit. my shame)

shape
  cumadh: *an* cumadh, *a'* chumaidh, *na* cumaidhean (m.)

share (n.)
  roinn: *an* roinn, *na* roinne, *na* roinnean (f.)

sharp (adj.)
  geur, *nas* geura

sharpness
  faobhar: *am* faobhar, *an* f'haobhair, *na* faobharan (m.)

sharp-pointed (adj.)
  biorach, *nas* bioraiche

she (pron.)
  I

sheaf
  sguab: *an* sguab, *na* sguaibe, *na* sguaban (f.)

shears
  deamhais: *an* deamhais, *na* deamhais, *na* deamhaisean (f.)

shed (e.g. blood) (v.)
  dòirt, *a'* dòrtadh

sheep
  caora: *a'* chaora, *na* caorach, *na* caoraich, *nan* caorach (gen. pl.) (f.)

shear (v.)
  rùisg, *a'* rùsgadh

shelf
  sgeilp: *an* sgeilp, *na* sgeilpe, *na* sgeilpean (f.)

shell
  slige: *an* t-slige, *na* slige, *na* sligean (f.)

shell-fish
  maorach: *am* maorach, *a'* mhaoraich (m. coll.),

shelter
  fasgadh: *am* fasgadh, *an* f'hasgaidh, *na* fasgaidhean (m.)

sheltered (adj.)
  fasgach, *nas* fasgaiche

shepherd
  buachaille: *am* buachaille, *a'* bhuachaille, *na* buachaillean (m.); ciobair: *an* ciobair, *a'* chiobair, *na* ciobairean (m.)

sheriff
  siorram: *an* siorram, *an* t-siorraim, *na* siorraman (m.)

shield
  sgiath: *an* sgiath, *na* sgéithe, *na* sgiathan (f.)

shilling
  tasdan: *an* tasdan, *an* tasdain, *na* tasdanan (m.)

shine (v.)
  boillsg, *a'* boillsgeadh; dealraich, *a'* dealrachadh; dearrs, *a'* dearrsadh; soillsich, *a'* soillseadh

shining (adj.)
  deàrrsanta, *nas* deàrrsanta

shingle
  mol: *am* mol, *a'* mhoil, *na* molan (m.)

shinty
  iomain: *an* iomain, *na* h-iomaine (f.)

shinty stick
  caman: *an* caman, *a'* chamain, *na* camain (m.)

ship
  long: *an* long, *na* luinge, *na* longan (f.)

shire
  siorrachd: *an* t-siorrachd, *na* siorrachd, *na* siorrachdan (f.)

shirt

shirt

shirt
  léine: *an* léine, *na* léine, *na* léintean (f.)

shiver (v.)
  crith, a' crith

shivering (participle)
  air chrith

shoe
  bròg: *a'* bhròg, *na* bròige, *na* brògan (f.)

shoemaker
  greusaiche: *an* greusaiche, *a'* ghreusaiche, *na* greusaichean (m.)

shop
  bùth: *a'* bhùth, *na* bùtha, *na* bùthan (f.)

shore
  cladach: *an* cladach, *a'* chladaich, *na* cladaichean (m.)

short (adj.)
  gèarr, *nas* giorra; goirid, *nas* giorra

shortage
  gainne: *a'* ghainne, *na* gainne (f.)

shorten (v.)
  giorraich, a' giorrachadh

shot
  urchair: *an* urchair, *na* h-urchrach, *na* h-urchraichean (f.)

shoulder
  gualann: *a'* ghualann, *na* guailne, *na* guailnean (f.)

shout (v.)
  eigh, ag éigheach; eubh, ag eubhachd; glaodh, a' glaodhaich

loud shout
  iolach: *an* iolach, *na* h-iolaich, *na* h-iolaich (f.)

shove (v.)
  put, a' putadh

shovel
  sluasaid: *an t*-sluasaid, *na* sluasaide, *na* sluasaidean (f.)

show (to) (v.)
  nochd, a' nochdadh (do)

shower
  fras: *an* fhras, *na* froise, *na* frasan (f.)

shrewd (adj.)

since

geur-cuiseach, *nas* geur-chuisiche

shriek (v.)
  ràn, a' rànaich

shy (adj.)
  diùid, *nas* diùide; socharach, *nas* socharaiche

sick (adj.)
  tinn, *nas* tinne

sickness
  tinneas: *an* tinneas, *an* tinneis, *na* tinneasan (m.)

side
  taobh: *an* taobh, *an* taobha, *na* taobhan (m.)

to the other side (movement away)
  a nunn; a null (adv.)

sigh
  osann: *an t*-osann, *an* osainn, *na* na h-osainn (m.)

sigh (v.)
  plosg, a' plosgadh

sign
  comharradh: *an* comharradh, *a'* chomharraidh, *na* comharraidhean (m.)

silence
  samhchair: *an t*-samhchair, *na* samhchaire (f.)

silent (adj.)
  sàmhach, *nas* sàmhaiche

silk
  sioda: *an* sioda, *an t*-sioda, *na* siodachan (m.)

silly (adj.)
  faoin, *nas* faoine

simple (adj.)
  simplidh, *nas* simplidhe

sin
  peacadh: *am* peacadh, *a'* pheacaidh, *na* peacaidhean (m.)

sin (v.)
  peacaich, a' peacachadh

since (time & reason) (conj.)
  bho'n (+ indep. form of v.)

since (reason) (conj.)
  a chionn gu (+ dep. form of v.)

since (of time) (conj.)
  o chionn gu (+ dep. form of v.)

since (prep.)
o chionn
sincere (adj.)
dùrachdach, *nas* dùrachdaiche
sinew
fèith: *an* fhèith, *na* fèithe, *na* fèithean (f.)
sing (v.)
seinn, a' seinn
singer
seinneadair: *an* seinneadair, *an t*-seinneadair, *na* seinneadairean (m.)
singing
seinn: *an t*-seinn, *na* seinne (f.)
sinner
peacach: *am* peacach, *a'* pheacaich, *na* peacaich (m.)
sink (intrans. v.)
rach fodha (Lit. go under) (See **rach**)
sister
piuthar: *a'* phiuthar, *na* peathrach, *na* peathraichean (f.)
sister-in-law
piuthar-cheile (f.)
sit (v.)
suidh, a' suidhe
e.g. I sit, am sitting
Tha mi 'nam shuidhe
(Lit. I am in my sitting)
site
làrach: *an* làrach, *na* làraiche, *na* làraichean (f.)
situate (v.)
suidhich, a' suidheachadh
situated
suidhichte (p.p. of suidhich)
situation
suidheachadh: *an* suidheachadh, *an t*-suidheachaidh, *na* suidheachaidh (m.)
six (adj.)
sia
six (n.)
a sia
six persons
sianar

sixth (adj.)
siathamh
sixty (men)
tri fichead (fear)
size
meud: *am* meud, *a'* mheud (m.)
skerry
sgeir: *an* sgeir, *na* sgeire, *na* sgeirean (f.)
skilled (adj.)
ealanta, *nas* ealanta
skin
craiceann: *an* craiceann, *a'* chraicinn, *na* craicinn (m.)
skip (n.)
sinteag: *an t*-sinteag, *na* sinteig, *na* sinteagan (f.)
skipper
sgiobair: *an* sgiobair, *an* sgiobair, *na* sgiobairean (m.)
skirt
sgiorta: *an* sgiorta, *na* sgiorta, *na* sgiortaichean (f.)
skull
claigionn: *an* claigionn, *a'* chlaiginn, *na* claignean (m.)
sky
iarmailt: *an* iarmailt, *na* h-iarmailte, *na* h-iarmailtean (f.)
sky
speur: *an* speur, *na* speura, *na* speuran (m.)
slate
sgleat: *an* sgleat, *na* sgleata, *na* sgleatan (f.)
slave
tràill: *an* tràill, *an* tràill, *na* tràillean (m.)
sleep
cadal: *an* cadal, *a'* chadail, *na* cadail (m.)
sleep (v.)
caidil, a' cadal
sleeve
muinchill: *a'* mhuinchill, *na* muinchill, *na* muinchillean (f.);
muilcinn: *a'* mhuilcinn, *na* muilcinn, *na* muilchinnean (f.)

slide (v.)
  sleamhnaich, a' sleamhnachadh
slogan
  sluaghairm: *an* t-sluaghairm, *na* sluaghairme, *na* sluaghairmean (f.)
slope
  leathad: *an* leathad, *an* leathaid, *na* leathaidean (m.); sliabh: *an* sliabh, *an* t-sléibh, *na* sléibhtean (m.)
slovenly (adj.)
  rapach, *nas* rapaiche
slow (adj.)
  mall, *nas* maille; slaodach, *nas* slaodaiche
slug (insect)
  seilcheag: *an* t-seilcheag, *na* seilcheig, *na* seilcheagan (f.)
slumber
  suain: *an* t-suain, *na* suaine (f.)
small (adj.)
  beag, *nas* lugha
smart (adj.)
  snasmhor, *nas* snasmhoire; tapaidh, *nas* tapaidhe
smoke
  smùid: *an* smùid, *na* smùide (f.); ceò: *an* ceò, *a'* cheò (m.)
smoke (v.)
  smoc, a' smocadh
smooth (adj.)
  mìn, *nas* mine
smooth (level) (adj.)
  réidh, *nas* réidhe
snail
  seilcheag: *an* t-seilcheag, *na* seilcheig, *na* seilcheagan (f.)
snake
  nathair: *an* nathair, *na* nathrach, *na* nathraichean (f.)
sneezing (n.)
  sreathartaich: *an* t-sreathartaich, *na* sreathartaiche (f.)
sniff (v.)
  snòtaich, a' snòtadh
snip (v.)
  rùisg, a' rùsgadh
snore (n.)
  srann: *an* srann, *an* t-sranna, *na* srannan (m.)
snore (v.)
  srann, a' srannail
snow (n)
  sneachda: *an* sneachda, *an* t-sneachda (m.)
snug (adj.)
  seasgar, *nas* seasgaire
so (adv.)
  cho
  e.g. so good
    cho math
so (thus) (adv.)
  mar sin
and so on
  agus mar sin air adhart
soap
  siabun: *an* siabun, *an* t-siabuin (m.)
social committee
  comunn soisealta (m.) (See **comunn**)
society (association)
  comunn: *an* comunn, *a'* chomuinn, *na* comuinn (m.)
sock
  stocainn: *an* stocainn, *na* stocainne, *na* stocainnean (f.)
soft (adj.)
  bog, *nas* buige
solan goose
  sùlair: *an* sùlair, *an* t-sùlair, *na* sùlairean (m.)
soldier
  saighdear: *an* saighdear, *an* t-saighdeir, *na* saighdearan (m.)
sole (of foot)
  bonn: *am* bonn, *a'* bhuinn, *na* buinn AND bonnan (m.)
solve (v.)
  fuasgail, a' fuasgladh
some . . . or other . . .
  air chor-eigin
    e.g. someone or other
      fear air chor-eigin
some . . . others (prons.)
  feadhainn . . .feadhainn eile
someone (pron.)

someone
  cuideigin

some (people or things) (pron.)
  feadhainn: *an* fheadhainn, *na* feadhna (f.)

somersault
  car-a-mhuiltean: *an* car-a-mhuiltean, *a'* chuir-a-mhuiltean, *na* cuir-a-mhuiltean (m.)

something (pron.)
  rudeigin

something or other
  rud air chor-eigin

sometime (adv.)
  uaireigin

sometimes (adv.)
  uaireanan

son
  mac: *am* mac, *a'* mhic, *na* mic (m.)

song
  òran: *an t*-òran, *an* òrain, *na h*-òrain (m.); dàn: *an* dàn, *an* dàin, *na* dàin (m.)

soon (adv.)
  a dh'aithghearr; (ann) an ùine ghoirid

as soon as
  cho luath's a (+ indep. form of v.)
  e.g. I began to read as soon as I was in school
    Thoisich mi a leughadh cho luath 's a bha mi anns an sgoil

soot
  suith: *an* suith, *an t*-suith (m.)

sore (adj.)
  goirt, *nas* goirte

sorrowful (adj.)
  cianail, *nas* cianaile; smalanach, *nas* smalanaiche

sort
  seòrsa: *an* seòrsa, *an t*-seòrsa, *na* seòrsachan (m.)

soup
  brot: *am* brot, *a'* bhrota (m.)

south
  deas

in the south
  mu dheas

spaceman
  speurair: *an* speurair, *an* speurair, *na* speurairean (m.)

spaceship
  speur-shoitheach (m.) (See **soitheach**)

space helmet
  speur-chlogaid (f.) (See **clogaid**)

spade
  spaid: *an* spaid, *na* spaide, *na* spaidean (f.)

spar
  spàrr: *an* spàrr, *an* spàrra, *na* spàrran (m.)

spark
  sradag: *an t*-sradag, *na* sradaige, *na* sradagan (f.)

speak (to) (v.)
  bruidhinn, *a'* bruidhinn (ri)

speak (v.)
  labhair, *a'* labhairt

special (adj.)
  àraidh; sònraichte, *nas* sònraichte

speckled (adj.)
  breac, *nas* brice

spectacles (n. pl.)
  speuclairean: *na* speuclairean (nom. pl.) *nan* speuclairean (gen. pl.)

speech
  cainnt: *a'* chainnt, *na* cainnte, *na* cainntean (f.)

speech (talk or lecture)
  òraid: *an* òraid, *na h*-òraide, *na h*-òraidean (f.)

speed
  astar: *an t*-astar, *an* astair, *na h*-astair (m.); luathas: *an* luathas, *an* luathais (m.)

spend (time and money) (v.)
  caith, *a'* caitheamh

spend (money) (v.)
  cosg, *a'* cosg

spider
  damhan-allaidh: *an* damhan-allaidh, *an* damhain-allaidh, *na* damhain-allaidh (m.)

spin (e.g. yarn) (v.)
  sniomh, *a'* sniomh

spirit

spirit (morale)
 aigne: *an* aigne, *na h-*aigne, *na h-*aignean (f.)

spirit (of morale & religion)
 spiorad: *an* spioraid, *na* spioradan (m.)

spiritual (adj.)
 spioradail, *nas* spioradaile

spite
 mi-rùn: *am* mi-rùn, *a'* mhi-rùin (m.)

in spite of (prep.)
 a dh'aindeoin

in spite of that
 a dh'aindeoin (sin)

splinter
 spealg: *an* spealg, *na* speilg, *na* spealgan (f.)

split (v.)
 sgàin, a' sgàineadh; sgoilt, a' sgoilteadh

split (adj.)
 sgoilte (p.p. of sgoilt)

spoil
 mill, a' milleadh

spokesman
 fear-labhairt (m.) (See **fear**)

spoon
 spàin: *an* spàin, *na* spàine, *na* spàinean (f.)

sport
 spòrs: *an* spòrs, *na* spòrsa (f.)

spot
 spot: *an* spot, *an* spoit, *na* spotan (m.)

spotless (adj.)
 gun smal (Lit. without spot)

spout
 srùb: *an* srùb, *an t-*srùib, *na* srùban (m.)

spout (v.)
 steall, *a'* stealladh

sprain (v.)
 sgoch, a' sgochadh

spread (v.)
 sgap, a' sgapadh

sprightliness
 sùnnd: *an* sùnnd, *an t-*sùnnd (m.)

Spring
 Earrach: *an t-*earrach, *an* earraich, *na h-*earraich (m.)

squint-eyed (adj.)
 caogach, *nas* caogaiche

squirrel
 feòrag: *an* fheòrag, *na* feòraige, *na* feòragan (f.)

stab (v.)
 sàth, a' sàthadh

stabbed
 sàthte (p.p. of sàth)

stable
 stàbull: *an* stàbull, *an* stàbuill, *na* stàbullan (m.)

stack
 cruach: *a'* chruach, *na* cruaiche, *na* cruachan

stackyard
 iodhlainn: *an* iodhlainn, *na h-*iodhlainne, *na h-*iodhlainnean (f.)

stag
 damh: *an* damh, *an* daimh, *na* daimh (m.)

stage (theatre)
 àrd-ùrlar: *an t-*àrd-ùrlar, *an* àrd ùlair, *na h-*àrd-ùrlaran (m.)

stain
 spot: *an* spot, *an* spoit, *na* spotan (m.)

stair(s)
 staidhir: *an* staidhir, *na* staidhreach, *na* staidhreachan (f.)

stamp
 stampa: *an* stampa, *an* stampa, *na* stampaichean (m.)

stand (v.)
 seas, a' seasamh
 e.g. **I am standing**
 tha mi 'nam sheasamh (Lit. I am in my standing)

standing stones
 tursachan (pl.): *na* tursachan (nom. pl.), *nan* tursachan (gen. pl.) (m.)

star
 reul: *an* reul, *na* reil, *na* reulan (f.); rionnag: *an* rionnag, *na* rionnaige, *na* rionnagan (f.)

starling

starling / straight

   druid: *an* druid, *na* druide, *na* druidean (f.)
start (through fear) (v.)
   clisg, a' clisgeadh
state (condition)
   staid: *an* staid, *na* staide, *na* staidean (f.)
   e.g. **in a bad state**
      (ann) an droch staid
State (country)
   stàt: *an* stàt, *na* stàite, *na* stàtan (f.)
statement
   raidhinn: *an* raidhinn, *an* raidhinn, *na* raidhinn (m.)
stately (adj.)
   stàiteil, *nas* stàiteile
stay (v.)
   fuirich, a' fuireach
steal (from) (v.)
   goid, a' goid (air)
steamer
   bàta-smùid (m.) (See **bàta**)
steep (adj.)
   cas, *nas* caise; corrach, *nas* corraiche
steep (e.g. in water) (v.)
   bogaich, a' bogachadh
steer (v.)
   stiùir, a' stiùireadh
step
   ceum: *an* ceum, *a'* cheuma, *na* ceuman (m.)
stick
   maide: *am* maide, *a'* mhaide, *na* maidean (m.)
stiff (adj.)
   rag, *nas* raige
become stiff (v.)
   rag, a' ragadh
sting
   gath: *an* gath, *a'* ghatha, *na* gathan (m.)
sting (v.)
   prioc, a' priocadh
stirk
   gamhainn: *an* gamhainn, *a'* ghamhna, *na* gamhna (m.)

stocking
   stocainn: *an* stocainn, *na* stocainne, *na* stocainnean (f.)
stomach
   brù: a' bhrù, *na* bronn, a' bhroinn (dat. sing.), *na* bruthan (nom. pl.) (f. irr.); stamag: *an* stamag, *na* stamaig, *na* stamagan (f.)
stone
   clach: a' chlach, *na* cloiche, *na* clachan (f.)
stone (slab)
   leac: *an* leac, *na* lice, *na* leacan (f.)
stonemason
   clachair: *an* clachair, *a'* chlachair, *na* clachairean (m.)
stoop (v.)
   lùb, a' lùbadh
stop (v. intrans.)
   sguir, a' sgur
stop (v. trans. & intrans.)
   stad, a' stad
store (n.)
   stòr: *an* stòr, *an* stòir, *na* stòir (m.)
storm
   doinneann: *an* doinneann, *na* doinninne, *na* doinneanan (f.); gailleann: a' ghailleann, *na* gaillinn, *na* gailleannan; sian: *an* t-sian, *na* sine, *na* siantan (f.); stoirm: *an* stoirm, *na* stoirme, *na* stoirmean (f.)
stormy (adj.)
   stoirmeil, *nas* stoirmeile
story
   sgeul: *an* sgeul, *na* sgeoil, *na* sgeulan (f.); sgeulachd: *an* sgeulachd, *na* sgeulachd, *na* sgeulachdan (f.)
short story
   sgeulachd ghoirid (f.)
storyteller
   seanachaidh: *an* seanachaidh, *an* t-seanachaidh, *na* seanachaidhean (m.); sgeulaiche: *an* sgeulaiche, *an* sgeulaiche, *na* sgeulaichean (m.)
straight (adj.)
   direach, *nas* diriche

strange

strange (unusual) (adj.)
  annasach, *nas* annsaiche
strange (foreign) (adj.)
  coimheach, *nas* coimhiche
strange (amusing) (adj.)
  neònach, *nas* neònaiche
stranger
  coigreach: *an* coigreach, *a'* choigrich, *na* coigrich (m.)
(the) Strathclyde Region
  Roinn Strathchluaidh (f.)
streak
  srian: *an t*-srian, *na* sreine, *na* sriantan (f.); strioch: *an* strioch, *na* striocha, *na* striochan (f.)
stream
  allt: *an t*-allt, *an* uillt, *na h*-uillt (m.); sruth: *an* sruth, *an t*-srutha, *na* sruthan (m.)
street
  sràid: *an t*-sràid, *na* sràide, *na* sràidean (f.)
strength
  lùths: *an* lùths, *an* lùiths (m.); neart: *an* neart, *an* neirt (m.); spionnadh: *an* spionnadh, *an* spionnaidh (m.)
from strength to strength
  bho neart gu neart
strengthen
  neartaich, *a'* neartachadh
stretch (v.)
  sìn, *a'* sìneadh
strife
  strì: *an t*-strì, *na* strì (f.)
strike (industrial)
  stailc: *an* stailc, *na* stailce, *na* stailcean (f.)
strike (hit) (v.)
  buail, *a'* bualadh
string
  sreang: *an t*-sreang, *na* sreinge, *na* sreangan (f.)
stroke (v.)
  slìob, *a'* slìobadh
strong (adj.)
  làidir: *nas* làidire AND *nas* treasa
struggle

sum

  strì: *an t*-strì, *na* strì (f.)
strut (v.)
  spaidsirich, *a'* spaidsearachd
stubborn (adj.)
  dùr, *nas* dùire
student
  oileanach: *an t*-oileanach, *an* oileanaich, *na h*-oileanaich (m.)
stuff
  stuth: *an* stuth, *an* stuith, *na* stuthan (f.)
stumble (v.)
  tuislich, *a'* tuisleachadh
subject
  cuspair: *an* cuspair, *a'* chuspair, *na* cuspairean (m.)
substance
  brìgh: *a'* bhrìgh, *na* brìghe (f.)
success
  buaidh: *a'* bhuaidh, *na* buaidhe, *na* buaidhean (f.); soirbheas: *an* soirbheas, *an t*-soirbheis, *na* soirbheis (m.)
such (adj.)
  a leithid de (+ asp. + dat.)
  e.g. Such weather!
     A leithid de shìde!
sudden (adj.)
  grad, *nas* graide; obann, *nas* obainne
suddenly (adv.)
  gu h-obann
suffer (v.)
  fuiling, *a'* fulang
suffice (v.)
  foghainn, *a'* foghnadh
sugar
  siùcar: *an* siùcar, *an t*-siùcair (m.)
suit
  deise: *an* deise, *na* deise, *na* deiseachan (f.)
suitable (for) (adj.)
  freagarrach, *nas* freagarraiche (do)
sulphur
  pronnasg: *am* pronnasg, *a'* phronnaisg (m.)
sum
  suim: *an t*-suim, *na* suime, *na*

148

sum
   suimeannan (f.)

summer
   samhradh: *an* samhradh, *an t-*samhraidh, *na* samhraidhean (m.)

summer home
   taigh-samhraidh (See **taigh**)

all summer long
   fad an t-samhraidh

sun
   grian: *a'* ghrian, *na* gréine (f.)

sunny (adj.)
   grianach, *nas* grianaiche

sunbathe (v.)
   blian, a' blianadh

Sunday
   Di-Dòmhnaich (m.) La(tha) na Sabaid (m.)

(the) sunset
   dol fodha na gréine

supper
   suipeir: *an t-*suipeir, *na* suipeireach, *na* suipeirean (f.)

supple (adj.)
   sùbailte, *nas* sùbailte

support
   taic: *an* taic, *na* taice (f.)

sure (adj.)
   cinnteach, *nas* cinntiche

surly (adj.)
   iargalt, *nas* iargalta

surname
   cinneadh: *an* cinneadh, *a'* chinnidh, *na* cinnidhean (m.)

surprise
   iongnadh: *an t-*iongnadh, *an* iongnaidh, *na h-*iongnaidhean (m.)

I am surprised
   Tha iongnadh orm

surprising (adj.)
   iongantach, *nas* iongantaiche

suspicion
   amharus: *an t-*amharus, *an* amharuis, *na h-*amharuis (m.)

swan
   eala: *an* eala, *na h-*eala, *na h-*ealachan (f.)

swallow (v.)
   sluig, a' slugadh

swear
   mionnaich, a' mionnachadh

sweat
   fallus: *am* fallus, *an* fhalluis (m.)

sweep (v.)
   sguab, a' sguabadh

sweet (adj.)
   milis, *nas* milse

sweet (of a tune) (adj.)
   binn, *nas* binne

sweetheart
   leannan: *an* leannan, *an* leannain, *na* leannanan (f.)

sweet(s)
   suiteas: *an* suiteas, *an t-*suiteis (m.); milsean: *am* milsean, *a'* mhilsein (m.); siucairean (m.) (See **siùcar**)

swell (v.)
   at, ag at

swift (adj.)
   bras, *nas* braise; luath, *nas* luaithe

swim (v.)
   snàmh, a' snàmh

sword
   claidheamh: *an* claidheamh, *a'* chlaidheimh, *na* claidhmhnean (m.)

T

table
   bòrd: *am* bòrd, *a'* bhùird, *na* bùird (m.)

tale
   seanachas: *an* seanachas, *an t-*seanachais, *na* seanachasan (m.)

tail
   earball: *an t-*earball, *an* earbaill, *na h-*earbaill (m.)

tailor
   tàillear: *an* tàillear, *an* tàilleir, *na* tàillearan (m.)

take (v.)
   gabh, a' gabhail; thoir, a' toirt (Irr. v. See App.: **thoir**)

take off (v.)
   cuir dhiom, dhiot etc.
     e.g. **I took off my coat**

take off
  chuir mi dhiom mo chota
talk (to) (v.)
  bruidhinn, a' bruidhinn (ri)
talkative (adj.)
  briathrail, *nas* briathraile
tame (v.)
  ceannsaich, a' ceannsachadh
tartan
  breacan: *am* breacan, *a'* bhreacain, *na* breacanan (m.)
taste
  blas: *am* blas, *a'* bhlais (m.)
tasty (adj.)
  blasda, *nas* blasda
tax
  màl: *am* màl, *a'* mhàil, *na* màil (m.)
tea
  tì: *an* tì, *na* tì (f.)
cup of tea
  strùpag: *an t-*strùpag, *na* strùpaige, *na* strùpagan (f.)
teach
  teagaisg, a' teagasg; oileanaich, ag oileanachadh
teacher (female)
  bean-teagaisg (f.) (See **bean**)
teacher (male)
  fear-teagaisg (m.) (See **fear**)
tear (drop)
  deur: *an* deur, *na* deura, *na* deuran AND *na* deòir (f.)
tear (v.)
  reub, a' reubadh
tear away (v. trans.)
  spion, a' spionadh
tease (v.)
  tarraing a (See **tarraing**)
tell (to) (v.)
  aithris, ag aithris (do); innis, ag innseadh (do)
ten (adj.)
  deich
ten (n.)
  a deich
tenth (adj.)
  deicheamh
ten people (n.)
  deichnear

tern
  steàrnan: *an* steàrnan, *an* steàrnain, *na* steàrnanan (m.)
terrible (adj.)
  oillteil, *nas* oillteile
terrier
  abhag: *an* abhag, *na h-*abhaige, *na h-*abhagan (f.)
test
  deuchainn: *an* deuchainn, *na* deuchainn, *na* deuchainnean (f.)
testament
  tiomnadh: *an* tiomnadh, *an* tiomnaidh, *na* tiomnaidhean (m.)
The New Testament
  An Tiomnadh Nuadh (m.)
The Old Testament
  An Seann Tiomnadh (m.)
testimony
  teisteanas: *an* teisteanas, *an* teisteanais, *na* teisteanais (m.); fianais: *an* fhianais, *na* fianais, *na* fianaisean (f.)
than
  na (See **nas**)
thankful (adj.)
  taingeil, *nas* taingeile
that (pron.)
  sin; siud
    e.g. That is the town
        Sin am baile
that (adj.)
  art. + n. + sin.; art. + n. + siud; art. + n. + ud.
    e.g. that town
        am baile siud
that which
  na (rel. pron.)
that (=which) (rel. pron.)
  a
that (conj.)
  gun (before indirect speech)
thatch
  tughadh: *an* tughadh, *an* tughaidh (m.)
thaw
  aiteamh: *an* aiteamh, *na h-*aiteimh (m.)

the

the (art.)
an, am (before b, f, m, p) (m. sing. nom.); an, a' + asp. before consonant (f. sing. nom.); na (f. gen. sing.); na (m. & f. nom. pl.); na h- (f. gen. sing. before a vowel); na h- (m. & f. nom. pl. before a vowel); nan, nam (before b, f, m, p) (m. & f. gen. pl.)

theft
meirle: *a'* mheirle, *na* meirle (f.)

their (adj.)
an; am (before b, f, m, p)

them (pron. direct object)
iad

then
an uair sin, nuair sin

then (not time) (adv.)
matà

there (adv.)
(ann) an siud; (ann) an sin

here and there
thall 's a bhos

there is/are (v.)
tha

therefore (adv.)
air an aobhar sin; a réisde

they (pron.)
iad

thick (adj.)
tiugh, *nas* tighe

thick (dense) (adj.)
dùmhail, *nas* dùmhaile

thicken (v.)
dùmhlaich, a' dùmhlachadh

thief
meirleach: *am* meirleach, *a'* mheirlich, *na* meirlich (m.)

thigh
sliasaid: *an t-*sliasaid, *na* sléisde, *na* sléisdean (f.)

thin (adj.)
caol, *nas* caoile; tana, *nas* taine

thing
ni: *an* ni, *an* ni, *na* nithean (m.); rud: *an* rud, *an* ruid, *na* rudan (m.)

think (v.)
saoil, a' saoilsinn; smaoin(t)ich, a' smaoin(t)eachadh

third (adj.)
treas; tritheamh

thirst
pathadh: *am* pathadh, *a'* phathaidh, *na* pathaidh (m.)

I am thirsty
Tha am pathadh orm

thirty (men)
deich (fir) air fhichead

this (pron.)
seo
e.g. This is the town
Seo am baile

this (adj.)
art + n. + seo
e.g. this town
am baile seo

thistle
fóghnan: *am* fóghnan, *an* fhóghnain, *na* fóghnanan (m.)

thither (adv.)
a null; (a) nunn

thong
iall: *an* iall, *na h-*éille, *na h-*iallan (f.)

thought
smuain: *an* smuain, *na* smuaine, *na* smuaintean (f.)

thousand
mìle: *a'* mhìle, na mìle, na mìltean (f.) (usually in sing.)
e.g. ten thousand
deich mìle
a thousand people
mìle fear

thread
snàth: *an* snàth, *an t-*snàith, *na* snàithean (m.)

threaten (v.)
bagair, a' bagradh (air)

three (adj.)
trì

three (n.)
a trì

three people (n.)
triùir

thresh (v.)

thresh

thresh
   sùist, *a'* sùist
threshold
   stairnseach: *an* stairsneach, *na* stairsnich, *na* stairsnichean (f.)
throat
   sgòrnan: *an* sgòrnan, *an* sgòrnain, *na* sgòrnanan (m.); slugan: *an* slugan, *an* t-slugain, *na* sluganan (m.)
throb (v.)
   plosg, *a'* plosgadh
throw (v.)
   tilg, *a'* tilgeil
through (prep.)
   troimh (+ asp. + dat.)
through (adv.)
   troimhe
through me, you etc.
   See **tromham**
through (by means of) (prep.)
   trìd (+ gen.)
throughout (prep.)
   air feadh (+ gen.)
thrush
   smeòrach: *an* smeòrach, *na* smeòraich, *na* smeòraichean (f.)
thrust (v.)
   spàrr, *a'* sparradh
thumb
   òrdag: *an* òrdag, *na* h-òrdaige, *na* h-òrdagan (f.)
thunder
   tairneanach: *an* tairneanach, *an* tairneanaich (m.)
Thursday
   Diardaoin (m.)
thus (adv.)
   mar sin
ticket
   bileag: *a'* bhileag, *na* bileig, *na* bileagan (f.)
tide
   seòl-mara (See **seòl**)
neap-tide
   còntraigh: *a'* chòntraigh, *na* còntraighe, *na* còntraighean (f.)
spring-tide
   reothart: *an* reothart, *na* reothairt, *na* reothartan (f.)

to

tidy (v.)
   sgioblaich, *a'* sgioblachadh
tidy (adj.)
   sgiobalta, *nas* sgiobalta
tie (v.)
   ceangail, *a'* ceangal
tighten (v.)
   teannaich, *a'* teannachadh
timber
   fiodh: *am* fiodh, *an* fiodha, *na* fiodhan (m.)
time (not on the clock)
   am: *an* t-am, *an* ama, *na* h-amannan (m.); tìde: *an* tìde, *an* tìde (m.); ùine: *an* ùine, *na* h-ùine, *na* h-ùineachan (f.)
time (on the clock)
   See **uair**
all the time
   fad na tìde (See **fad**)
for a long time
   o chionn fhada
for a short time
   o chionn ghoirid
in a short time
   an ceartair; an ùine ghoirid
from time to time
   bho am gu am
Take your time!
   Air do shocair! (Lit. at your leisure)
What time is it?
   Dé an uair a tha e?
timid (adj.)
   meata, *nas* meata
tin (metal)
   staoin: *an* staoin, *na* staoine (f.)
tinker
   ceàrd: *an* ceàrd, *a'* cheàird, *na* ceàrdan (m.)
tired (adj.)
   sgìth, *nas* sgìthe
tiring (adj.)
   sgitheil, *nas* sgitheile
to (a)
   gu (+ acc.); do (+ asp. + dat.)
to (the)
   chun (+ art. + gen.); do (+ art. + dat.)

to (as far as)
　gu ruige (+ acc.)
to (a) (no movement)
　ri (+ dat.)
to (the) (no movement)
　ris (+ art. + dat.)
to me, you etc
　See dhomh; rium; thugam
toad
　losgann: *an* losgann, *na* losgainn, *na* losgannan (f.)
tobacco
　tombaca: *an* tombaca, *an* tombaca (m.)
tobacco pouch
　spliùchan: *an* spliùchan, *an* spliùchain, *na* spliùchanan (m.)
today
　an diugh
together (adv.)
　comhla; comhla ri chéile
together with (prep.)
　comhla ri (+ dat.); maille ri (+ dat.); cuide ri (+ dat.)
to-morrow
　am maireach
tongs
　clobha: *an* clobha, *a'* chloba, *na* clobhaichean (m.)
to-night (adv.)
　an nochd
tongue
　teanga: *an* teanga, *na* teangaidh, *na* teangannan (f.)
too (adv.)
　ro (+ asp.)
too much (adv.)
　cus
tooth
　fiacail: *an* fhiacail, *na* fiacla, *na* fiaclan (f.)
toothache
　déideadh: *an* déideadh, *an* déididh (m.)
top
　bàrr: *am* bàrr, *a'* bharra, *na* barran (m.); mullach: *am* mullach, *a'* mhullaich, *na* mullaichean (m.);
uachdar: *an* t-uachdar, *an* uachdair, *na* h-uachdaran (m.)
tortoise
　sligeanach: *an* sligeanach, *an* t-sligeanaich, *na* sligeanaich (m.)
tossing (adj.)
　luasgannach, *nas* luasgannaiche
tourists
　luchd-turuis (m.) (See **luchd**)
towards (prep.)
　a dh'ionnsaigh (+ gen.)
towards me you etc.
　See **ionnsaigh**
towel
　searbhadair: *an* searbhadair, *an* t-searbhadair, *na* searbhadairean (m.)
tower
　tùr: *an* tùr, *an* tùir, *na* tùir (m.)
town
　baile: *am* baile, *a'* bhaile, *na* bailtean (m.)
trace
　lorg: *an* lorg, *na* luirge, *na* lorgan (f.)
track
　lorg: *an* lorg, *na* luirge, *na* lorgan (f.)
trade
　ceàird: *a'* cheàird, *na* ceàirde, *na* ceàirdean (f.)
train
　tren: *an* tren, *na* treana, *na* treanachan (f.)
tranquillity (n.)
　fois: *an* fhois, *na* foise (f.)
translate (v.)
　eadartheangaich, ag eadartheangachadh
transmitter
　crann-sgaoilidh (m.) (See **crann**)
transport
　giùlan: *an* giùlan, *a'* ghiùlain, *na* giùlanan (m.)
travel (v.)
　siubhail, a' siubhal
tread (v.)
　saltraich, a' saltairt

treasure
 ulaidh: *an* ulaidh, *na h-*ulaidhe, *na h-*ulaidhean (f.)

tree
 craobh: *a'* chraobh, *na* craoibhe, *na* craobhan (f.)

tribe
 treubh: *an* treubh, *na* treubha, *na* treubhan (f.)

trick
 foill: *an* fhoill, *na* foille, *na* foilltean (f.)

trip (excursion)
 cuairt: *a'* chuairt, *na* cuairte, *na* cuairtean (f.); sgriob: *an* sgriob, *na* sgrioba, *na* sgrioban (f.)

triumphant (adj.)
 buadhmhor, *nas* buadhmhoire

trousers
 briogais, *a'* bhriogais, *na* briogaise, *na* briogaisean

trout
 breac: *am* breac, *a'* bhric, *na* bric (m.)

true (adj.)
 fior, *nas* fiora; firinneach, *nas* firinniche

trustee
 urrasair: *an t*-urrasair, *an* urrasair, *na h-*urrasairean (m.)

truth
 firinn: *an* fhirinn, *na* fìrinne (f.)

to tell the truth
 leis an fhirinn innseadh

try (v.)
 feuch, *a'* feuchainn

Tuesday
 Di Mairt (m.)

tuft
 bad: *am* bad, *a'* bhaid, *na* baid (m.)

tune
 fonn: *am* fonn, *an* fhuinn, *na* fuinn (m.); port: *am* port, *a'* phuirt, *na* puirt AND *na* portan (m.)

tune (an instrument) (v.)
 gleus, *a'* gleusadh

turn (v.)
 tionndaidh, *a'* tionndadh

turnip
 sneip: *an t*-sneip, *na* sneipe, *na* sneipean (f.)

tweed
 clò: an clò, *a'* chlò, *na* clòthan (m.)

twentieth (adj.)
 ficheadamh

twenty (adj.)
 fichead (+ sing. n.)
 e.g. twenty years
    fichead bliadhna

twice
 dà uair

twig
 ògan: *an t-*ògan, *an* ògain, *na h-*òganan (m.)

twighlight
 camhanaich: *a'* chamhanaich, *na* camhanaiche (f.)

twist
 car: *an* car, *a'* chuir, *na* cuir AND *na* caran (m.)

twisting (adj.)
 lùbach, *nas* lùbaiche

two (adj.)
 dà (+ asp. + sing. n.)

two (n.)
 a dhà

two people (n.)
 dithis
 e.g. two of us
    dithis againn

typewriter
 clò-sgriobhadair (m.) (See **sgriobhadair**)

U

ugly (adj.)
 grannda, *nas* grannda

uncle (maternal)
 bràthair-màthar (m.) (See **brathair**)

uncle (paternal)
 bràthair-athar (m.) (See **brathair**)

uncomfortable (adj.)
 an-shocair, *nas* an-shocraiche;

uncomfortable
    mi-chomhfhurtail, *nas*
    mi-chomhfhurtaile
uncommon (adj.)
    neo-chumanta, *nas* neo-chumanta
under (prep.)
    fo (+ asp. + dat.)
under (adv.)
    fodha
under me you etc.
    See fodham
understand (v.)
    tuig, a' tuigsinn
understanding
    tuigse: *an* tuigse, *na* tuigse (f.)
unenterprising (adj.)
    lag-chuiseach, *nas* lag-chuisiche
uneven (adj.)
    corrach, *nas* corraiche
unfortunate (adj.)
    mi-shealbhach, *nas* mi shealbhaiche
ungrateful (adj.)
    mi-thaingeil, *nas* mi thaingeile
unhappy (adj.)
    mi-thoilichte, *nas* mi-thoilichte
unit
    earrann: *an* earrann, *na h-*earrainn, *na h-*earrannan (f.)
university
    oilthigh: *an t-*oilthigh, *an* oilthighe, *na h-*oilthighean (m.)
unless (conj.)
    mur (a) (+ dep. form of v.)
unnatural (adj.)
    mi-nàdurrach, *nas* mi-nàdurraiche
untie (v.)
    fuasgail, a' fuasgladh; sgaoil, a' sgaoileadh
until (a) (prep.)
    gu
until (the) (prep.)
    gus (+ art.)
until (conj.)
    gus an (+ dep. form of v.)
unusual (adj.)
    neo-àbhaisteach, *nas* neo-àbhaistiche; neo-chumanta, *nas* neo-chumanta
up (from below) (adv.) (i.e. motion upwards)
    (a) nìos
up (no movement) (adv.)
    shuas
up (wards) (adv.)
    suas
uproar
    ùpraid: *an* ùpraid, *na h-*ùpraide, *na h-*ùpraidean (f.)
up to
    suas ri + dat.
upside down
    bun os cionn
us (pron. direct object)
    sinn
use
    feum: *am* feum, *an* fheuma, *na* feuman (m.)
use (v.)
    cleachd, a' cleachdadh
useful (adj.)
    feumail, *nas* feumaile
usual (adj.)
    àbhaisteach, *nas* àbhaistiche
as usual (adj.)
    mar is àbhaist
usually
    mar is trice; See àbhaist
utmost (n.)
    dìchioll: *an* dìchioll, *an* dìchill (m.)
        e.g. **I did my utmost**
                Rinn mi mo dhìchioll

V

valuable (adj.)
    luachmhor, *nas* luachmhoire; prìseil, *nas* prìseile
value
    luach: *an* luach, *an* luach (m.)
variety (n.)
    caochladh: *an* caochladh, *a' *chaochlaidh, *na* caochlaidhean (m.)
        e.g. **variety of people**
                caochladh dhaoine
vegetable
    lus: *an* lus, *an* luis, *na* lusan (m.)

venison
sithionn: *an t*-sithionn, *na* sìthne (f.)

verse (of poetry)
rann: *an* rann, *an* rainn, *na* rannan (m.)

very (adv.)
glé (+ asp.)
e.g. very busy
glé thrang

very (adv.)
gu math; uamhasach
e.g. very busy
gu math trang

vessel (i.e. ship)
soitheach: *an* soitheach, *an t*-soithich, *na* soithichean (m.)

vex (v.)
sàraich, a' sàrachadh

vicinity
coimhearsnachd: *a'* choimhearsnachd, *na* coinhearsnachd (f.)

view
sealladh: *an* sealladh, *an t*-seallaidh, *na* seallaidhean (m.)

village
baile beag: *am* baile beag, *a'* bhaile bhig, *na* bailtean beaga (m.)

violence
fòirneart: *am* fòirneart, *an* fhòirneirt (m.)

virtue
beus: *am* beus, *a'* bheus, *na* beusan (m.); buadh: *a'* bhuadh, *na* buaidh, *na* buadhan (f.)

visit (v.)
tadhail, a' tadhal (air)

vocabulary
faclair: *am* faclair, *an* fhaclair, *na* faclairean (m.)

voice
guth: *an* guth, *a'* ghutha, *na* guthan (m.)

at the top of my voice
àrd mo chlaiginn

vowel
fuaimreag: *an* fhuaimreag, *na* fuaimreige, *na* fuaimreagan (f.)

W

wage
tuarasdal: *an* tuarasdal, *an* tuarasdail, *na* tuarasdail (m.)

waistcoat
peitean: *am* peitean, *a'* pheitein, *na* peiteanan (m.)

wait (v.)
feith, a' feitheamh

wait for (v.)
fuirich, a' fuireach ri; feith, a' feitheamh ri

waiting room
seòmar-fuirich (m.) (See **seòmar**)

waken (v.)
dùisg, a' dùsgadh

walk (v.)
coisich, a' coiseachd

walk
sgriob: *an* sgriob, *na* sgrioba, *na* sgrioban (f.)

wall
balla: *am* balla, *a'* bhalla, *na* ballachan (m.)

want (v.)
iarr, ag iarraidh

war
cogadh: *an* cogadh, *a'* chogaidh, *na* cogaidhean (m.)

wares
badhar: *am* badhar, *a'* bhadhair (m.)

warm (adj.)
blàth, *nas* blàithe

warmth
blàths: *am* blàths, *a'* bhlàiths (m.)

warning
rabhadh: *an* rabhadh, *an* rabhaidh, *na* rabhaidh (m.); sanas: *an* sanas, *an t*-sanais, *na* sanasan (m.)

warrior
laoch: *an* laoch, *an* laoich, *na* laoich (m.)

warship
long-cogaidh (f.) (See **long**)

was
bha (p.t. of **tha**)

wash

wash (v.)
nigh, a' nighe

wasp
speach: *an* speach, *na* speacha, *na* speachan (f.)

waste (time) (v.)
cosg, a' cosgadh

watch (timepiece)
uaireadair: *an t-*uaireadair, *an* uaireadair, *na h-*uaireadairean (m.)

water (fresh)
bùrn: *am* bùrn, *a'* bhùirn (m.)

water
uisge: *an t-*uisge, *an* uisge, *na h-*uisgeachan (m.)

water-cress
biolair: *a'* bhiolair, *na* biolaire, *na* biolairean (f.)

waterfall
eas: *an* eas, *na h-*easa, *na h-*easan (f.)

waterproof (adj.)
dionach, *nas* dionaiche

waulk (cloth) (v.)
luaidh, a' luadhadh

waulking (cloth)
luadhadh: *an* luadhadh, *an* luadhaidh, *na* luadhaidh (m.)

waulking song
òran-luadhaidh (m.) (See òran)

wave
tonn: *an* tonn, *an* tuinn, *na* tuinn (m.)

wave (to) (v.)
smeid, a' smeideadh (ri)

way (method)
dòigh: *an* dòigh, *na* dòighe *na* dòighean (f.)

way (route)
slighe: *an t-*slighe, *na* slighe, *na* slighean (f.)

weak (adj.)
fann, *nas* fainne; lag, *nas* laige

weakness
laigse: *an* laigse, *na* laigse, *na* laigsean (f.)

wealth
beartas: *am* beartas, *a'* bheartais

well

(m.); ionmhas: *an t-*ionmhas, *an* ionmhais, *na h-*ionmhasan (m.)

wealthy (adj.)
beartach, *nas* beartaiche

wear away (v.)
bleith, a' bleith

weariness
sgios: *an* sgios, *na* sgios (f.)

weasel
neas: *an* neas, *na* neasa, *na* neasan (f.)

weather
aimsir: *an* aimsir, *na h-*aimsire, *na h-*aimsirean (f.)

weather
side: *an t-*side, *na* side (f.)

weatherproof (adj.)
seasgair, *nas* seasgaire

weaver
breabadair: *am* breabadair, *a'* bhreabadair, *na* breabadairean (m.)

we (pron.)
sinn

wedding
banais: *a'* bhanais, *na* bainnse, *na* bainnsean (f.)

Wednesday
Di-Ciadaoin (m.)

week
seachdain: *an t-*seachdain, *na* seachdaine, *na* seachdainean (f.)

this week (coming)
an t-seachdain seo tighinn

last week
an t-seachdain seo chaidh

weep (v.)
caoin, a' caoineadh

weigh (v.)
tomhais, a' tomhas

welcome
fàilte: *an* fhàilte, *na* fàilte, *na* fàiltean (f.)

you are welcome
'se do bheatha (sing.); 'se ur beatha (pl.)

well
tobar: *an* tobar, *an* tobair, *na* tobraichean (m.)

well / wickedness

well (adv.)
　gu math
were
　bha
west
　iar: an iar (f.)
west(ern) (adj.)
　siar
Western Isles (the)
　Na h-Eileanan Siar (m. pl.)
wet
　fliuch, *nas* fliche
whale
　muc-mhara (f.) (See **muc**)
what? (interog.)
　dé?
What a (crowd)!
　abair (grunn)!
what(so)ever (pron.)
　ge b'e air bith (a) (+ indep. form
　of v.; + rel. fut.)
whatever? (pron.)
　ciod air bith (a) (+ indep. form of
　v.; + rel. fut.)
wheel
　cuibhle: *a'* chuibhle, *na* cuibhle, *na*
　cuibhleachan (f.); roth: *an* roth, *an*
　rotha, *na* rothan (m.)
when? (adv.)
　cuine (a) (+ indep. form of v.; +
　rel. fut.)
　　e.g. When were they here?
　　　　Cuine a bha *iad* an seo?
when (not a question)
　nuair (an uair) a (+ indep. form
　of v.; + rel. fut.)
whenever (adv.)
　ge b'e uair a (+ indep. form of v.;
　+ rel. fut.)
where? (adv.)
　càite (an) (+ dep. form of v.)
　　e.g. Where were you yesterday?
　　　　Càite an robh thu an dé?
where (not a question)
　far an (+ dep. form of v.)
　　e.g. the town where I was born
　　　　am baile far an do rugadh
　　　　mi

which (rel. pron.)
　a
which . . . not
　nach (+ dep. form of v.)
while (n.)
　greis: *a'* ghreis, *na* greise, *na*
　greisean
for a while
　airson greis
whip
　cuip: *a'* chuip, *na* cuipe, *na*
　cuipean (f.)
whisper (n.)
　cagar: *an* cagar, *a'* chagair, *na*
　cagairean (m.)
whisper (v.)
　cagair, a' cagar
whistling
　feadaireachd: *an* fheadaireachd, *an*
　fheadaireachd (m.)
white (adj.)
　bàn, *nas* bàine; geal, *nas* gile
whittle (v.)
　slisnich, a' slisneadh
who (rel. pron.)
　a (+ indep. form of v.; + rel.
　fut.)
who? (pron.)
　có (+ indep. form of v.; + rel. fut.)
whoever (pron.)
　có air bith (a) (+ indep. form of v.;
　+ rel. fut.)
who(so)ever
　ge b'e có (a) (+ indep. form of v.;
　+ rel. fut.)
whose?
　có leis (a) (+ indep. form of v.;
　+ rel. fut.)
　　e.g. Whose is this book?
　　　　Có leis a tha an leabhar
　　　　seo?
why? (adv.)
　carson (a)? (+ ind. form of v.; +
　rel. fut.)
wicked (adj.)
　aingidh, *nas* aingidhe
wickedness
　olc: *an* t-olc, *an* uilc, *na* h-uilc (m.)

wide

wide (adj.)
farsaing, *nas* farsainge

widow
banntrach: *a'* bhanntrach, *na* banntraiche, *na* banntraichean (f.)

wife
bean: *a'* bhean, *na* mnatha, *a'* mhnaoi (dat. sing.), *na* mnatha, *a'* (nom. pl.), *nam* ban (gen. pl.) (f. irr.); céile: *a'* chéile, *na* céile (f.)

wild (adj.)
fiadhaich, *nas* fiadhaiche; greannach, *nas* greannaiche

willing (adj.)
deònach, *nas* deònaiche

willow
seileach: *an* seileach, *an t-*seilich, *na* seilich (m.)

win
buannaich, *a'* buannachd

wind
gaoth: *a'* ghaoth, *na* gaoithe, *na* gaothan (f.)

wind (v.)
sniomh, *a'* sniomh

window
uinneag: *an* uinneag, *na h-*uinneige, *na h-*uinneagan (f.)

wine
fion: *am* fion, *an* fhiona, *na* fionan (m.)

wing
sgiath: *an* sgiath, *na* sgèithe, *na* sgiathan (f.)

wink
priobadh: *am* priobadh, *a'* phriobaidh, *na* priobaidhean (m.)

wink (v.)
priob, *a'* priobadh; caog, *a'* caogadh

in the wink of an eye
(ann) am priobadh na sùla

winter
geamhradh: *an* geamhradh, *a'* gheamhraidh, *na* geamhraidhean (m.)

wipe (v.)
suath, *a'* suathadh

wordy

wisdom
gliocas: *an* gliocas, *a'* ghliocais (m.)

wise (adj.)
glic, *nas* glice

wish
dùrachd: *an* dùrachd, *na* dùrachd, *na* durachdan (f.); toil: *an* toil, *na* toile (f.)

with every good wish
leis gach deagh dhùrachd
(subscription to a letter)

I wish
is miann leam (+ n. nom.)

with (a)
le (+ dat.)

with (the)
leis (+ art. + dat.)

with me, you etc
See leam

with (in company with)
comhla ri; maille ri; cuide ri

wither (trans. & intrans.) (v.)
searg, *a'* seargadh

without (prep.)
as eughmhais (+ gen.); as aonais (+ gen.); gun (+ asp.)

witness
fianais: *an* fhianais, *na* fianais, *na* fianaisean (f.)

wolf
madadh-allaidh (m.) (See **madadh**)

woman
bean: *a'* bhean, *na* mnà, *a'* mhnaoi (dat. sing.) *na* mnathan (nom. pl.) (f. irr.); boireannach: *am* boireannach, *a'* bhoireannaich, *na* boireannaich (m.)

wonder
iongnadh: *an t-*iongnadh, *an* iongnaidh, *na h-*iongnaidhean (m.)

wool
clòimh: *a'* chlòimh, *na* clòimhe (f.)

word
briathar: *am* briathar, *a'* bhriathair, *na* briathran (m.); facal: *am* facal, *an* fhacail, *na* faclan (m.)

wordy (adj.)

159

wordy
  briathrail, *nas* briathraile
work
  obair: *an* obair, *na* h-obrach, *na* h-oibrichean (f.); saothair: *an* t-saothair, *na* saothrach, *na* saothraichean (f.)
work (v.)
  obair, ag obair; oibrich, ag obair; saothraich, a' saothrachadh
workers, work force
  luchd-obrach (m.) (See **luchd**)
workman
  oibriche: *an* t-oibriche, *an* oibriche, *na* h-oibrichean (m.)
world
  saoghal: *an* saoghal, *an* t-saoghail, *na* saoghalan (m.)
wordly (adj.)
  talmhaidh, *nas* talmhaidhe
worry
  iomaguin: *an* iomaguin, *na* h-iomaguine, *na* h-iomaguinean (f.); uallach: *an* t-uallach, *an* uallaich, *na* h-uallaichean (m.)
worried (adj.)
  fo iomacheist (Lit. under perplexity)
worship
  adhradh: *an* t-adhradh, *an* adhraidh, *na* h-adhraidhean (m.)
worthy (of) (adj.)
  airidh, *nas* airidhe (air)
worthy (adj.)
  gasda, *nas* gasda
wound (n.)
  lot: *an* lot, *an* lota, *na* lotan (m.)
wound (v.)
  leòn, a' leòn; lot, a' lotadh
wounded (adj.)
  leònte (p.p.) (See **leòn**)
wrap (v.)
  paisg, a' pasgadh
wrap (with a cord, string etc.) (v.)
  suain, a' suaineadh
wren
  dreathann-donn: *an* dreathann-donn, *na* dreathainn-duinn, *na* dreathainn donna (f.)
wrinkle
  preas: *am* preas, *a'* phreasa, *na* preasan (m.)
wrinkled (adj.)
  preasach, *nas* preasaiche
write (v.)
  sgrìobh, a' sgrìobhadh
writer
  sgrìobhaiche: *an* sgrìobhaiche, *an* sgrìobhaiche, *na* sgrìobhaichean (m.); sgrìobhadair: *an* sgrìobhadair, *an* sgrìobhadair, *na* sgrìobhadairean (m.)
wrong (adj.)
  ceàrr, *nas* ceàrra

Y

yarn (thread)
  snàth: *an* snàth, *an* t-snàith, *na* snàithean (m.)
yawl
  geòla: *a'* gheòla, *na* geòla, *na* geòlaidhean (f.)
year
  bliadhna: *a'* bhliadhna, *na* bliadhna, *na* bliadhnachan (f.)
this year
  am bliadhna
yellow (adj.)
  buidhe, *nas* buidhe
yes! (adv.)
  seadh! (Strictly speaking, there is no Gaelic word for "yes")
yesterday
  an dé
the day before yesterday
  air a bho'n dé
yet (adv.)
  fhathast
yield (to) (v.)
  géill, a' géilleadh (do)
yonder (adv.)
  thall; an siud
you (sing.)
  thu
you (pl.), you (sing. polite)
  sibh

young (adj.)
 òg, *nas* òige
young man
 òganach: *an* t-òganach, *an* òganaich, *na* h-òganaich (m.)
young people
 òigridh: *an* òigridh, *na* h-òigridhe (f.)
your (sing.) (adj.)
 do (+ asp.)

your (pl.) (adj.)
 bh(ur)
youth (coll. n.)
 òige: *an* òige, *na* h-òige (f.)

Z

zoology
 mial-eòlas: *am* mial-eòlas, *a'* mhial-eòlais (m.)

APPENDIX

Irregular Verbs

Root	Past Tense	Future Tense	Verbal Noun
Abair, **say**	Indep. Thuirt Dep. Cha tuirt An tuirt?	Indep. Their Dep. Chan abair An abair?	Ag ràdh, **saying**
Beir + air, **catch**	Rug Cha d'rug An d'rug?	Beiridh Cha bheir Am beir?	A'beirsinn, & a'breith **catching**
Cluinn, **hear**	Chuala Cha chuala An cuala?	Cluinnidh Cha chluinn An cluinn?	A'cluinntinn, **hearing**
Dean, **do**	Rinn Cha 'drinn An d'rinn?	Ni Cha dean An dean?	A'deanamh, **doing**
Faic, **see**	Chunnaic Chan fhaca Am faca?	Chi Chan fhaic Am faic?	A'faicinn, **seeing**
Faigh, **get**	Fhuair Cha d'fhuair An d'fhuair?	Gheibh Chan fhaigh Am faigh?	A'faighinn, & a'faotainn **getting**
Rach, **go**	Chaidh Cha deachaidh An deachaidh?	Theid Cha teid An teid?	A'dol, **going**
Ruig, **reach**	Rainig Cha d'rainig An d'rainig?	Ruigidh Cha ruig An ruig?	A'ruigheachd, & a'ruigsinn **reaching**
Thig, **come**	Thainig Cha tainig An tainig?	Thig Cha tig An tig?	A'tighinn, **coming**
Thoir, **come**	Thug Cha tug An tug?	Bheir Cha toir An toir?	A'toirt, **giving**